AF496781

MONTESSORI
ante el legado de Rousseau

Prólogo de Inger Enkvist

Catherine L'Ecuyer

Tercera edición (actualizada y corregida) en agosto 2025.

ISBN: 978-84-09-25723-2

Para contactar con la autora:
www.catherinelecuyer.com
agenda@catherinelecuyer.com

Diseño editorial: Luis Felipe Márquez Lora Diagramación:
Jeynner Kevin Páez Vélez
Diseño de portada: Daniel Moyano

Contenido

Prólogo de Inger Enkvist

El lector interesado en la educación tiene entre sus manos un libro que seguramente ha echado en falta, aunque quizá sin darse cuenta. Maria Montessori constituye una voz muy especial entre los pedagogos despuntando en el ámbito educativo como voz autorizada en el conocimiento de la situación de la escuela y de la pedagogía. Son, pues, muchos los motivos de interés y de actualidad que hacen de esta figura y de su obra objeto de estudio.

Es difícil ubicar a Montessori en una corriente determinada, subraya Catherine L'Ecuyer. ¿Pertenece al movimiento de la Educación Nueva? ¿Cuáles fueron sus fuentes? ¿Qué relación existe entre su formación como médico y sus contribuciones al conocimiento del aprendizaje de los niños? ¿Es su pedagogía válida sólo para la etapa preescolar? Además de contestar a estas preguntas, este libro nos presenta el pensamiento de Montessori de una manera coherente y clara. Se trata de una obra que bien podría haber escrito la propia Montessori, pero que no hizo. La investigación llevada a cabo por la doctora L'Ecuyer constituye un servicio al campo de la educación, ya que presenta una síntesis del pensamiento de Montessori, tarea nada sencilla al encontrarse sus publicaciones originales en diferentes lenguas y países.

Otra importante aportación del libro que tenemos entre manos se manifiesta en mostrar la estrecha relación que existe entre la experiencia personal de Montessori y su obra. Se puede decir que Montessori actúa en educación como lo hace en su papel de médica. Insiste en su propósito de ser objetiva y científica. Dentro del ámbito de la educación ha leído a todos los clásicos, así como las obras más relevantes de su época en los campos de la psicología, la antropología y la filosofía. Sin embargo, lo leído nunca llega a condicionar sus observaciones, su actuación y reflexión. Observa qué es lo que debe aprender el niño, traza un itinerario con un objetivo concreto, organiza un entorno en el que el niño pueda realizar el aprendizaje, otorga a las maestras la capacidad de garantizar que el aprendizaje discurra tal como estaba previsto. Los materiales que diseña no solo son una valiosa herramienta de aprendizaje, sino que simultáneamente ayudan a que el niño pueda aprender del error.

Montessori basa su investigación inicialmente en las observaciones que realiza entre niños de un barrio desfavorecido de la periferia de Roma y, no satisfecha con la mera observación, decide poner en práctica sus ideas de mejora. De esta forma elabora un método distinto, incluso opuesto al de la escuela de aquella época, logrando unos resultados asombrosos. Todo esto lo consigue creando el ambiente adecuado para que los niños pudieran trabajar de manera sistemática y sin distracciones. Les ayuda a desarrollar una disciplina interior que les será de gran ayuda de por vida. Insiste en que el motor del niño es primordialmente interior, no exterior. Ciertamente Montessori es conocida por extremar el cuidado del ambiente educativo. Sin embargo, esto no debe reducirse a la mera decoración del aula sino a saber facilitar el material de trabajo de forma lógica y atractiva.

Para Montessori la educación comprende también aspectos tan importantes como el respeto por el ambiente, por los compañeros y las maestras, dando gran importancia a la 'cortesía' como elemento vertebrador de la convivencia. De este modo la urbanidad y las buenas costumbres forman parte de su enseñanza consiguiendo que los niños sean autónomos en su aseo personal y en la mesa, por ejemplo. La enseñanza de estas destrezas sociales no constituye para Montessori un objetivo de grupo sino personal, de tal forma que el comportamiento de cada niño facilite el trato con los demás.

El método Montessori nos lleva a cuestionar las políticas educativas contemporáneas, aquellas de tendencias igualitarias que agrupan a los alumnos por edad y no por conocimientos previos ni por interés. En un aula Montessori el niño elige libremente un material o una actividad y sigue con el material elegido el tiempo que su atención lo requiera. A pesar de la coherencia que manifiesta la pedagogía de Montessori, ésta sigue causando controversia entre muchos teóricos de la educación. En el origen de la polémica se encuentran las distintas interpretaciones que han sufrido algunos de los conceptos que tienen como referencia al niño. Colocar al niño 'en el centro del proceso educativo', fomentar su 'actividad', su 'autonomía' y su 'libertad' son ejemplos de conceptos que pueden a menudo inducir a confusión. Montessori consigue realizar esos ideales de una manera pragmática partiendo de la idea del respeto por el niño y no de la idea de la igualdad, algo que produce perplejidad entre algunos educadores.

Otro elemento polémico de la pedagogía Montessori es la protección que otorga a todos los niños en su proceso de aprendizaje, ya que considera que los niños con necesidades educativas especiales deben tener acceso a una ayuda especial fuera del aula. También extiende esta propuesta a los niños con serios problemas de comportamiento. Este método de trabajo puede resultar chocante para las corrientes educativas actuales que proclaman la 'inclusión'. Así, el pensamiento de Montessori nos obliga a considerar si el origen de algunos de los problemas actuales procede de la imposición de unas directrices políticas que imposibilitan la obtención de los resultados previstos. Montessori constataría con tristeza que la teoría en estos casos predomina sobre la observación, dando claras muestras de ineficacia y por lo tanto de base científica.

Montessori es crítica con ciertos aspectos de la educación de su época, como la de exigir a todos los alumnos que hagan simultáneamente la misma actividad. Tampoco entiende la obediencia en términos de pasividad. Sin embargo, defiende el esfuerzo en el proceso de aprendizaje. En este sentido quiere mejorar el aprendizaje reprobando la Educación Nueva, a la que tilda de romántica. Rousseau creía en lo natural, mientras que Montessori hablaba de lo racional. Rousseau despreciaba el lugar que ocupaban los libros en la educación, mientras que Montessori enseñaba los sonidos, las letras, la escritura y después la lectura a los niños en edad preescolar. Para Montessori, la línea de Rousseau y de la Educación Nueva conducen al desorden y a la ignorancia.

Hoy está de moda la teoría del constructivismo en el campo de la educación. Se trata de una corriente a la que Montessori no se hubiera adherido, ya que no ve posible que los niños 'construyan' su mundo y tampoco que construyan sus conocimientos en el sentido de inventarlos. Dicho de otro modo, deben ser capaces de adaptarse a la realidad; deben aprender a conocer y a 'tomar posesión' del mundo.

Se podría decir que el método Montessori pone de manifiesto la ambigüedad de los conceptos que circulan en el campo de la educación, ya que muchos de estos términos se pueden aplicar a Montessori significando algo bien distinto dentro del marco de su método. Montessori busca la 'autonomía' del alumno, pero una autonomía conseguida con la ayuda de un material diseñado y presentado por el adulto. Está a favor de la 'libertad de elegir' del niño, pero dentro de una estructura adecuada para la edad y sus necesidades. Los niños deben ser 'activos' pero no de cualquier modo, porque a la vez deben aprender a controlar sus movimientos, a ser silenciosos y a concentrarse. Montessori 'personaliza' de verdad en el sentido de que no impone límites de tiempo y no exige que todos hagan simultáneamente lo mismo. Con estas premisas muchos de sus alumnos consiguen aprender a leer incluso a la edad de cuatro años. Los buenos resultados del método Montessori deberían hacernos replantear algunos de los conceptos utilizados en pedagogía.

La obra de Montessori se centra inicialmente en la etapa preescolar, lo cual le permite concentrarse en el desarrollo del niño sin entrar en el campo de la política educativa y de la burocracia escolar. Montessori no se interesa por asuntos de índole externo como el tamaño de las clases, los costes, los exámenes y las notas. En un aula Montessori, los alumnos trabajan por interés sin necesariamente esperar una recompensa externa. En líneas generales, podríamos decir que la impronta de Montessori es superior en la etapa preescolar que en la etapa escolar. Pero, aunque lo haga de forma menos exhaustiva, configura un posible contenido para la etapa de la educación primaria, añadiendo nuevos campos de estudio y de interés que fomenten una actitud de respeto y de admiración ante la naturaleza. El alumno aprende acerca del funcionamiento del cuerpo humano, en Historia de las grandes civilizaciones del pasado y de las personas que han realizado descubrimientos importantes, etc.

Para terminar, se deben destacar dos aspectos particularmente atractivos del libro de Catherine L'Ecuyer. El primero es el lenguaje claro y preciso. El lector agradece la ausencia de 'jerga' vacía que muchas veces hace pesada la lectura de libros sobre educación. El segundo aspecto es que describe la conexión entre la obra pedagógica de Montessori y las decisiones que va tomando a lo largo de su vida y que dan muestra de su coherencia. Montessori valora tanto la integridad intelectual y moral de los niños como la suya. El primero que quiere apropiarse de su trabajo es el gobierno fascista de Italia; Montessori se opone y como consecuencia le cierran sus escuelas. Lo mismo sucede en España, tanto en Cataluña como bajo la dictadura de Primo de Rivera. En los Estados Unidos recibe propuestas para hacer negocio con su método pero que rechaza. Los seguidores del filósofo John Dewey critican a Montessori por no dar suficiente énfasis a la creatividad del niño; ella no se deja influir por ideas sin fundamento. Le llegan numerosas propuestas para integrarse en el proyecto de la Educación Nueva que declina porque considera que se basan en ideas que no benefician a los niños. Montessori ha sabido como pocos mantener su integridad intelectual y moral ofreciendo una pedagogía que proporciona una sólida base para que los niños a su vez puedan hacer lo mismo.

Introducción de la autora

Hace más de cien años, Maria Montessori presentaba su método ('el Método') al mundo. A pesar de las numerosas dificultades en el camino, la expansión fue fulgurante. Existen hoy sociedades montessorianas que están afiliadas a la *Association Montessori Internationale* ('AMI') en 42 países del mundo.

Fue la publicación de la primera crítica americana que se hizo públicamente al Método en 1914, por nada menos que el discípulo de John Dewey, William Heard Kilpatrick (Kilpatrick, 1914), que ubicó oficialmente a Montessori en la tradición educativa influida por el legado romántico (Chambliss, 1996). Si bien es cierto que la gran mayoría de los trabajos pedagógicos (Boyd, 1914; Chattin-McNichols, 1992; Röhrs, 1994) suelen clasificar a Montessori en la tradición de los herederos educativos del Romanticismo del que Jean-Jacques Rousseau (1712-1778) se considera el principal precursor y la piedra angular (Beiser, 2003; Karier, 2006; Rosenberg, 2006), otros no estuvieron de acuerdo con esa clasificación por considerar que su enfoque educativo se aleja de la tradición romántica (Martin, 2006; Standing, 1957) y tiene más en común con la tradición clásica (De Giorgi, 2016; Standing, 1957; Stoops, 1987).

El método Montessori nació en Roma al inicio del siglo XX, entonces epicentro de la crisis antimodernista. La amistad y la colaboración de Montessori con personas que pertenecían a la teosofía, a la masonería, a la corriente positivista, por nombrar algunas, la situaron en el punto de mira de las sospechas antimodernistas. Por otro lado, su trabajo continuo con la congregación de las Franciscanas, las alabanzas que recibió por parte de Pio XII, de Pablo VI, la audiencia privada que tuvo con Benedicto XV y sus numerosas publicaciones sobre la cuestión de la educación religiosa levantaron también sospechas en los sectores modernista y laicista. Analizaremos cada una de esas circunstancias con el fin de entender las motivaciones de la autora.

Por otro lado, el método Montessori nació en plena expansión del movimiento de la Educación Nueva en Europa. De hecho, a Montessori se le considera generalmente precursora de esa corriente pedagógica nacida al inicio del s. XX (Haenggeli-Jenni & Hofstetter, 2011; Hofstetter, 2004; Meirieu, 2013). Si bien es cierto que nuestra autora utiliza la dialéctica de la educación 'antigua' y 'nueva' en sus textos y tiene algunos puntos en común con esa corriente, se aleja explícitamente del giro de la Educación Nueva tomado por los pedagogos y las entidades que representaron ese movimiento. La naturaleza de las discrepancias muestra las divergencias filosóficas que existen entre el enfoque montessoriano y el enfoque de los herederos de las ideas de Rousseau.

Es significativo que tanto los que pertenecen a la tradición rousseauniana como los que no, hayan criticado constantemente a Montessori por salirse de su marco. Es también llamativo que la misma Montessori y Edwin Mortimer Standing, el más destacado de sus autores biográficos, insistieran en que no pertenece a esa tradición. En ese sentido, pensamos que ese trabajo es una contribución a una reflexión pendiente y necesaria, no solo en el ámbito de la pedagogía montessoriana, sino también en el ámbito de la pedagogía en general.

Para evitar el presentismo histórico, que consiste en someter a consideración hechos pasados a la mentalidad actual, el trabajo de contextualización histórica de Montessori y de su obra es clave. Su itinerario solo puede entenderse dentro de una vasta y compleja red de relaciones y de hechos que responden a un contexto alejado del nuestro. Intentar captarlo con nuestras categorías, desde nuestro punto de vista histórico, podría llevarnos a errores de interpretación. Por lo tanto, en el primer capítulo de nuestro texto, procederemos a resumir los hechos biográficos más relevantes del recorrido de la autora.

En el segundo capítulo, presentaremos los aspectos esenciales de su método, haciendo hincapié en el segundo ciclo de la etapa de la educación infantil y en los primeros años de la etapa de la educación primaria, que son las etapas mejor descritas en las obras de Montessori (no solo en términos teóricos, sino también en términos prácticos). Si bien es cierto que la educación montessoriana puede extenderse a otras etapas, Montessori no dejó un libro con el detalle de cómo tenía que ser su método en las otras etapas. Por lo tanto, esa interpretación está en las manos de las diversas asociaciones Montessori que existen en todo el mundo y cuya misión es la de formar a los maestros que imparten la educación montessoriana. En nuestro texto, hemos hecho el esfuerzo de distinguir entre lo que dejó Montessori por escrito y lo que dicen o hacen las asociaciones y los colegios montessorianos; en el presente escrito, nos remitiremos exclusivamente a los escritos de Montessori sin entrar en las interpretaciones, las modificaciones y las propuestas de las asociaciones Montessori, que pueden ser distintas en ciertos aspectos (ej. juego simbólico, ratios de alumnos por aula, etc.). En ese segundo capítulo, hablaremos también de los autores que pueden haber influido en ella y en su método.

En el tercer capítulo, expondremos cuatro rasgos de la tradición romántica en la educación, partiendo esencialmente de Rousseau, el principal representante del movimiento romántico en el ámbito educativo. Para el presente análisis, hemos partido de tres obras de Rousseau: Émile, ou de l'éducation (Rousseau, 1762) [*Emilio, o de la educación*], *Discours sur les Sciences et les Arts* (Rousseau, 2004) [*Discurso sobre las ciencias y las artes*] y *Discours sur l'origine et les fondements de l'inégalité parmi les hommes* (Rousseau, 2018) [*Discurso sobre el origen y los fundamentos de la desigualdad entre los hombres*]. Hemos escogido la primera por considerarse la piedra angular del legado del Romanticismo en la educación. Las otras dos obras son útiles, porque son previas a *Emilio* y la fundamentan. Nos apoyaremos también en la lectura que Isaiah Berlin, historiador de las ideas que fue profesor de la Universidad de Oxford, hace de Rousseau y del Romanticismo en su obra *Las raíces del Romanticismo* (Berlin, 2014).

En el cuarto capítulo, analizaremos el Método frente a los principales rasgos del Romanticismo, contrastando los escritos de la autora con los de Rousseau. Para complementar el análisis, repasaremos en el quinto capítulo el origen y el contenido de las principales críticas recibidas y describiremos el ambiente histórico en el que tuvieron lugar. Haber nacido en la Italia de principios del s. XX, en medio del epicentro del movimiento antimodernista, no es un hecho neutro para Montessori y para la forma en que se interpretaron sus trabajos. Las respuestas que dio a esas críticas son una fuente valiosa de información para poder entender cuál era su postura filosófica personal y, por ende, la de su método.

En el sexto capítulo, daremos información respecto a su relación con la Educación Nueva, un movimiento que nació de varias entidades entre las cuales se encuentra el *Institut Jean-Jacques Rousseau*. Para ello, hemos consultado los archivos de la revista *Pour l'Ère nouvelle*, así como la recopilación de los escritos de Adolphe Ferrière (Gerber & Czaka, 1989), uno de los pioneros del movimiento de la Educación Nueva.

En el séptimo capítulo, hablaremos de cuestiones de índole filosófico. Trataremos de la distinción entre la epistemología y la ontología, así como del enfoque teleológico en Montessori; explicaremos cuáles son las implicaciones de ese enfoque en la educación Montessori, y también en la educación en general.

En el último capítulo, contextualizaremos el Método dentro de algunas de las dicotomías que ofrece el contexto educativo contemporáneo, tales como la instrucción directa frente al aprendizaje por descubrimiento, el aprendizaje activo frente al aprendizaje pasivo y la razón frente al 'sentir'.

Antes de entrar en el texto del libro, quisiéramos aclarar una última cuestión metodológica. Hoy existen dos enfoques muy difundidos, que consisten en disociar el autor de sus textos, analizándolos de forma independiente. Por un lado, está el enfoque de re-escribir la historia intentando *re-descubrir* cuales fueron los verdaderos y profundos motivos escondidos por los que se actuó y se escribió, sin abarcar la obra entera del autor, sin entrar a valorar el mérito de su propuesta y sin intentar comprender sus motivos en relación con su obra. Así, se torturan los hechos hasta conseguir pistas que permiten *mitificar* (si era un personaje corriente y banal) o *desmitificar* (si era un personaje fascinante) al autor, y se re-interpretan desde la sospecha y la distancia algunos de sus escritos a la luz de esas nuevas intenciones. En esos casos, se critica sin apenas citarlo. En definitiva, se hace un juicio de intención sin apelación —y al margen de los textos— hacia personas que, por desgracia, ya no están para poder defenderse. Para los académicos que suscriben ese enfoque, todo lo que se sale de ese modelo entra en la categoría despectiva de biografía hagiográfica. Si no hay sospecha, análisis desde el escepticismo, se considera que el retrato histórico no está bien hecho.

Por otro lado, existe el enfoque que se reduce a analizar el texto desde el escepticismo, de forma aséptica, sin tener en cuenta la biografía del autor y el contexto histórico. La idea es que el texto debe ser leído sin referente histórico o social, sin significado que le trasciende. Así, se analizan los textos y ciertas expresiones de la época ('el hombre' para englobar el masculino y el femenino; 'los idiotas' para referirse a personas mentalmente discapacitados; 'los degenerados' para describir a personas marginadas o en riesgo de exclusión; las referencias a la eugenesia, etc.) desde la mentalidad moderna actual, emitiendo juicios de valores descontextualizados sobre la autora y sus textos.

En este libro, no disociaremos al autor de sus textos, ni los textos de su autor. No haremos adaptaciones modernas para complacer a la mentalidad actual moderna, dejamos que cada lector haga sus propias adaptaciones y llegue a sus propias conclusiones. Intentaremos comprender a la autora, sin prejuicio y con apertura, siempre desde el contexto histórico y en relación con todo el conjunto de sus obras. Intentaremos ubicarnos en su lugar y en su momento histórico, viendo la realidad desde sus ojos. Sin entrar a valorar el mérito intrínseco de sus intenciones declaradas, tomaremos sus declaraciones de intención por auténticas. Mientras no se descubran contradicciones internas en los textos, interpretaremos los textos de nuestra autora a la luz de esas declaraciones de intención, de esas creencias, que daremos por sinceras. Esa presunción de buena fe no implica necesariamente que estemos siempre de acuerdo con esas intenciones o creencias. Pero preferimos dejar ese juicio de valor al lector.

1. Biografía de Maria Montessori

Existen muchas biografías sobre Maria Montessori. Muchas están elaboradas en base a dos de ellas, que podrían considerarse las biografías estándares: *Maria Montessori: Her life and work* (Standing, 1957) [Maria Montessori: su vida y su obra] y *Maria Montessori: Biografía de una innovadora de la pedagogía* (Kramer, 2019).

La primera biografía fue escrita por uno de los seguidores más devotos de Montessori, Edwin Mortimer Standing, educado en Inglaterra y maestro de filosofía. Conoció a Montessori en 1921 y explica que estuvo en contacto personalmente con ella durante más de veinticinco años (Standing, 1988). Fue profesor invitado para impartir clases sobre su método en la Universidad de Seattle. Es también autor de *Montessori: The revolution in education* (Standing, 1988) [*La revolución Montessori en la educación*], un libro que explica el Método y *The child in the Church* (Standing, 1965) [El niño en la Iglesia], una obra poco conocida que tiene como objetivo explicar las afinidades que existen entre los principios montessorianos y la filosofía escolástica. Al fallecer, Standing dejó todos sus haberes para la causa de la educación montessoriana a la Universidad de Seattle, que luego fundó en su honor *The E.M. Standing Montessori Studies Center*. Su biografía trasmite una imagen muy amable de Montessori y explica el trasfondo de las premisas de su método[1].

La segunda biografía fue escrita por una persona que no conoció personalmente a Montessori ni tuvo contacto directo con su método. Rita Kramer es una conocida autora profesional americana. Su obra es el resultado de un largo y riguroso trabajo de investigación

---

1. Standing, quien se convirtió al catolicismo dos años después de conocer a Montessori, es de los pocos autores que trata la cuestión de la relación que existe entre la religiosidad de Montessori y su método.

que abarca todo lo que pudo escribirse sobre Montessori hasta el año de la publicación de la biografía (1976) por seguidores, testigos cercanos o secundarios. Se nutre, entre otras fuentes, del valioso testimonio de Mario Montessori, el único hijo de Montessori, a quien su madre había hecho confidencias hasta entonces desconocidas. Para escribir su biografía, Kramer tuvo acceso a los archivos de la AMI. Sin embargo, no se trata de una biografía autorizada y se escribe desde la distancia de una persona que no defiende el Método o su autor. La biografía de Kramer es, de lejos, la más citada en toda la literatura secundaria que trata del Método o de la persona de Maria Montessori, pues es la más completa.

En ocasiones, es preciso recurrir a otros escritos de sus colaboradores más cercanos, como Anna Maria Maccheroni (Maccheroni, 1947) por ejemplo, que son más antiguos que los de Standing o Kramer y cuyos detalles no están todos incluidos en la biografía de Kramer.

A lo largo del texto haremos también referencia a textos clave del profesor Fulvio De Giorgi. De Giorgi es historiador y profesor de Historia de la Educación en la Universidad de Módena y Reggio Emilia, en Italia; lleva años investigando la figura de Maria Montessori. Tres obras suyas publicadas respectivamente en 2016, 2018 y 2019 dan a conocer escritos inéditos de la autora[2]. Las tres obras son trabajos de investigación histórica que tienen como objetivo específico entender el contexto socio-religioso de Montessori y reconstruir su perfil intelectual en cuestiones filosóficas y religiosas a partir de hechos concretos, sus notas íntimas, noticias de la época, publicaciones y documentos inéditos encontrados, entre otros sitios,

---

2. El primer escrito, titulado "Releer a Maria Montessori: Modernismo católico y renovación educativa" (De Giorgi, 2016), es un detallado prólogo biográfico realizado por De Giorgi que precede una recopilación de textos inéditos de la autora. Los otros dos textos, titulados respectivamente "Maria Montessori tra modernisti, antimodernisti e gesuiti" (De Giorgi, 2018a) [Maria Montessori entre modernistas, antimodernistas y jesuitas] e *Il peccato originale* (De Giorgi, 2019) [El pecado original] dan a conocer correspondencias y conferencias inéditas que permiten contextualizar las controversias antimodernistas que rodearon la vida de nuestra autora.

en los archivos de la AMI, de los archivos del Vaticano y de la Casa General de las Franciscanas Misioneras de María en la que estuvo Montessori desarrollando su método en Roma a partir del año 1909.

1.1 Su infancia

Maria Tecla Artemisia Montessori (1870-1952) nace en Chiaravalle, un pequeño pueblo de Ancona, en una familia de clase media, apenas un mes antes de que se completara la unificación de Italia. Era la época de la industrialización, que había traído pobres condiciones sanitarias en Italia y en la que era normal que las mujeres y sus hijos trabajasen en turnos de más de doce horas sin descanso para que sus familias pudiesen sobrevivir (Edwards, 2001).

Su madre, Renilde Stoppani-Montessori (1840-1912), era una mujer culta, que amaba la lectura, un hecho singular dado que en 1860 tres cuartos de la población italiana de más de diez años era analfabeta (Kramer, 2019). Renilde era católica y presumía ser pariente de Antonio Stoppani, sacerdote, geólogo y conocido autor de varios libros en Italia. Uno de sus libros había sido escrito cuando Maria tenía un año, alcanzó 120 ediciones en el año 1920 y era usado como libro de texto en las escuelas para hacer asequible la ciencia a los lectores no científicos.

Montessori era hija única. La biografía de Rita Kramer reporta anécdotas que apoyan la hipótesis según la cual Renilde no educó a su hija en la indulgencia, más bien al contrario. Además, deseaba que Maria tuviese sensibilidad por la pobreza, por lo que le hacía realizar unos trabajos manuales concretos cada día para las personas desfavorecidas, tales como limpiar baldosas una por una o tricotar. Esas actividades debieron dejar una huella profunda en el alma de Maria, ya que más adelante inspiraron lo que se conoce en su método como 'ejercicios de vida práctica'.

Su padre, Alessandro Montessori (1832-1915), que había sido militar de joven, era un respetado funcionario que trabajaba en la gestión pública de una empresa de tabaco. Por motivos de trabajo de Alessandro, la familia tuvo que mudarse en repetidas ocasiones. Se afincó definitivamente en Roma cuando Maria había cumplido los cinco años. Maria se educó formalmente en esa ciudad, escolarizándose con seis años en una escuela pública pobre y con profesores mal preparados.

1.2 Sus estudios y sus primeros pasos profesionales

En la época, se esperaba de una mujer inteligente que estudiara para ser maestra. Pero con trece años, Maria decide estudiar en la Escuela Real técnica Miguel Ángel Buonarroti (*Regia Scuola Tecnica Michelangelo Buonarroti*). Al graduarse con dieciséis años, prosigue sus estudios en el Instituto Real técnico Leonardo da Vinci (*Regio Istituto Tecnico Leonardo da Vinci*) durante cuatro años más, con la ambición de formarse para ser ingeniero. Al acabar, deja atrás esta idea y se empeña en estudiar medicina. Sin embargo, su padre se opone a ello por ser una carrera entonces reservada a los varones. Su madre, en cambio, la anima a perseguir sus metas. Maria se empeña y solicita admisión en la Facultad de Medicina de la Universidad de Roma. Es rechazada.

Decide cursar asignaturas de matemáticas y ciencias durante dos años en esa universidad, lo que le permite eventualmente ser admitida en la Facultad de Medicina. Años después, Montessori afirmará, en entrevistas en medios de comunicación americanos, que su entrada en medicina no hubiera sido posible sin la intervención del mismo Papa León XIII. El Papa habría dicho, para facilitar la admisión de Maria, que la medicina era una noble profesión para la mujer (Kramer, 2019).

En la Facultad de Medicina, tiene que nadar a contracorriente y padecer todo tipo de disgustos por ser la única mujer en clase. Por ejemplo, tiene que entrar en el aula acompañada de su padre, una vez que todos los otros alumnos estaban sentados. Su padre no veía con buenos ojos dejarla estudiar rodeada de varones. Diseca cadáveres sola por la noche, ya que era impensable para la época que una mujer estuviese ante un cadáver desnudo rodeada de varones. Destaca por hacerse con premios y becas debido a sus buenos resultados académicos, lo que le da mayor autonomía financiera para pagar sus estudios y así poder resistir a la oposición de su padre. Durante sus últimos dos años de carrera estudia pediatría, trabaja como asistente médico en dos hospitales y atiende una clínica en el área de psiquiatría.

En el año 1896, con veintiséis años, obtiene el título de Doctor en Medicina y Cirugía con honores. La mayoría de las biografías de Montessori y de los libros que tratan esa parte de su vida destacan que Maria fue la primera mujer médico de Italia. Sin embargo, la biografía de Grazia Honegger Fresco (Fresco, 2007) desmiente que fuera así. Según las fuentes de esa autora, Montessori sería la quinta médico en Italia y la segunda en Roma.

Tras graduarse empieza a trabajar como asistente en la clínica de la Universidad de Roma, el Hospital San Giovanni, compaginándolo con su propia consulta privada. El mismo año es escogida como delegada para representar a Italia con una ponencia en el Congreso Internacional de Mujeres, en Berlín. Ante las tensiones internas del movimiento feminista entre las burguesas y las socialistas, consigue gustar a todos. Según ella, lo que debe preocupar a todas no son los partidos políticos, sino las injusticias contra las mujeres. Al día siguiente la prensa la retrata como la protagonista del congreso, como una mujer bella, elegante y femenina que había conquistado incluso a los varones más sarcásticos.

1.3 De la medicina a la educación

En 1897 se ofrece como voluntaria en la clínica psiquiátrica de la Universidad de Roma. En aquel momento ocurre algo que la marcará para siempre. Un día que visita a niños mentalmente discapacitados, una enfermera se queja con indignación de que los niños se tiran al suelo después de sus comidas para coger las migas. Ve que la habitación solo tiene camas y cuatro paredes, y nada más que los niños pudiesen tocar, oler, mirar. Entonces cae en la cuenta de que esos niños no buscan comida, sino experiencias sensoriales. Intuye que las mentes de esos niños no son inútiles, sino que se encuentran, sencillamente, en desuso. Así pues, empieza a buscar literatura sobre las causas de las enfermedades mentales que pudiesen explicar su intuición. Es entonces cuando encuentra los escritos de dos autores que marcan profundamente su pensamiento y lo que fue posteriormente su método: Jean-Marc Itard y su discípulo, Édouard Séguin. Esos autores sugerían que la discapacidad mental tenía su origen en la inadecuada educación de los sentidos, más específicamente en la carencia drástica de experiencias sensoriales.

Más tarde en 1897 Maria se desplaza a Francia para estudiar a fondo las obras de Itard y Séguin y para ver su aplicación concreta. El mismo año la delincuencia y la criminalidad empezaban a ser una preocupación en Roma. Dado que Maria era conocida por hablar de las causas educativas de esos problemas, es invitada a impartir una conferencia en un congreso nacional de medicina en Turín sobre el origen de la delincuencia. En 1898, da otra conferencia en la misma ciudad en un congreso nacional pedagógico. Argumenta que los castigos son motivaciones externas que no cambian las actitudes de los criminales. Para ella, la prevención pasa por crear ambientes concretos desde la infancia, que responden a las necesidades reales de los niños. Introduce la idea de la importancia de la educación sensorial, siendo según ella la sensibilidad la base de la educación intelectual y también moral. Por lo tanto, una de sus propuestas es la de separar los alumnos que ella llama 'degenerados' de los alumnos que no lo son, para así evitar el riesgo de que los niños se convirtiesen en delincuentes o criminales. Habla también del proceso de 'normalización' de los alumnos, del que hablaremos más en detalle a continuación.

A raíz de las recomendaciones hechas por el congreso de Turín, el ministro de Educación Guido Baccelli hace una petición formal a Montessori para encargarle una serie de conferencias formativas a profesores. A título anecdótico, Baccelli fue quien se había entrevistado con ella ocho años antes para comunicarle que no podía ser médico por el hecho de ser mujer. Maria da varias conferencias en Italia, a las que asisten cientos de personas y con gran cobertura mediática. Se hace entonces famosa en toda Italia, la llaman "la bella académica".

En 1899, empieza a dar clases de antropología morfológica en uno de los dos colegios que forman a todos los maestros de Italia. Baccelli vuelve a contar con ella pidiéndole que representara a Italia con una ponencia en un congreso internacional feminista en Londres con Olga Ossani, una periodista muy conocida en Roma, con la que entabla una amistad y de la que volveremos a hablar más adelante. Durante su viaje a Londres, conoce personalmente a la Reina Victoria, que después fue un gran apoyo para ella en la implementación e internacionalización de su método.

En base a la necesidad que ella misma había generado a través de sus escritos y sus ponencias, se crea en 1900 la Escuela de magisterio ortofrénica (*Scuola Magistrale Ortofrenica*), institución dedicada a formar a los profesores de educación especial, con una escuela que sirve de muestra para la formación. A punto de cumplir treinta años, es nombrada directora de dicha escuela, que pone esencialmente en práctica los métodos de Itard y de Séguin. Invita al Dr. Giuseppe Montesano (1868-1961), un médico destacado de la psiquiatría del s. XX en Italia, con el que había trabajado después de graduarse, a compartir la dirección de la escuela. En ese centro se enseña a los niños mentalmente discapacitados a ejecutar tareas que eran hasta entonces consideradas imposibles para ellos, como por ejemplo coser, leer o escribir. Se les prepara a través de la educación de los sentidos y de la repetición de una serie de movimientos previos a la realización de esas actividades. Los resultados de la evaluación externa del ministerio son llamativos; algunos resultados de esos niños mentalmente discapacitados son mejores que los obtenidos con niños 'normales'.

1.4 La crisis de su embarazo

En 1901, después de varios años de éxitos, cuando está en la cima de la fama, Maria decide repentinamente dejar su puesto de directora de la Escuela de magisterio, retirarse de la vida académica y recluirse en un convento de monjas para realizar un retiro de dos semanas. Lo que ocurre exactamente, las fechas exactas de los hechos y lo que acontece en su interior sigue siendo hoy uno de los misterios más grandes de su vida. Lo poco que sabemos, según el testimonio de su hijo Mario (1898-1982) que nos llega a través de la biografía de Kramer, es que cuatro años antes se había embarazado de un hijo ilegítimo cuyo padre era Giuseppe Montesano. El niño nació en secreto el 31 de marzo 1898 y el viaje de estudio a Francia de 1897 era la excusa perfecta para que el embarazo se desarrollara en la máxima discreción.

Ese acontecimiento acarrea una profunda crisis en las familias de ambos progenitores. No solamente amenaza con arruinar la carrera de los padres de la criatura, sino que trae también mala fama a las dos familias. Como consecuencia de ello, se decide dejar el bebé a cargo de una familia campesina. Maria y Giuseppe deciden no casarse, pero no sabemos si fue por oposición de la familia de Giuseppe o por decisión mutua. En cualquier caso, la biografía de Kramer indica que se habrían hecho la promesa mutua de jamás casarse con nadie, promesa que Giuseppe rompe poco después. Maria, en cambio, la cumplió. Por la coincidencia entre el momento de su dimisión y el anuncio de la boda de Giuseppe, todo indica que el motivo por el cual Maria deja su puesto en la Escuela de magisterio no es consecuencia del embarazo, o de la tensión entre las familias (ya que Montessori y Montesano aceptan asumir la codirección de la escuela dos años después del parto), sino probablemente de la traición del padre de su hijo a la promesa de no casarse con otra persona.

En el prólogo de un libro publicado en 2013 (Montessori, 2013), escrito por una de las nietas de Montessori, se sugiere una versión relativamente distinta, más amable con el padre de Mario. A raíz del embarazo, Maria habría prometido a Montesano casarse pasados unos años para no tener que interrumpir su brillante carrera —las mujeres casadas no podían trabajar en esa época—, lo que acaba no haciendo, motivo por el cual Montesano termina casándose con otra mujer.

Poco se sabe sobre el drama que supone para Maria la decisión antinatural de abandonar a su hijo. Una película biográfica realizada en 2007, *Maria Montessori, una vida dedicada a los niños*, interpreta la decisión como impuesta por la familia Montesano —que habría también pedido un aborto, al que se habrían opuesto tanto Maria como su madre, Renilde. Según Mario, es su padre quien la presiona para dar al bebé en adopción, amenazando con no darle su apellido— con el castigo social que le habría supuesto tener un hijo no reconocido. Otros hablan del afán desordenado que Maria habría tenido por no interrumpir su fulgurante carrera. Para muchos, ese episodio siempre restará credibilidad a la sinceridad de su cruzada a favor de la causa de la infancia. En cualquier caso, al dejar su puesto y retirarse de la vida pública durante varios años, Maria sufre voluntariamente una pérdida de lo hasta entonces logrado profesionalmente. Existe poco material publicado sobre ese asunto, y sigue siendo sin duda uno de los más grandes e incongruentes hechos de la biografía de una persona que dedicó toda su vida a la causa de la educación. Algunos han sugerido que su determinación por la causa de la infancia habría sido una forma de canalizar la herida que hubiera dejado esa situación en ella (Kramer, 2019). Curiosamente, tras reunirse de nuevo con su hijo años después y tener que separarse de él por unos días, Maria escribe, en un diario introducido y traducido por su nieta, Carolina Montessori:

> ¿Qué estará haciendo mi hijo ahora mismo? Quizás hablando de mi con Fedeli y Olivero. Es un ser maravilloso. Su alma es fuerte, delicada, generosa, apasionada; tiene una sabiduría y un amor infinito. Es por él que he vivido —es el creador de todo lo que ha ocurrido— es por el que todo eso está teniendo lugar. (Montessori, 2013a)

En el mismo escrito, parece que establece un paralelismo entre lo que sufrió su hijo por su ausencia, y lo que sufrió la *causa del niño* antes de su misión o cruzada para remediar el perjuicio (de su hijo y de la *causa del niño* en general):

Es el destino, la llamada: es la gloria, aquí está el futuro del niño, para asegurar su futuro; para hacerle feliz y para hacer enmienda por todo lo que ha tenido que padecer, y por ser yo la única que le daré todo… eso es lo que me hace levantarme, seguir, ese es el motivo por el que puedo con todo. (Montessori, 2013a)

En el mismo diario desvela un pensamiento íntimo que tuvo desde el día del nacimiento de Mario: "Señor, repito la oración que he estado rezando desde el día de su nacimiento, 'dame todas las penas y deja para él las alegrías'. Amén" (Montessori, 2013a).

Pasado el capítulo que fue probablemente el más delicado de su vida, Maria toma una serie de decisiones para trasladar sus ideas y su método, hasta entonces aplicados a niños discapacitados mentalmente, a la escuela. En el prólogo de su segundo libro (Montessori, 1913), agradece a un profesor de la Universidad de Roma haberle animado a tomar ese camino. En 1903, para prepararse mejor en su futura tarea y para entender la forma de enseñar de aquella época en Italia, recibe clases de filosofía en la Universidad de Roma y asiste como oyente a clases de educación en varias escuelas de Roma. Cuando describe la educación 'vieja' en sus libros, lo hace basándose en esas observaciones.

De 1904 a 1910 es profesora de antropología morfológica en la Facultad de Ciencias de la Universidad de Roma mientras da clases de 1900 a 1906 en una de las dos escuelas que forman a los maestros de Italia, trabaja en el hospital y atiende su práctica privada. La preparación de sus clases de antropología es un punto de inflexión en su carrera, porque como explicaremos más adelante, es la base teórica sobre la cual Montessori se apoya para el desarrollo de su método.

1.5 La Casa dei Bambini

En 1906, con treinta y seis años, Montessori recibe una oferta para hacerse cargo de unos niños del barrio de San Lorenzo. Ese barrio, descrito en la época como 'la vergüenza de Italia', es un lugar de pobreza extrema, con condiciones higiénicas bajo mínimos, prostitución, delincuencia, etc. Lo lógico hubiese sido rechazar la oferta, por su incompatibilidad con el prestigio académico que con tanto esfuerzo se había ganado. Hoy en día, estar involucrado tan de cerca en causas sociales puede tener una connotación positiva para una persona de destacado prestigio. Sin embargo, no era tan corriente y bien visto en esa época. De hecho, Montessori recibe advertencias desde su facultad porque se consideraba que esa una iniciativa puede desprestigiar la universidad. A pesar de ello, acepta la oferta, viendo en ella una oportunidad para implementar y validar su método entre niños 'normales'.

La oferta le llega de un grupo de inversión que se había hecho cargo de algunos edificios del barrio. La empresa estaba preocupada al ver que los niños de los inquilinos de sus edificios correteaban solos por las calles realizando actos de vandalismo en sus inmuebles. Deciden invertir en una modesta escuela —disponiendo solo de una sala para los niños y de un piso para la maestra— para tener a esos niños que aún no tienen edad escolar ocupados mientras sus padres trabajan.

El 7 de enero 1907, Montessori inaugura la primera *Casa dei Bambini* [Hogar de los niños] con unos 50-60 niños de entre tres y siete años. Unos meses después, inaugura una segunda escuela en el mismo barrio en Roma.

En 1908, aprovechando el viaje para su participación en la Unión nacional de mujeres (*Unione Femminile Nazionale*) celebrado en Milán, Montessori propicia la relación con una asociación, la Sociedad humanitaria (*Società Umanitaria*), a la que encarga la fabricación del material para su método y que patrocina la apertura de una tercera escuela en Milán, también en un barrio obrero. A título anecdótico, Benito Mussolini trabajaba entonces en esa organización como periodista y tomó gran interés en la iniciativa educativa de Montessori (O'Donnell, 2014). La escuela es dirigida por Anna Maria Maccheroni (1876-1965), quien Montessori había conocido en sus clases de antropología. Maccheroni será fiel seguidora suya y maestra en sus escuelas durante el resto de su vida. Todas las escuelas están entonces dirigidas por personas formadas por Montessori, pero que no tienen preparación formal en el ámbito educativo, de forma que no estuviesen influidas por las prácticas educativas de la época (Kramer, 2019). En noviembre de 1908 abre una tercera casa en Roma.

Las escuelas son un verdadero éxito del que se hace eco la prensa local e internacional. En 1909 abre otra *Casa dei Bambini* en la Casa General de las Franciscanas de Roma, lugar desde el cual Montessori imparte formación sobre lo que se conoce como 'el milagro de San Lorenzo'.

1.6 Sus publicaciones y la expansión internacional del Método

El experimento llevado a cabo en la *Casa dei Bambini* es el ensayo de dos años y la base de lo que se conoce hoy en el mundo entero como el 'método Montessori'. En el verano de 1909, Montessori divulga el Método mediante el libro *Il metodo della pedagogia scientifica applicato all'educazione infantile nelle Case dei Bambini* (Montessori, 2000), título conocido en inglés como *The Montessori Method* (Montessori, 1912) y en castellano como *El método de la Pedagogía científica* (Montessori, 2015a).

En 1910 Montessori deja su profesión médica y se dedica exclusivamente a la educación. El mismo año, a sugerencia de Giuseppe Sergi, un profesor de la Universidad de Roma que había asumido una figura de padrino para ella en la universidad, Montessori decide publicar las conferencias que había dado en sus clases de antropología de la Universidad de Roma, a partir de las notas tomadas por un alumno diligente que asistía a ellas. Así, *Antropologia pedagogica* (Montessori, 1910) es publicado en 1910, después de su primer libro, aunque fue escrito anteriormente al primero y lo fundamenta. Es traducido al inglés en 1913 (Montessori, 1913). De hecho, en la traducción inglesa de su primer libro hace referencia a ese libro. Esa forma de hacer es muy usual en Montessori, que continuamente actualiza y añade precisiones en sus libros, a medida que se traducen o re-publican, lo que crea confusión en quienes estudian sus textos.

Cabe explicar que la antropología a la que se refiere el libro consiste en el estudio de la anatomía humana a través del análisis de parámetros biométricos mediante técnicas antropométricas, lo que hoy se conoce bajo el nombre de 'antropología morfológica'. Por ese motivo, el libro está repleto de mediciones de torsos, de cráneos y de observaciones de datos psicológicos. La aportación original de Montessori es la aplicación de las conclusiones de ese estudio al ámbito de la pedagogía, inspirada en la teoría de Cesare Lombroso, que explicaremos más en detalle a continuación.

Lo que acontece en la *Casa dei Bambini* no solo culmina en un libro, sino que traspasa las fronteras de Italia a través de los medios de comunicación, tanto en Europa como en América.

En España, en 1911, Juan Palau Vera se interesa por el Método después de que fuera comentado en la *Revista de Educación* de Barcelona. Tras ir a Roma a conocerlo de primera mano, convence a la Diputación de Barcelona para implementarlo en dos instituciones educativas católicas. En 1914, la primera escuela Montessori se abre en España por iniciativa de la Delegación de Barcelona, bajo la dirección de Palau Vera. El ensayo dura 14 meses y se considera un éxito. Vera es quien traduce la mayoría de los libros de la autora en castellano.

En los Estados Unidos, el Método es comentado en revistas como el *American Education*, el *Journal of Educational Psychology*, el *Kindergarten Review*, y muchas más. Pero lo que marca un antes y un después para el método Montessori es una serie de artículos sobre el Método escritos por Josephine Tozier, publicados entre 1911 y 1912 en la revista *McClure's Magazine* (Tozier, 1911c, 1911b, 1911a) en los Estados Unidos y en las revistas *The World's Work* y *The Fortnightly Review* (Tozier, 1912) en Inglaterra. Las tres revistas tienen que imprimir una segunda edición para abastecer a la demanda de sus lectores, un hecho sin precedente que aumenta el interés hacia Montessori en Inglaterra y en el continente americano. Los artículos de Tozier, una periodista en sintonía con el Método, son determinantes para la expansión del Método en el ámbito anglosajón ya que en 1912 Montessori no habla aún inglés (Holmes, 1912).

En 1911 la primera escuela Montessori se abre en Nueva York, dirigida por una maestra americana, Anne George, formada personalmente por Montessori en Italia. En 1912, siendo la única maestra americana formada en el Método, George traduce el primer libro de Montessori al inglés (Montessori, 1912) y más tarde traducirá también algunos de sus otros libros. Henry Holmes, profesor de la Universidad de Harvard, prologa el libro, destacando el hecho de que se trata del primer método educativo desarrollado por una mujer.

No tenemos otro ejemplo de un sistema educativo —original al menos en su totalidad sistemática y en su aplicación práctica— elaborado e inaugurado por una mente y unas manos femeninas. Es notable, también, porque surge de una combinación de simpatía e intuición femeninas, amplia perspectiva social, formación científica, estudio intensivo y prolongado de los problemas educativos y, para coronar todo, una experiencia variada e inusual como maestra y líder educativa. Ninguna otra mujer que se haya familiarizado con la cuestión tratada por la Dra. Montessori, la educación de los niños pequeños ha aportado recursos personales de una riqueza tan diversa como lo hizo ella. (Montessori, 1912, TN)

La primera tirada del libro (5.000 copias) se agota a los pocos días. A raíz de los artículos publicados en el *McClure's Magazine*, Graham Bell y su mujer se interesan por Montessori. El entusiasmo de Bell es tal que decide montar una 'clase piloto de verano' en su segunda residencia en el este de Canadá con sus nietos, bajo la supervisión de Anne George. Tras el éxito, financia la apertura de una escuela Montessori privada en Nueva York para el curso escolar 1912-13. Al entusiasmo de Bell se suman la familia del conocido inventor Thomas Edison y la hija del entonces presidente americano, Margaret Wilson. Entre todos, facilitan la expansión de la fama del Método y la venida de Montessori al continente americano.

En 1912 la Junta de Educación (*Board of Education*) de Inglaterra publica un informe favorable con el Método titulado *The Montessori system* (Holmes, 1912) [El sistema Montessori] y se funda la Sociedad Montessori (*Montessori Society*) en Londres.

En 1913, se celebra el primer Curso internacional de formación Montessori en Roma. Unos meses antes, fallece la madre de Montessori y decide hacerse cargo de su hijo Mario que tiene entonces quince años, presentándole en sociedad como su sobrino (aunque ella es hija única). A partir de ese momento, Mario siempre la acompaña hasta el día de su muerte.

En agosto del año 1913 Montessori aparece en dos prestigiosos periódicos americanos, el *New York Times*, y el *New York Tribune*, ese último la llama "la mujer más interesante de Europa" (Kramer, 2019). A finales del mismo año, realiza su primer viaje a los Estados Unidos, durante el cual se reúne con el presidente americano Wilson, su hija, Alexander Graham Bell, su mujer y Thomas Edison. En 1914, recibe una llamada del dueño del *McClure's Magazine* que le ofrece los fondos necesarios para instalarse en los Estados Unidos y empezar dos centros siguiendo su método, uno para niños normales y otro para niños con discapacidad mental. El señor McClure era millonario, por lo que la cuestión económica no era un problema. Sin embargo, Montessori declina la oferta. Según Standing (Standing, 1957), ese rechazo es guiado por una intuición que le sugiere que esa oferta podía coartar su libertad intelectual y su expansión internacional. En sus notas íntimas del viaje en barco con McClure hacia los Estados Unidos, escribía años antes: "McClure está pensando en la empresa 'Montessori-McClure' que va a conquistar el mundo y hacer una inmensa fortuna" (Montessori, 2013a). Puede que el interés ante todo económico del señor McClure enfriara a Montessori. Rechaza también una invitación por parte de la hija del presidente Wilson, Margaret Wilson, para llevar a cabo un curso de 6 meses en Washington. Thomas Edison, quien se había interesado por su método, se siente insultado por el rechazo y deja de apoyarla.

En 1914 publica *Dr. Montessori's own handbook* (Montessori, 1914) [*El manual personal de la Dra. Montessori*], un libro en el que describe su material.

El informe sobre su método realizado por un tal Edward Holmes (Holmes, 1912), del que hablaremos más adelante, había animado a Montessori a extender su método más allá de los siete años. Quizás fue por ese motivo que publica en italiano, en 1916, un libro dedicado a la educación primaria: *L'autoeducazione nelle scuole elementari* (Montessori, 1916) [La autoeducación en la escuela primaria], desglosado en dos partes en inglés, bajo los títulos de *Spontaneous activity in education* (Montessori, 1917) [Actividad espontánea en la educación] y *The Montessori elementary material* (Montessori, 1917b) [El material Montessori en la etapa de la primaria]. La primera parte ahonda en los temas centrales de la pedagogía montessoriana (la atención, la voluntad, la inteligencia, el ambiente, la cuestión moral, la religión, la preparación del maestro, etc.), mientras la segunda trata de índoles curriculares (gramática, aritmética, geometría, etc.). A pesar de ser uno de los libros más relevantes de la autora, esta obra no ha sido publicada aún en castellano.

En 1915, Maccheroni se desplaza a Barcelona para dirigir una escuela montessoriana (*escola model Montessori*) a petición de la Diputación de Barcelona, mediante la intercesión de Palau Vera. En 1915 Montessori vuelve a los Estados Unidos con su hijo Mario y se queda ahí unos meses para dar una serie de cursos en California y presentar su método durante la Exposición Internacional Panamá-Pacífico de San Francisco. Se diseña un aula de 30 niños con paredes de cristal, de forma que los visitantes puedan ver el Método en acción (Montessori, 2015). Las conferencias que da durante ese viaje son la base de libros / folletos publicados el mismo año: *My system of education* (Montessori, 1915b), *The organization of intellectual work in school* (Montessori, 1995) [La organización del trabajo intelectual en la escuela], *Education in relation to the imagination of the little child* (Montessori, 1915a) [La educación en relación a la imaginación del niño], and *The mother and the child* (Montessori, 1915c) [La madre y el niño].

Al irse de los Estados Unidos, encarga a una seguidora suya, Helen Parkhurst (1887-1973) —pedagoga americana que después publicó el conocido *Education on the Dalton Plan* (Parkhurst, 1922) [El Plan Dalton]—, velar por su método. La ruptura de ambas en 1917, así como la publicación en los Estados Unidos de un informe no demasiado amable con su método por William Heard Kilpatrick (1914), un discípulo de John Dewey, retrasa la implementación del Método en los Estados Unidos. A finales de 1915, poco después del fallecimiento de su padre, Montessori se establece en Barcelona. En esa ciudad, organiza una escuela modelo con capilla y empieza a desarrollar un método de enseñanza de la religión que llama 'Atrio' (Standing, 1965).

En 1917 intercambia cartas con Sigmund Freud tras haber conocido a su hija. En 1919 da clases en Londres, en 1920 da conferencias en la Universidad de Ámsterdam y en 1921 da clases en Londres y en Milán. A partir de 1919, es presionada para posicionarse en el conflicto entre los gobiernos catalán y español. Rechaza hacerlo, insistiendo en la necesidad de mantenerse al margen de la cuestión política; la única causa que apoya es la del niño. Su neutralidad política llevará a la pérdida del apoyo del gobierno catalán para sus escuelas en Barcelona (Kramer, 2019). Siguen funcionando como escuelas privadas.

Entre 1912 y 1920 sus libros se traducen a 36 idiomas y son disponibles en más de 58 países. En 1922, a raíz de los ensayos en el ámbito de la educación religiosa realizados en Barcelona, publica *I bambini viventi nella Chiesa* (Montessori, 1922), cuya versión inglesa sale en 1929 en *The Child in the Church* (Standing, 1965) [El niño en la Iglesia], junto con otros ensayos sobre la educación religiosa. En 1923 sale la versión alemana (*Das Kind in der Familie*) de lo que será *Il bambino in famiglia* (Montessori, 1936b) [El niño en familia]. El mismo año da clases en Londres, Viena y en Holanda. En 1924, da un curso de formación de 4 meses en Ámsterdam. El mismo año, se reúne con Mussolini tras su toma de poder e Italia reconoce oficialmente las escuelas Montessori. El mismo año, funda la *Opera Nazionale Montessori*, una asociación italiana dedicada a la difusión de su método.

En 1924, el dictador General Miguel Primo de Rivera toma el poder en Barcelona y el régimen cierra sus escuelas.

En 1925 da clases en Londres, en 1926 visita Argentina y habla de paz y de educación en Geneva. En 1929 visita Irlanda por primera vez. En 1929, coincidiendo con el final del Primer Congreso internacional Montessori, Montessori tiene la idea de fundar la AMI[3], para asegurar la continuidad de su obra. La asociación se funda oficialmente en 1932, durante el congreso de Niza.

En 1929, trabaja en dos centros Montessori de Barcelona y se dedica a escribir.

En 1930 se celebra un Curso internacional de formación Montessori en Roma y da conferencias en Viena. En 1931, tienen lugar otro curso de formación en Roma, y otro en Inglaterra. Montessori da conferencias en Berlín, publica *La Vita in Cristo* (Montessori, 1931) [La vida en Cristo] con el *Imprimatur* del Vicariado de Roma y Mahatma Gandhi visita sus escuelas en Roma.

En 1931, la Segunda República es instaurada en Barcelona y Montessori vuelve a recibir apoyo del gobierno catalán para reabrir sus escuelas.

En 1932 se celebra el Segundo Congreso Internacional Montessori en Niza y dirige un discurso para la entidad que hoy se conoce como la UNESCO, titulado *Peace and education* (Montessori, 2013c) [Educación y paz]. El mismo año publica *The mass explained to children* (Montessori, 1932b) [*La Santa Misa vivida por los niños*], antes que la versión italiana publicada en 1949.

En 1933 las escuelas montessorianas son cerradas por los Nazis en Alemania y una foto de Montessori se quema junto con sus libros en Berlín. El mismo año se celebra el Tercer Congreso In-

---

3. La 'AMI' es la designación en francés *Association Montessori Internationale*. Montessori escogió esas siglas, porque le gustaba el significado de las siglas en francés ('ami', que se pronuncia como AMI quiere decir 'amigo').

ternacional Montessori en Ámsterdam. Da clases en Londres, Dublín y Barcelona.

En 1934 se celebra en Roma el Cuarto Congreso Internacional Montessori. Poco antes del evento, el gobierno italiano pide a Montessori que acepte el cargo de 'embajadora de la infancia'. Acepta, pero a título de representante de la AMI, no del régimen fascista. En reacción a su negativa a integrar sus escuelas dentro del movimiento fascista, el régimen cierra todas las escuelas montessorianas en Italia. Dadas las circunstancias, Montessori decide renunciar a la *Opera Nazionale Montessori* y se establece en Barcelona. *Psico-aritmética* (Montessori, 1934a) y *Psico-geometría* (Montessori, 1934b) son publicados en Barcelona; esos libros detallan los conceptos que los niños deben aprender respecto a la geometría y la aritmética, así como el material de apoyo para dichas enseñanzas.

En 1936 publica *Les étapes de l'éducation* (Montessori, 2007a) [*Las etapas de la educación*] a raíz de unas conferencias dadas el mismo año en *La Sorbonne*. El mismo año empieza la Guerra Civil Española y Montessori huye de forma precipitada de Barcelona en un barco de guerra inglés, dejando atrás sus pertenencias y lo que había sido su laboratorio educativo durante dos décadas. Tras asistir al Quinto Congreso Internacional Montessori en Inglaterra, se establece en Holanda ayudada por la familia burguesa de una de sus alumnas, Ada Pierson, que se convertirá en 1947 en la segunda mujer de Mario. La editorial de los libros de Montessori llevará eventualmente su apellido (Montessori-Pierson Publishing Company).

En 1937 publica *El niño: El secreto de la infancia* (Montessori, 1937) en castellano a la vez que en italiano. El libro se había publicado anteriormente en Francia y en Inglaterra, pero solo parcialmente porque era una recopilación de conferencias que había dado en esos dos países. El mismo año se celebra el Sexto Congreso Internacional Montessori en Edimburgo y da conferencias en *La Sorbonne* sobre el tema de la paz.

En 1939 publica folletos de varias conferencias: *God and the child* [Dios y el niño] —publicado en el primer capítulo del libro *The Child in the Church* (Standing, 1965) [El niño en la Iglesia]— y *The Erd-kinder, and the function of the University* (Montessori, 1939b) [El Erdkinder y la función de la Universidad] —publicado después en *De l'enfant à l'adolescent* (Montessori, 1948b) [*De la infancia a la adolescencia*]—. El mismo año, cuando ella tenía sesenta y nueve años, Maria y Mario se van a India para impartir cursos de formación, invitados por la Sociedad de Teosofía. Se quedan en India durante siete años, a lo largo de los cuales Maria conoce personalmente a Mahatma Gandhi, Sri Pandit Jawaharlal Nehru —entonces Primer ministro de India— y Rabindranath Tagore. En 1940, en plena Segunda Guerra Mundial, Mario es encarcelado y Maria es puesta en arresto domiciliario en la sede de la Sociedad de Teosofía. Por un lado, son sospechosos ante las autoridades inglesas debido a su ciudadanía italiana, por otro, sus escuelas estaban cerradas por régimen fascista. Poco después, con ocasión de su 70° aniversario, ambos son liberados, bajo la condición de no abandonar el país hasta el fin de la Guerra. Durante los años de la Guerra, Maria da clases en varias ciudades de India. En 1942, da la conferencia *Reconstruction in education* (Montessori, 1942) [Reconstrucción de la educación] que es publicada el mismo año en India.

Acabada la guerra, vuelven ambos a Holanda en 1946. Maria da clases en Londres, visita Escocia y publica *Education for a new world* (Montessori, 1946) [*Educar para un nuevo mundo*] en India. En 1947, se abre un Centro Montessori en Londres y, después de años viviendo como una nómada, vuelve a Italia para abrir de nuevo las escuelas cerradas e intentar retomar el protagonismo que el fascismo le había quitado una década antes. En 1947, publica *To educate the human potential* (Montessori, 1948d) [*La educación de las potencialidades humanas*].

En 1948 publica *De l'enfant à l'adolescent* (Montessori, 1948b) [*De la infancia a la adolescencia*] —abriendo la educación montessoriana a otras etapas—, *What you should know about your child* (Montessori, 1989) [*Lo que deberías saber acerca de tu hijo*], *Child educa-*

tion / Child training[4] (Montessori, 1948a) [La educación del niño] y *The discovery of the child* (Montessori, 1948c) [El descubrimiento del niño], una actualización de su primer libro.

En 1949 es invitada por la UNESCO y da la ponencia *The forgotten citizen* (Montessori, 2013d) [*El ciudadano olvidado*] y recibe tres nominaciones para el Premio Nobel de la Paz. El mismo año da unos cursos en Pakistán y una serie de conferencias (Montessori, 2013e) en el Octavo Congreso internacional Montessori en San Remo, Italia, sobre la capacidad creativa en la primera infancia (0-3 años), la solidaridad humana en tiempo y espacio, la unidad del mundo por medio del niño y la mente absorbente —que fue luego la base de su libro *The absorbent mind* (Montessori, 1949) [*La mente absorbente del niño*] publicado el mismo año—. Hasta la década de los cuarenta, su propuesta se había centrado, sobre todo, en la importancia de la relación entre el niño y el mundo exterior, mediante la manipulación de su material. El experimento llevado a cabo en la *Casa dei Bambini* trataba con niños de por lo menos tres años. En sus primeros años, Montessori no había abarcado explícitamente la primera etapa de la infancia (0-3 años), ni la dimensión afectiva de la relación del niño con su principal cuidador. Quizás esa forma de ver la educación tendía inconscientemente a minimizar el sufrimiento y el sentimiento de culpabilidad de saber que no había cuidado de su propio hijo durante sus primeros años de vida (Kramer, 2019). Su interés por la cuestión de la primera infancia (0-3 años) se intensificó con el nacimiento de sus cuatro nietos y perduró hasta el final de su vida. En 1946, explica a sus alumnos que la forma de tratar a los recién nacidos durante el parto puede repercutir en su salud y defiende la atención a las necesidades básicas de los bebés en el ámbito de la alimentación (Kramer, 2019). Esas intuiciones son confirmadas *a posteriori* por autores como John Bowlby (Bowlby, 1952), el padre de la teoría del apego.

---

4. Recopilación de unas conferencias dadas en la radio nacional india, *All India Radio.*

En 1949, publica *Peace and education* (Montessori, 1971) [*Educación y paz*], *Formazione dell'uomo* (Montessori, 1953), así como su traducción en inglés, *The formation of man* (Montessori, 2007b) [*La formación del hombre*]. En 1950 publica su último libro, *Educazione alla libertà* (Montessori, 1999) [Educación para la libertad].

Después de haber participado en el Noveno Congreso Internacional Montessori en Londres y haber dado su último curso en Austria en 1951, fallece en Noordwijk en Holanda en 1952, con ochenta y un años. Su hijo Mario toma el relevo de la presidencia de la AMI y de toda su obra hasta su fallecimiento, en 1982. La sede de la AMI, que estuvo en Berlín hasta el año 1935, se encuentra actualmente en Ámsterdam en Holanda, en la casa en la que vivían Maria y Mario. La AMI es conocida en todo el mundo como la entidad que preserva el legado de Montessori y que proporciona a los educadores la formación oficial en el método Montessori.

Actualmente el método Montessori es difundido por todo el mundo a través de asociaciones formales —reconocidas por el AMI— e informales. Hoy por hoy, la AMI tiene sociedades afiliadas en 42 países del mundo (Association Montessori Internationale, 2023).

1.7 Su personalidad

Según el testimonio de familiares y seguidores (Kramer, 2019), Maria no había sido una niña especialmente dotada intelectualmente durante su infancia, ni era competitiva en la escuela. Sin embargo, tenía una personalidad muy fuerte, un humor sofisticado para su edad y era especialmente tozuda.

En cuanto a Maria en la madurez, algunas de sus biografías hablan de ella como de una persona pausada, serena, reflexiva, a la vez que apasionada, carismática e inspiradora (Edwards, 2001; Kramer, 2019; Standing, 1957). Su tozudez aumentó con la edad; podía llegar a tener muy mal genio cuando las circunstancias no eran favorables a la realización de sus planes. Estaba preocupada por la situación social de los pobres y de los oprimidos. En su práctica privada era conocida por ir más allá de una simple consulta médica. Era común que se desplazara a los hogares para ayudar; y cuando veía que los padres eran pobres o estaban enfermos, ella misma hacía la comida y bañaba a los niños enfermos. La madre de Maria guardaba con orgullo las numerosas cartas que llegaban a casa por parte de familias agradecidas por sus cuidados.

Tenía un carisma especial del que hablaban continuamente las personas que se acercaban a conversar con ella después de sus conferencias. Tenía el arte de convencer apelando a la razón, con argumentos rigurosos, pero desde un lenguaje simple y claro (Maccheroni, 1947); sus seguidoras destacan que lo hacía con elegancia, suavidad y delicadeza, prácticamente todas sus intervenciones públicas alcanzaban a todos y acababan en ovaciones (Kramer, 2019). Según Maccheroni, que la conoció a raíz de asistir a sus clases de universidad, "sus clases nos hacían querer ser buenos" (Maccheroni, 1947). Ciertamente, su carisma personal influyó en que tuviese tantos seguidores para su causa, en que su reconocimiento —nacional e internacional— fuera tan rápido, fulminante y que contara con la ayuda de tantas personas influyentes. No se puede decir lo mismo de sus escritos, que son áridos y complejos. El difunto filósofo educativo americano John Stoops explica la curiosa afinidad que existe entre la forma de argumentar de Montessori y la de Aristóteles, con la diferencia de que ella la usa para convencer, no para aprender (Stoops, 1987).

A Montessori se le considera generalmente una mujer adelantada a su tiempo. De hecho, veremos después que muchas de sus intuiciones fueron confirmadas por la ciencia. Se la considera también feminista. De hecho, fue muy activa en el ámbito del feminismo de su época durante sus años post-universitarios. Otros la consideran anticuada y critican algunas posturas suyas, como por ejemplo su religiosidad, su pudor —sus alumnos siempre tenían que ir delante y no detrás de ella subiendo las escaleras, pedía disculpas antes de enseñar imágenes gráficas del cuerpo humano en sus clases de anatomía—. Resulta curioso que los motivos por los que se le atribuyen todos esos calificativos varían de una persona a otra, pues no era una feminista, una revolucionaria o una inconformista estándar. De hecho, algunos periodistas de la época describieron su personalidad como la delicadeza de una talentosa joven combinada con la fuerza masculina, un piropo machista visto con los ojos de hoy. Hoy se puede escuchar en ciertos círculos que era una mujer adelantada a su tiempo porque tuvo un hijo ilegitimo, un juicio que se podría tildar de presentismo histórico, ya que existen escritos suyos en los que encontramos alabanzas a la castidad (Montessori, 2016). En definitiva, Montessori es una persona difícil de encajar en las categorías estándares y sigue siéndolo a fecha de hoy.

A menudo se retrató a Montessori como oportunista. En la biografía de Kramer, se insinúa que se habría lanzado a diseñar su método para canalizar los recursos de filántropos de clase alta que había conocido y que eran favorables a sus planteamientos. Marjan Schwegman argumenta en su biografía que Montessori se movía esencialmente por afán de poder, de prestigio y de dinero (Schwegman, 1999). Pero los hechos conocidos a fecha de hoy no apoyan esa hipótesis porque, como hemos explicado anteriormente y detallaremos a continuación, Montessori renunció a numerosas oportunidades de obtener favores políticos y económicos por preferir controlar la integridad y el destino de su método y defender la única causa que le interesaba: la del niño. Rechazó ofertas de muchos filántropos y empresarios que querían instrumentalizar su método y se mantuvo apolítica durante toda su vida. Es más, las personas que la conocieron de cerca afirman que llegó incluso a pasar momentos de dificultad económica por resistirse a no perder el control sobre su método (Kramer, 2019). Da incluso la sensación de que estaba obsesionada por mantener la integridad de este, empleando medios que le merecieron críticas, incluso por parte de sus seguidores (solo ella formaba personalmente a los maestros, desautorizaba las asociaciones Montessori que no le obedecían, etc.) (Kramer, 2019). Montessori mantenía numerosas amistades con personas de clase alta, pero no dudaba en ser crítica hacia ellas diciendo que "solo las clases altas tienen prejuicios ante las mujeres cuya existencia es útil" (Kramer, 2019). Era coherente y decía lo que pensaba sin preocuparse por complacer o disgustar. Por un lado, ese rasgo le mereció disgustos, por otro, dio frescura y autenticidad a sus discursos.

En el ámbito intelectual pretendía combinar razón e intuición, aunque la razón llevaba las riendas sobre sus sentimientos en su vida personal. Sus seguidoras hablan de ella como una persona disciplinada y con una gran fuerza de voluntad. Sus colaboradores cercanos cuentan que ni siquiera la vieron llorar la muerte de su madre (Kramer, 2019). Sin embargo, en su diario íntimo, Maria se emociona y reconoce haber llorado en la intimidad al leer el mensaje que dos amigas le hacen llegar (Montessori, 2013).

Tenía una mentalidad científica que ella consideraba compatible con una profunda sensibilidad por lo religioso. Hablaremos más delante de esa aparente contradicción. Algunos la califican por ello de genio (Standing, 1957, 1965). Otros piensan que el conjunto de sus escritos sobre la educación religiosa restó prestigio a su obra como pedagoga innovadora y hablan de sus "aires de misticismo" (Kramer, 2019). Efectivamente, Montessori era contemplativa en el sentido más espiritual. Tanto en sus escritos pedagógicos como en sus escritos más íntimos, se ve que hacía una lectura más allá de lo que veía el común de los mortales en todas las circunstancias y las realidades que se le presentaban. Al llegar a Nueva York en 1913, se exclama, pensando en un explorador que la precedió:

> ¡Tantos viajes heroicos! ¡Tanta aflicción para el pobre hombre! Toda la historia de la humanidad empieza con el sacrificio y continúa mediante el esfuerzo. Tanto la salvación del hombre como la civilización de un nuevo continente —como cualquiera empresa gloriosa— viene bajo la sombra de la cruz. Pero la cruz de mi viaje es estar separada de él, mi querido santito [su hijo Mario].

> Es cierto que nadie puede devolverme esos días de tu infancia que he perdido por dejarte. Pero quizás puedo hacer que los días que quedan sean felices. (Montessori, 2013)

Algunos interpretan la nostalgia de haberse perdido la posibilidad de velar para que la infancia de su hijo fuera la adecuada, el sacrificio que supuso ese hecho para su hijo, así como la firme determinación para que su futuro fuera feliz, como una metáfora de lo que trajo su 'descubrimiento': un antes y un después en la forma de entender la infancia (Kramer, 2019). De hecho, llegó a decir en una de sus conferencias que su método no era un método, sino una revelación (Kramer, 2019). En definitiva, su hijo habría sido sacrificado para que otros pudiesen gozar de esa revelación. De hecho, en su testamento deja todo a Mario y añade: "[Espero] que el mundo haga justicia a sus méritos, que son grandes" y que "mis amigos y los que continúan con mi método sientan su deuda hacia mi hijo, *mi hijo*" (Kramer, 1976, TN). Montessori quiere que el mundo sea consciente de que, si Mario no hubiera sido sacrificado, ella no habría podido dejar ese legado al mundo.

2. El método Montessori

2.1 Aspectos esenciales del Método

2.1.1 Relación entre principios y el Método

El sistema educativo montessoriano, como cualquier otro sistema, es una combinación de unos principios (una filosofía, un espíritu, unas creencias, una postura pedagógica concreta, etc.) y de unos métodos (una forma de hacer, unos materiales, unas reglas para los maestros y para los niños, etc.). El método montessoriano tiene fama de poco flexible, porque es la concreción exacta de los principios educativos que lo fundamentan. Como explica Edmund Holmes (1912), el encaje de los principios y del Método en el sistema montessoriano es tal que una persona que no entendiera los principios que fundamentan el Método no podría llevarlo a cabo, o hacerlo se convertiría en una especie de caricatura. Hélène Lubienska de Lenval, una de las colaboradoras de Montessori, explica como el material desvinculado del espíritu del Método puede convertirse en 'ritualismo':

> Cuando la profesora montessoriana hace marchar a los niños sobre la línea, cuando ella enseña el uso de un material, o insiste sobre tal gesto, es preciso que tenga presente el fin que persigue. Sin esto, 'los niños andan dando vueltas, como los forzados en el patio de una cárcel', así me decía un día la doctora, 'y el empleo del material degenera en ritualismo.' (Lubienska de Lenval, 1968, TN[5])

---

5. Para facilitar la lectura de este libro, hemos proporcionado la traducción disponible en castellano de algunos textos; en el resto de los casos, la traducción es nuestra ('TN'). Se

Dorothy Canfield Fisher, una mujer americana que la hija de Roosevelt describió como una de las diez mujeres más influyentes de los Estados Unidos, conoció a Montessori y su método en un viaje a Roma. A su vuelta en 1912, escribe un libro sobre lo que vio, *A Montessori Mother* [Una madre Montessori], abordando ese aspecto:

> Cualquier intento de utilizar el aparato o sistema Montessori por parte de cualquiera que no comprenda completamente o no esté del todo en simpatía con su idea fundamental, resulta inevitablemente en una caricatura grotesca y trágica del método, un espectáculo tan ridículo como intentar cristianizar a la gente por el bautismo forzoso. (Canfield Fisher, 1912, TN)

Por otro lado, si bien es cierto que los principios que mueven al Método tienen fama de ser inamovibles —y en ciertos aspectos lo son—, Holmes insinúa que el Método no es tan estricto como lo parece, citando a la misma Montessori:

> 'Dejemos que la maestra que haya aceptado y dominado los principios de mi pedagogía, y que haya estudiado mi método tanto en su totalidad como en todos sus detalles, haga las modificaciones o mejoras que crea convenientes, basadas en su reflexión y su propia experiencia.' (Holmes, 1912)

Esa cita no se encuentra en ningún escrito de Montessori. Puede que sea una cita verbal trasmitida a Holmes mediante el intérprete de Montessori. En cualquier caso, existe una paradoja al respecto de ese tema. Si bien es cierto que el Método puede ser flexible si se entiende bien los principios que lo fundamentan, se percibe a menudo al Método como una forma de defenderse de una modificación de los principios. Es difícil, incluso imposible, protegerse de la pérdida

---

encuentra, en anexo, un listado cronológico de todas las obras de Montessori, en el idioma en el que se publicaron inicialmente.

del espíritu mediante la aplicación práctica de unos sistemas o unas reglas. Por lo tanto, el Método está en las manos de los que lo entienden —que han leído, entendido y puesto en práctica las enseñanzas de Montessori—, no de los que se ciñen a usar el material.

En cualquier caso, cuando Montessori habla de su método, no se refiere al material o a la metodología en sí. El 'Método' se refiere al sistema montessoriano, el cual incluye tanto los principios como el material. Sin el material, los principios serían teóricos, y sin la teoría, los materiales no tendrían ni alma, ni sentido. Haremos la misma acepción general del término 'Método' en el presente texto. A continuación, detallaremos los principales aspectos del Método, explicando los principios que los subyacen.

2.1.2 Cuatro planos de desarrollo

Cuando la educación montessoriana se describe a sí misma como 'holística', no solo se refiere a la integración de las dimensiones sensorial, intelectual, moral y espiritual, sino también al hecho de abarcar todas las etapas de la educación (Grazzini, 2004).

Basada en las observaciones sistemáticamente recogidas a lo largo de los dos años en la *Casa dei Bambini*, Montessori divide el periodo de aprendizaje en cuatro etapas de desarrollo: la infancia, la niñez, la adolescencia y la madurez. Cada periodo tiene unas características concretas y un punto culmen, que se describe de la siguiente forma:

- Infancia 0-6 años (punto culmen: 3 años)
- Niñez 7-12 años (punto culmen: 9 años)
- Adolescencia 13-18 años (punto culmen: 15 años)
- Madurez 19-24 años (punto culmen: 21 años)

Montessori describe esos estadios como fases distintas, tanto en términos de necesidades como de comportamientos. Corresponden a las etapas educativas generalmente conocidas como la educación infantil, la primaria, la secundaria y la universidad. En dos de sus conferencias, resumidas en un folleto publicado por la AMI, *The four Planes of education* (Montessori, 2013e) [Los cuatro planos de la educación], Montessori describe cada fase, que pasamos a resumir a continuación.

2.1.2.1 Infancia 0-6 años.

Durante esa etapa, el niño está en parte en casa y parte en la escuela. Necesita vida social, pero a la vez busca la autonomía. Esa búsqueda se materializa en una necesidad de llevar a cabo actividades o trabajo, mediante su propio esfuerzo. El niño se da cuenta de que puede hacer cosas por sí solo. 'Yo puedo'. A veces, ayudar al niño haciendo lo que él puede llegar a hacer por sí es sustituirlo, anularle, impedir su desarrollo espontáneo. Según Montessori, cualquier ayuda no necesaria es un obstáculo para el desarrollo. Pero ese tipo de libertad no consiste en hacer todo lo que a uno le apetece, sino en poder actuar sin ayuda externa. Cada uno hace lo que debe, pero esa autonomía no excluye ayuda mutua cuando esta es necesaria.

El niño puede aprender a escribir con cuatro años y medio y a leer con cinco años. Es generalmente tímido y no suele atender cuando se le pide saludar a extraños. Sin embargo, le gusta aprender reglas de cortesía (saludar, disculparse, despedirse, etc.), tiene interés por la forma de vestir y por la higiene y tiene una sensibilidad especial hacia la belleza. Empieza también a tener un interés por lo espiritual, pero su interés permanece en el ámbito de lo concreto. Aprende mediante las experiencias sensoriales, aún no tiene capacidad de abstracción.

Durante ese periodo, el niño tiene una gran capacidad de adaptación al entorno:

> Hay en el niño una sensibilidad absorbente hacia todo lo que le rodea. Y es mediante la contemplación y la absorción del ambiente que uno se adapta a él. Esta facultad revela un poder del subconsciente que solo se encuentra en el niño. (Montessori, 1949, TN)

La importancia que tiene el entorno, según la autora, lo convierte en una herramienta educativa de gran importancia, como veremos a continuación. Para ella, lo que ha sido propuesto a un niño en su tierna infancia mediante el ambiente nunca puede totalmente desaparecer: "Algo continúa en el subconsciente, porque lo que ha sido asimilado por el niño nunca puede ser totalmente destruido" (Montessori, 1949).

2.1.2.2 Niñez 7-12 años.

Con siete años comienza la edad de la impertinencia. Empieza a hacerse preguntas más abstractas, que apuntan a las causas. En el ámbito moral, el sentido del bien, del mal y de la justicia se despierta. Comienza a interesarse por la dimensión ética de sus acciones y a sentir un deseo irresistible por 'chivarse' cuando ve algo que hiere su sentido de la justicia; busca que el adulto a cargo del grupo dictamine cuales son las actuaciones buenas y las que no. Los entornos limitativos del hogar y del aula no son suficientes, es preciso un entorno más estructurado y con más oportunidades para relacionarse. Necesita contacto tanto con la naturaleza como con la sociedad. Aquí, la adquisición de la cultura es esencial, y se hace mediante un material que ayuda a mantener el interés y la atención. El niño busca las causas, las razones, las consecuencias. Ayudado por el material el niño puede empezar a hacer álgebra, ya que la mente del niño de esa edad está preparada para trabajar en un plano abstracto.

2.1.2.3 Adolescencia 13-18 años.

Durante esa etapa uno deja de pensar en términos de sí mismo en relación con otros y empieza a preocuparse por el mundo o la sociedad en general. En esa etapa es cuando nacen sentimientos sociales, amores abstractos, cuando puede aflorar la idea de 'vocación', porque el joven empieza a querer hacer una contribución a la sociedad.

Se despierta un interés especial por la historia. Durante esa etapa, el joven depende menos de su familia y empieza a interesarse por el aspecto social. Montessori insiste en que el joven pueda experimentar vivir alejado de su familia, trabajar mientras sigue con sus estudios y ser remunerado por hacerlo. Su trabajo debe ser valorado.

2.1.2.4 Madurez 19-24 años.

Esa etapa es la culminación de las anteriores. La persona es ahora capaz de tomar sus propias decisiones y alcanza un alto nivel de conciencia moral y de responsabilidad. Debe ser consciente de que la educación nunca acaba. El amor por el poder, por las posesiones materiales y por la vida fácil deben ser superados. Solo una persona madura es capaz de ese desprendimiento.

Montessori no entiende el paso de la niñez a la edad adulta como un proceso sucesivo, sino como una 'trasformación del presente':

> Pues la naturaleza no conduce al ser infantil hacia la edad adulta a través de etapas distintas y sucesivas, sino a través de transformaciones de un estado presente a otro presente. El modo de crecimiento no consiste en imitar al adulto, sino en permanecer fiel al presente. (Montessori, 1929, TN)

Para Montessori, el respeto por los periodos sensitivos previstos por la naturaleza ocurre cuando se es 'fiel al presente'.

2.1.3 Periodos sensitivos.

Dentro de cada plano de desarrollo existen lo que Montessori denomina los 'periodos sensitivos' (*période de fixation*). Son periodos a lo largo de los cuales algo se 'fija' en el niño (Montessori, 1929). El concepto de 'periodo sensitivo' es central en Montessori, aparece prácticamente en todas sus obras y nos permite entender el espíritu de otros conceptos montessorianos como, por ejemplo, la 'actividad espontánea'. Sin duda, ese concepto en Montessori ha sido influido por Hugo de Vries (1848-1935), así como por dos autores (Itard y Séguin) de los que hablaremos más adelante.

En 1917, Hugo de Vries, un botánico que descubrió las leyes fundamentales de la genética, contacta con Montessori, viendo el paralelo entre algunas ideas de su método y el concepto de 'periodo sensitivo' que él originalmente había acuñado en *Species and varieties: Their origin by mutation* (H. de Vries, 1904) [Especie y variedad: su origen por mutación] para describir el efecto permanente que tiene el ambiente sobre el desarrollo de un tipo concreto de plantas. De Vries había observado que ciertas plantas dan menos pistilos cuando crecen en peores condiciones, al margen de una mejora de las condiciones a partir de la quinta o sexta semana de vida. Las condiciones iniciales de la tierra son críticas para el desarrollado de los pistilos y pasado ese plazo inicial el desarrollo de los pistilos no puede ser modificado por un cambio en el ambiente.

En 1937, Montessori explica el concepto de 'periodos sensitivos' refiriéndose a De Vries, pero dejando claro —como lo hace a menudo— que la paternidad de la aplicación de ese concepto al ámbito educativo es suya.

> El científico holandés Hugo de Vries descubrió los periodos sensitivos en los animales[6], pero fuimos nosotros, en nuestras escuelas y en la vida de los niños en familia, que hemos encontrado estos periodos sensitivos en el crecimiento infantil, y los hemos utilizado en la educación. (Montessori, 2015b)

Montessori define el periodo sensible de la siguiente manera:

> Se trata de sensibilidades especiales, que se encuentran en los seres en evolución, es decir, en los estados infantiles, los cuales son pasajeros y se limitan a la adquisición de un carácter de-

---

6. Montessori dice que "Hugo de Vries descubrió los periodos sensitivos en los animales". Pero De Vries era botánico, por lo que su investigación se centraba en las plantas, no en los animales, como afirma Montessori. Por lo tanto, no sabemos de qué obra de De Vries Montessori tomó el ejemplo de la oruga. Fue probablemente un error por parte de Montessori.

terminado. Una vez desarrollado este carácter, cesa la sensibilidad correspondiente. Cada carácter se establece con auxilio de un impulso, de una sensibilidad pasajera. Por consiguiente, el crecimiento no es algo impreciso, una especie de fatalidad hereditaria incluida en los seres; es un trabajo minuciosamente dirigido por los instintos periódicos, o pasajeros, que impulsan hacia una actividad determinada, que quizás es distinta de la que caracterizará al individuo adulto. (Montessori, 2015b)

A continuación, detalla el mecanismo, citando de nuevo a De Vries:

Los seres en los que De Vries descubrió los periodos sensitivos por primera vez fueron los insectos, que tienen un periodo de formación muy conocido, porque experimentan metamorfosis que pueden observarse en laboratorios experimentales.

Tomaremos como ejemplo el que cita De Vries, el de un humilde gusano que es la oruga de una mariposa común: se sabe que las orugas crecen con rapidez, alimentándose vorazmente, y que por tanto destruyen las plantas. Aquí se trata de una oruga que durante los primeros días de vida no puede alimentarse de las hojas grandes de los árboles, sino únicamente de las pequeñas hojas tiernas que se hallan en la extremidad de las ramas.

No obstante, el hecho es que la buena mariposa madre va por instinto a dejar a los huevos precisamente en el punto opuesto, es decir, en el ángulo que forma la rama en el punto en el que se inserta al tronco del árbol para preparar a la descendencia un lugar seguro y resguardado. ¿Quién indicará a las pequeñas orugas, apenas salidas del huevo, que las hojas tiernas que necesitan se hallan en el apéndice extremo y opuesto de la rama? Pero la oruga está dotada de una viva sensibilidad hacia la luz: la luz atrae, la fascina, y el gusanillo va saltando, con el movimiento característico de las orugas, hasta la extremidad de la rama; y de ese modo se encuentra hambriento entre las hojitas tiernas que le proporcionarán alimento. Resulta extraño que, apenas terminado este periodo, es decir, cuando ya ha crecido y puede alimentarse de otro modo, este ser pierde la sensibilidad hacia la luz. Después de cierto periodo, la luz lo deja indiferente, el instinto queda amortiguado y se apaga por completo; ya pasado el momento de utilidad. (Montessori, 2015b)

Y concluye sobre la aplicación de ese principio a la educación:

Esto permite comprender enseguida el punto esencial de la cuestión, con relación a los niños: la diferencia principal consiste en un esfuerzo anímico que conduce al cumplimiento de actos maravillosos y espléndidos, y luego en una indiferencia ciega e inepta. (Montessori, 2015b)

Séguin, del que hablaremos más adelante, ya había introducido el concepto de periodo crítico cuando hacía referencia al "debido tiempo de desarrollo" y cuando opinaba dudosamente que los niños con discapacidad mental son niños cuyas funciones no han evolucionado adecuadamente "con respecto a la edad fijada por la naturaleza para la evolución de cada función" (Séguin, 1866). En un informe educativo (*Report on education*) presentado en Viena en 1876 (Séguin, 1876), Séguin concluye que una educación inadecuada de los sentidos durante la infancia puede llevar a la discapacidad mental. Esa idea impactó tanto en Montessori que elabora una lista de las características que tienen en común el niño con discapacidad y el bebé 'normal', puesto que este último no está aún completamente desarrollado (Montessori, 1912, 1917).

En sus escritos, Montessori habla, entre otros, de los siguientes periodos sensitivos:

- El movimiento
- El orden

- El lenguaje[7]
- El desarrollo sensorial

Para Montessori, lo que el adulto entiende por 'capricho' del niño puede a veces ser consecuencia de frustrar la necesidad de un periodo sensible. Por ejemplo, recuerda que unos niños de pocos años jugaban con ella al escondite y ella se escondía en lugares distintos. Ellos se enojaban porque no la encontraban escondida en el mismo lugar (Montessori, 1937). Esos niños estaban pasando por el periodo sensitivo del orden; buscaban orden en la secuencia de las actuaciones.

La neurociencia define actualmente 'periodo sensitivo' como un periodo óptimo para el desarrollo de una característica, pero que no excluye que pueda haber una influencia sobre ella más adelante (G. J. de Vries, Fields, Peters, Whylings, & Paul, 2014). Sin embargo, la definición inicial (en 1936) que Montessori hace del periodo sensitivo es radical. A pesar de usar 'sensitivo', ella se refiere a 'periodo crítico' porque lo entiende como una ventana de oportunidad que, de no aprovecharse, se pierde para siempre: "Pero si el niño no ha podido actuar según las directrices de su periodo sensitivo, se habrá perdido la ocasión de una conquista natural, y se habrá perdido para siempre" (Montessori, 1937).

---

7. Cuando empezó su trabajo en la *Casa dei Bambini*, Montessori estaba convencida de que los niños no tenían la madurez intelectual para poder aprender a leer y escribir antes de los siete u ocho años. Sin embargo, Montessori llegó al descubrimiento del periodo sensitivo de la lectoescritura a través de la observación de los niños de la *Casa dei Bambini*. Esa experiencia la reforzó en su idea de la importancia de observar con mentalidad científica a los niños, sin prejuicios.

El logro del aprendizaje rápido de la lectoescritura fue sin duda uno de los principales factores por el interés, el éxito y la expansión del método Montessori en todo el mundo. Pero como indica Anne George, en Kramer (Kramer, 2019), Montessori no quería que la gente se interesara en su método como una herramienta técnica para acelerar el aprendizaje.

Insiste también en el orden secuencial de cada etapa. En ese sentido, cada plano debe haberse vivido plenamente en orden a poder pasar adecuadamente al siguiente plano.

Ahora bien, en neurociencia del desarrollo, el concepto de plasticidad conoce periodos críticos en cuanto a desarrollo, pero no en cuanto a aprendizaje (Galvan, 2010). De hecho, hablar de periodos críticos en el ámbito de la educación se considera generalmente como un neuromito (Goswami, 2006; Howard-Jones, 2007, 2014). Por lo tanto, Montessori parece haber confundido las dos dimensiones del desarrollo y del aprendizaje. En cualquier caso, sigue siendo meritorio, dada la escasa información neurocientífica en su época, el haber apuntado a la existencia de periodos críticos o sensitivos en el desarrollo y en la educación (L'Ecuyer et al., 2020). Sea como fuere, hay que reconocer que la línea entre desarrollo y aprendizaje no siempre está tan claramente delimitada en los primeros años.

A pesar de la rigidez de su definición de la década de los treinta, Montessori fue pionera en sugerir que algunos periodos de la infancia son de gran importancia para el desarrollo. Años después, en *La mente absorbente*, Montessori vuelve a hacer hincapié en ese concepto, pero matizando: "Independientemente de la ayuda y asistencia que reciba más adelante en la vida si intenta aprender un nuevo idioma, no podrá hablarlo con la misma exactitud con la que hablaría un idioma aprendido en la infancia" (Montessori, 1949, TN). Ese matiz sugiere que el aprendizaje adquirido durante un periodo sensitivo concreto podrá también ser aprendido después de ese periodo, pero quizás con más esfuerzo, o con resultados no tan perfectos. Esa explicación de 1949 es más acorde con la definición actual de 'periodos sensitivos' (G. J. de Vries et al., 2014), y con lo que sugiere el estado actual de la neurociencia en cuanto a aprendizaje.

El concepto de periodos sensitivos ayuda a entender otro concepto clave para la pedagogía montessoriana: la actividad espontánea. La actividad espontánea en Montessori difícilmente se entenderá al margen del concepto de periodo sensitivo.

2.1.4 Actividad espontánea

Para Montessori, los periodos sensitivos son unas citas concretas que el niño tiene con su propia naturaleza. Esas citas se expresan mediante un movimiento espontáneo hacia la búsqueda de la perfección que corresponde a cada periodo sensitivo. El movimiento espontáneo sería un esfuerzo inconsciente de conformarse con los periodos óptimos previstos por la naturaleza. Por ese motivo, Montessori insiste en que nunca deberíamos interrumpir el movimiento espontáneo del niño o hacer por un niño lo que es capaz de hacer por sí mismo.

> Nosotros no podemos calcular las consecuencias que puede tener el sofocar un acto espontáneo cuando el niño empieza apenas a obrar; seguramente sofocamos la *vida misma*. La humanidad que se manifiesta ya con todos los esplendores intelectuales en la tierna infancia, como el sol se manifiesta al amanecer, debería ser respetada con religiosa veneración. La única acción educativa eficaz en esa época será la que tienda a *ayudar* el completo desarrollo de la vida.
>
> Para esto es preciso evitar rigurosamente *el detener los movimientos espontáneos* y renunciar a nuestra costumbre de *obligar a los niños a realizar actos por la imposición de la propia voluntad*; a menos que se trate de actos inútiles o perjudiciales, pues éstos deben ser sofocados y destruidos. (Montessori, 2015a)

Cuando sustituimos al niño, le cancelamos y le impedimos desarrollar su personalidad y sembrar victorias que solo le corresponden a él.

Hay que entender bien el contexto de la época. Por un lado, había carencias severas en las familias pobres. Recordemos la escena que Montessori presenció de los niños discapacitados que se precipitaban hacia las migas de pan para jugar con ellas porque sus mentes buscaban algo para ocuparse. Por otro lado, en las familias de clase media o alta, existían tradiciones que impedían la actividad espontánea, que Montessori denuncia en su primera obra (Montessori, 1912), tales como el uso de telas para inmovilizar a los bebés. En las familias de la burguesía italiana, había niños cuyas niñeras hacían todo por ellos: les vestían, les peinaban, les daban de comer. El niño se consideraba un ente pasivo.

> Nosotros *servimos* al niño; y hay que tener en cuenta que nuestros actos serviles le perjudican tanto como aquellos que tienden a sofocar un movimiento espontáneo, útil.

> Creemos que los niños son como los títeres inanimados; los lavamos y les damos de comer como ellos hacen con sus muñecas. No pensamos nunca que el niño que *no hace* alguna cosa, no *sabrá hacerla* y que posee los medios fisio-psicológicos para aprender a hacer. (Montessori, 2015a)

Si bien es cierto que Montessori estaba preocupada por la carencia de estímulos y la inactividad, nunca abogó a favor de la sobreestimulación externa, ni para el desarrollo, ni para el aprendizaje. Para ella, el entorno solo es un factor secundario en el desarrollo del niño.

> El factor *ambiente* es sin duda alguna secundario en los fenómenos de la vida; puede modificar, puede ayudar o destruir; pero no puede nunca *crear*. Las teorías modernas de la evolución, desde Naegeli a De Vries, consideran el factor interno como la cosa esencial en la transformación de la especie y en la del individuo. Los orígenes del desarrollo, ya sea en la sucesión filogenética como en la ontogenética, son interiores. El niño no crece porque se nutre, porque respira, porque está en condiciones térmicas o barométricas adecuadas; crece porque la vida que en él existe en potencia se va haciendo actual; por-

que el germen fecundo de donde proviene su vida se desarrolla siguiendo el destino biológico fijado por la herencia. [...]

Esta idea tan brillantemente expuesta por De Vries en su obra 'Mutations theory', arroja mucha luz sobre los límites de la educación.

Nosotros podemos ejercer una influencia sobre las variaciones que están relacionadas con el ambiente, aunque siempre dentro de los límites que estas variaciones tienen fijadas en las especies y en los individuos. Pero no sobre las transformaciones. Estas se hallan relacionadas con las fuentes mismas de la vida, y su potencia resiste la influencia del ambiente. (Montessori, 2015a)

Montessori, que no solía hacer la distinción entre desarrollo y aprendizaje[8] (L'Ecuyer et al., 2020), insistía en que el niño actuara de por sí mismo, ya que el desarrollo psíquico "no tiene sus estimulantes en el mundo exterior":

Aunque esto se produce a expensas del ambiente exterior, este no tiene importancia constructiva alguna, pero ofrece únicamente los medios necesarios a la vida, paralelamente a lo que ocurre con la vida del cuerpo que recibe del ambiente sus elementos vitales por la respiración. Son las sensibilidades interiores que guían en la elección de lo necesario en el ambiente multiforme y en las situaciones favorables a su de-

---

8. Hoy, se hace la diferencia en neurociencia (Galván, 2010) entre la plasticidad del desarrollo y del aprendizaje. El primer proceso (*experience-expectant*) viene pautado por la biología de la especie, pero puede depender de ciertos periodos críticos; el segundo (*experience-dependant*) es propio a cada individuo, pero no conoce periodos críticos. Montessori confundió los dos procesos. Sin embargo, es meritorio que haya apuntado el concepto de plasticidad cerebral y de periodo crítico, dado lo poco que se sabía sobre esos temas en 1907 (L'Ecuyer et al., 2020).

sarrollo. ¿Cómo guían? Guían convirtiendo sensible al niño únicamente para ciertas cosas e indiferente para otras. (Montessori, 2015b)

La idea de espontaneidad no solo ha de entenderse desde el punto de vista biológico, sino también en el contexto de la antropología que subyace la educación Montessori, de la que hablaremos más adelante. Decía que la inteligencia es espontáneamente activa (Montessori, 1949). La voluntad es racional, pues sigue la razón como tendencia que procede del conocimiento racional. Cuando el niño alcanza la edad de razón, el impulso natural irresistible que viene de su tendencia a crecer y que se orienta a la expresión de la racionalidad se convierte entonces en un acto racional y voluntario, y por lo tanto libre. Podemos encontrar esa idea también en Jacques Maritain, que habla de la importancia de la espontaneidad vital (*spontanéité vitale*) en la educación (Maritain, 1969). Es esa espontaneidad racional y libre que diferencia el 'acto humano' del 'acto de la persona' en el sentido tomista (Tomás de Aquino, 2001).

Lubienska explica cómo se guía la espontaneidad del niño. El niño nace en un estado de caos y toca todo en un intento de comprender. No hay que reprimir el afán del niño, sino ayudarle a ordenar sus experiencias sensoriales: "El material no crea el sentido, pero le cultiva, ordenando las percepciones" (Lubienska de Lenval, 1968). Según ella, el entorno no debería ser 'formador', sino esencialmente 'revelador', es decir, que su finalidad debería ser la de desarrollar lo que corresponde en cada periodo sensible del niño. Montessori llama 'ambiente preparado' al entorno que cumple con esas características.

2.1.5 Ambiente preparado y presentaciones del material

Montessori explica que existe una especie de 'trinidad' entre el niño, el maestro y el entorno. La mente 'absorbente' del niño se hace con el entorno. Por lo tanto, como explica Stoops, las experiencias que se le ofrecen mediante lo que le rodea son claves: "Debido a que el niño 'absorbe' el ambiente, los responsables de su educación tienen motivos para estar pendientes tanto del tipo de ambiente como de lo que sucede en él" (Stoops, 1987, TN).

El ambiente tiene un lugar privilegiado en la pedagogía montessoriana. El entorno que está 'preparado' es ordenado, bello, simple y real. Es un entorno organizado en función del orden interior del niño. Se trata del medio a través del cual el niño encuentra lo que su naturaleza le pide para poder desarrollarse de forma óptima, sin obstáculos, durante sus periodos sensitivos. Por lo tanto, cada elemento tiene su razón de ser en el desarrollo del niño. Nunn explica que no se trata de un ambiente caótico o arbitrario.

> [Es un] ambiente seleccionado, un microcosmos artificial dentro del macrocosmos, y los maestros son los que realizan la selección. Ellos preparan y amueblan el escenario para la obra de teatro. Aunque afirman no participar en la composición de la obra, sino que simplemente observan su desarrollo con interés, ya han establecido los límites dentro de los cuales se actuará. Por lo tanto, aunque es cierto que en una escuela Montessori un niño puede hacer lo que le plazca, sin embargo, lo que le agrada hacer está limitado de una forma rígida. Debe colocar los cilindros en sus orificios apropiados, colocar las tabletas de colores en la debida secuencia, aprender los rudimentos del número de la 'escalera larga'; porque, tal como está organizado el material, realmente no hay nada más que el niño pueda hacer. De hecho, una de las cosas más llamativas de estas escuelas es la uniformidad de la rutina. (Nunn, 1920, TN)

Pero sería un error pensar que *solo* se organiza el entorno en base a las necesidades psicológicas del niño. Hay un plan sistemático que incorpora las materias clásicas (aritmética, geometría, literatura, etc.):

La organización externa más alta no se basa únicamente en las necesidades psicológicas, sino también en aquellos factores que tienen en cuenta el aspecto cultural en sí. Cada materia de estudio, como, por ejemplo, aritmética, gramática, geometría, ciencias naturales, música, literatura, debe presentarse por medio de objetos externos sobre un plan sistemático bien definido. El carácter esencialmente psicológico del trabajo preliminar debe ahora complementarse con la colaboración de especialistas en cada tema, a fin de asegurar el establecimiento de ese conjunto de medios necesarios y suficientes para incitar a la autoeducación. (Montessori, 1917a, TN)

De hecho, hay un plan de estudio extenso y detallado respecto a la enseñanza de la geometría y de la aritmética en dos de sus obras, que son una especie de guías dirigidos al maestro: *Psico-geometría* (Montessori, 1934b) y *Psico-aritmética* (Montessori, 1934a). Está previsto que esas dos materias empiecen a enseñarse a los niños desde los tres años.

Cada materia se da a través de unos materiales que el maestro 'presenta' al niño. La *presentación* consiste en una demostración *secuencial* por la que el maestro inicia a cada alumno en la utilización del material. Solo existe una forma correcta de usar cada material. Se realiza una presentación por cada niño para cada material, antes de utilizarlo. La explicación del maestro debe ser corta, clara y concisa.

Recordemos que las clases pueden tener unos 40 niños de edades mezcladas. Se suelen formar los grupos juntando no más de 3 edades distintas, para que puedan ayudarse entre ellos, como lo harían los niños en un hogar. Las presentaciones son individuales en el caso del segundo ciclo de la educación infantil, el niño las recibe en silencio y hay poca información verbal (se transmite esencialmente a través de gestos que el niño observa). En el caso de la etapa de la educación primaria, se hacen en grupos de 3 a 5 niños y el alumno puede interrumpir la presentación para hacer preguntas.

2.1.6 Características del ambiente preparado

El entorno, formado por los muebles y por el material, está 'preparado' en base a varias características que se consideran claves en la pedagogía montessoriana.

2.1.6.1 Adaptado a la realidad del niño.

El mobiliario y el material no solamente se adaptan al periodo sensitivo del niño como se ha explicado anteriormente, sino que están diseñados pensando en su estatura, de forma que el niño pueda ir y venir con agilidad, tal y como lo explica la maestra Lubienska:

> Las sillas y mesas son pequeñas y ligeras, apropiadas a su estatura y a su fuerza; de esta manera puede desplazarlas de un sitio a otro. Las empuñaduras de las puertas, los interruptores eléctricos, los lavabos y los grifos, están situados a la altura necesaria para que pueda hacer uso de ellos. Las figuras están colgadas en las paredes a la altura de sus ojos, los vanos de las ventanas están a la altura de sus codos, pequeños tapetes le permiten instalarse en el suelo y, rodeándolo todo, en vitrinas y estanterías se instalan objetos elegidos por él mismo, y que, cautivando su atención, le dan la ocasión de desplegar una actividad ordenada y libre. (Lubienska de Lenval, 1968)

Antiguamente los bancos y los pupitres eran fijos en el suelo para que el niño permaneciera en silencio e inmóvil. Montessori sustituye esos muebles fijos por muebles ágiles, poco pesados, que el niño debe aprender a mover con disciplina interna y movimientos suaves:

> En el antiguo sistema la prueba de la disciplina consistía [...] en el silencio y la inmovilidad del niño. Esta inmovilidad y silencio impiden que el niño aprenda a moverse con gracia y con discernimiento, y cuando se encuentra en un ambiente donde

no existen los bancos, lo más probable es que tire al suelo los objetos ligeros. Con nuestro sistema, el niño adquiere en cambio una destreza en sus movimientos que le será útil fuera de la escuela y que le asegurarán para el porvenir maneras libres pero correctas. (Montessori, 2015a)

2.1.6.2 Una sola forma de usar el material.

El maestro realiza una presentación concreta para cada material, porque existe una sola forma de usar el material. Cada material conlleva, en sí, un propósito que está estrechamente relacionado con lo que reclama el periodo sensitivo del niño. Cuando el niño usa el material de una forma inadecuada, se desperdicia una oportunidad de aprendizaje. El maestro debe por lo tanto intervenir para interrumpir al niño que no usa el material de la forma debida. Standing explica cuál es la lógica que subyace a esos requisitos:

No se le permite [al niño] que vague sin rumbo, ahora aquí, ahora allá, juntando impresiones inciertas e incoherentes de acuerdo con la fantasía o la curiosidad. Ésta es la razón por la que no se le permite a ningún niño ocuparse con ninguna parte del material didáctico hasta que haya sido instruido plenamente sobre su uso adecuado, ya que el uso correcto del material forma el sendero que conduce de lo conocido a lo desconocido. ¿Qué valor tendría, para un explorador que no supiera su uso, un teodolito o un barómetro, o un compás magnético? (Standing, 1988)

2.1.6.3 Belleza, sencillez y realidad.

Para Montessori, la belleza suscita y se refiere al íntimo despertar del alma (Montessori, 1912b). Montessori describe la belleza y la sencillez como unas de las características que deben tener los muebles en sus aulas. Según ella, el ambiente debe ser artísticamente bello; especifica: "En ese caso, la belleza no deriva de lo superfluo o del lujo, sino de la gracia y armonía de línea y de color, combinada con la absoluta sencillez que requiere la ligereza del mobiliario. [...] Ningún adorno puede distraer a un niño realmente absorto en su tarea; al contrario, la belleza promueve la concentración del pensamiento y refresca el espíritu cansado" (Montessori, 1917a, TN). La belleza del ambiente es un estímulo para el trabajo (Montessori, 1936b).

Puesto que todo ha de ser lo más real posible, la vajilla que se usa es de porcelana y los vasos de cristal. La fragilidad del material conlleva un valor educativo, puesto que el niño lo cuida con delicadeza y esmero: "Los muebles para los niños, sus mesas y sillas, deben ser livianos, no solo para poder ser transportados fácilmente por los niños, sino porque su propia fragilidad tiene un valor educativo" (Montessori, 1917a, TN).

De esa forma, dice Montessori, se pone en evidencia que se da más importancia al movimiento del niño y a su educación, que a los vasos de porcelana en sí (Montessori, 1936b).

2.1.6.4 Una cantidad limitada de estímulos.

Para suscitar interés en el niño los estímulos deben ser los justos necesarios, tanto en cantidad como en variedad. Han de ajustarse a lo que el periodo sensitivo del niño reclama, ni más, ni menos. Describe lo que ocurre cuando los niños están rodeados de una profusión de objetos. Esos objetos son un obstáculo que les impide despegar del mundo sensorial para poder adentrarse en el mundo de la abstracción, lo que produce en ellos fatiga y una disminución de la atención y de la actividad interna:

> En el momento de la madurez se les ve atrapados, obstruidos, casi palpablemente enredados en los esfuerzos que los atan a la tierra. La disminución de la atención prestada a los nuevos objetos, la inestabilidad y, por consiguiente, la fatiga, se manifiestan en una extinción evidente de la actividad interna. (Montessori, 1917a, TN)

El niño se ve entonces encerrado en lo que Montessori describe como el 'círculo de las vanidades' y pierde sensibilidad, y por lo tanto interés.

> El comportamiento del niño se deteriora, se entrega a la risa estridente y vacía, las acciones groseras y la indolencia. Exige otros objetos y, de nuevo más objetos, porque ha permanecido preso 'en el círculo vicioso de las vanidades' y ya no es sensible a nada más que al deseo de aliviar su cansancio. (Montessori, 1917a, TN)

En definitiva, "la sobre abundancia debilita y atrasa el progreso" (Montessori, 1917a, TN).

2.1.6.5 Un orden y un plan.

Hay un plan diseñado de antemano en el material, nada está dejado al azar. Cada material tiene una finalidad concreta, un propósito inteligente, que prepara el camino para la etapa siguiente. Cuenta Standing que Montessori usó la imagen del gancho para ilustrarlo en una de sus formaciones a maestros:

> En su sistema existe un tipo de 'gancho' invisible o mental que vincula cada pieza de su material educativo con algo que debería seguir en una etapa posterior. [...] Por ejemplo, insiste en que debe hacerse que el niño de tres años y medio maneje los cilindros tomándolos por la pequeña perilla del extremo superior, entre el pulgar y los primeros dos dedos de la mano derecha. El guía debe insistir en esto, aun cuando el niño naturalmente tienda a tomar los cilindros con toda la mano. (Standing, 1988)

Y pregunta Standing "¿a qué se debe esta interferencia en la libertad del niño?". Responde Montessori: "Porque es la mano de un ser civilizado la que pronto va a aprender a escribir, y esto constituye una preparación indirecta para sostener un lápiz" (citada en Standing, 1988).

2.1.6.6 Un material que controla el error.

El material está diseñado para que el niño pueda reconocer el error por sí mismo. Si no realiza correctamente la actividad que le propone el material, las piezas no encajan. Para algunos ejercicios, existen unas 'tarjetas de control del error', que indican al niño si ha acertado o no con la respuesta *a posteriori*. El niño se da entonces cuenta del error y repite el ejercicio, concentrado y sin interrupciones, hasta conseguirlo a la perfección.

El maestro no corrige explícitamente, vuelve a presentar el material al niño y deja que sea el tiempo y el ejemplo del alumno con más habilidad los que permitan mejorar el trabajo. Montessori no quería que el niño encuentre su fuente de motivación para trabajar en la actitud del maestro, no quería que la crítica o la alabanza sean su motor de aprendizaje.

2.1.7 Control del error

El error ocupa un lugar central en la pedagogía Montessori. El error, dice Montessori, es el amigo que permite avanzar en el camino de la verdad y de la realidad que lleva a la perfección.

> Consideremos el error en sí mismo. Es preciso admitir que todos cometemos errores; se trata de una realidad de la vida, por lo que admitirlo representa un gran paso en nuestro progreso. Si deseamos caminar en el camino de la verdad y de la realidad, debemos admitir que todos cometemos errores, pues, de lo contrario, seríamos perfectos. Por lo tanto, debemos hacernos amigos del error, y de esta manera ya no nos dará miedo, sino que será una persona amigable con la que

conviviremos. Así el error cumplirá su cometido, porque lo tiene. [...] Debemos usar una linterna para poner de relieve el error. Debemos saber que mientras haya vida, el error siempre existirá [...]. (Montessori, 1949, TN)

Una característica central del método Montessori es que el material que ofrece controla el error. Siendo más exacto, no es el material en sí el que corrige, *es el niño que es capaz de detectar el error* porque el material está previamente diseñado *para que el niño pueda reconocerlo por sí mismo*. Concretamente, si el niño no realiza correctamente la actividad que le propone el material, las piezas no encajan o cuando se juntan no se ve armonía entre ellas. El niño que es capaz de percibir el desencaje o de darse cuenta de que el resultado no queda estéticamente bien —lo cual apela a la sensibilidad y a la capacidad de percibir la belleza— repite el ejercicio, concentrado y sin interrupciones, hasta conseguirlo a la perfección.

Como hemos dicho anteriormente, las 'tarjetas de control del error' dan la respuesta correcta para los ejercicios correspondientes. Tener la solución al problema permite al niño corregirse a sí mismo y autorregularse. Pero es importante que la actitud del maestro frente al error sea acorde con la mentalidad del control del error de Montessori, si no el material no tendría sentido. En ese sentido, es importante que el maestro tenga una actitud que evite que el niño quisiera llegar a la solución para complacer al profesor, o para merecerse un premio, o para evitar un castigo; ha de hacerlo por deseo de alcanzar la solución. El foco ha de estar en aprender, no en contentar al maestro.

En su tercer libro, Montessori explica que el control del error es una de las características centrales de su método: "Para que el proceso educativo sea de autoeducación, no es suficiente que el estímulo provoque la actividad, debe dirigirla. El niño no solo debe perseverar mucho tiempo en un ejercicio, debe perseverar sin cometer errores" (Montessori, 1917a, TN). Montessori observó que cuando el niño detecta el error, se despierta en él un deseo irresistible de actuar para corregirlo. En su primer libro, Montessori afirma que el control del error es una de las cualidades del material que le hace capaz de captar la atención sostenida del niño durante un largo tiempo, porque requiere el más alto grado de actividad de la inteligencia (Montessori, 1917).

El control del error tiene un sentido más profundo para Montessori, remite a la caridad y a la fraternidad:

> La fraternidad surge del interés por el control del error. El error divide a los hombres, pero el control del error es un medio de fraternidad. Superar el error se convierte entonces en materia de interés universal donde quiera que se encuentre. El error en sí se vuelve interesante. Se convierte en un vínculo, en un medio de cohesión entre todos los seres humanos, pero especialmente entre el niño y el adulto. Encontrar un pequeño error en el adulto no conduce a la falta de respeto ni a la degradación de su dignidad. Se separa el error de la persona que lo comete, convirtiéndose en algo que puede ser controlado de forma objetiva. Por lo tanto, simples pasos llevan a grandes logros. (Montessori, 1949, TN)

2.1.8 Libertad y disciplina

La relación entre libertad y disciplina es un tema complejo y a la vez crucial en Montessori. Nuestra autora rechaza el modelo mecanicista que entiende la disciplina como algo externo al niño y que, por lo tanto, concibe la disciplina como sistemáticamente opuesta a la libertad. Para ella, la disciplina interna se consolida mediante la libertad de movimiento y la libertad solo es posible si se da la condición de una disciplina interna personal.

> La disciplina ocurre mediante el ejercicio de la libertad. (Montessori, 1912, TN)

He aquí otro principio difícil de entender y de aceptar para los partidarios de la escuela actual. ¿Cómo obtener la disciplina en una clase de niños en libertad?

En nuestro sistema tenemos ciertamente un concepto distinto de la *disciplina*. Si la disciplina se funda sobre la libertad, decimos que la disciplina debe necesariamente ser *activa*. No se puede decir que un individuo es disciplinado si se le ha convertido artificialmente en un ser silencioso como un mudo, o inmóvil como un paralítico. Éste es un individuo reducido a la nada; no es un individuo disciplinado. (Montessori, 2015a)

En vez de 'romper la voluntad del alumno' pidiéndole obediencia antes de tener dominio de sí mismo, Montessori apuesta por la educación de la voluntad propia, de acuerdo con las 'leyes del equilibrio'.

Nuestro objetivo es definitivamente cultivar la voluntad, no romperla. La voluntad puede romperse casi instantáneamente, el desarrollo de la voluntad es un proceso lento que se despliega mediante la actividad continua que se lleva a cabo en relación con el ambiente. Es fácil de destruir; la destrucción de un edificio se puede lograr en unos pocos segundos por una bomba o un terremoto. ¡Qué difícil en cambio es la construcción de un edificio! Requiere un conocimiento preciso de las leyes del equilibrio, de la tensión, incluso el arte es necesario para lograr una construcción armoniosa. (Montessori, 1949, TN)

Para Montessori, un alumno no es disciplinado porque esté callado o inmóvil, sino porque es capaz de dominar su movimiento, de inhibir estímulos externos, de concentrarse, en orden a un fin concreto.

Nosotros llamamos disciplinado a un individuo que es dueño de sí y que puede, por lo tanto, disponer de sí mismo cuando sea preciso, seguir una línea de conducta.

Ese concepto de la *disciplina activa* no es fácil de comprender ni de obtener, pero encierra ciertamente un elevado principio *educativo*, bien distinto de la coerción ejercida hasta el presente. (Montessori, 2015a)

Cuando Montessori habla de disciplina, casi siempre habla de movimiento. Para ella, el hábito se adquiere por repetición del movimiento. Para Montessori, la disciplina colectiva no puede ser el resultado de una imposición colectiva, sino el fruto de la disciplina personal de cada persona.

Sentar a los niños en filas, como en las escuelas comunes, y asignarle a cada pequeño un lugar, y proponer que así se queden sentados en observación del orden de la clase como en una asamblea, esto puede obtenerse más tarde, al comienzo de la educación colectiva. Porque, también en la vida sucede a veces que debemos quedarnos sentados y quietos, cuando, por ejemplo, asistimos a un concierto o una disertación. Y sabemos bien que incluso para nosotros, como adultos, esto no se hace sin sacrificio. (Montessori, 2015a)

El primer paso consiste en que el niño pueda dominarse a sí mismo, que tenga fuerza de voluntad; esta se adquiere a través de la repetición individual de los ejercicios.

La voluntad, como cualquier otra actividad, se desarrolla con ejercicios metódicos y aquí la voluntad se ejercita en todos los ejercicios intelectuales y de vida práctica. Parece que el niño solo aprende a moverse con precisión y con gracia, que afine sus sensaciones y que aprenda a contar y a escribir; pero sucede en él algo más profundo: el niño va con todo esto adquiriendo el dominio de sí mismo y se prepara para llegar a ser el hombre de voliciones rápidas y fuertes. (Montessori, 2015a)

Después, y solo después, será capaz de entender el sentido del orden colectivo que se le propone. Igual que un jefe de orquesta no puede conseguir que una orquesta toque una pieza de música de forma completamente coordinada, si antes cada músico no conoce a la perfección su parte.

> Si podemos —cuando hemos establecido la disciplina individual— enviar a cada uno a su propio sitio, en orden, tratando de hacerles entender que es una buena cosa estar ubicados así; que hay entonces un orden agradable en el cuarto, este ajuste ordenado y tranquilo de su porte, quedándose en sus sitios quietos y silenciosos, será el resultado de una especie de lección, no de una imposición. (Montessori, 2015a)

Ésta es una de las razones por las que las demostraciones son individuales en la etapa de la educación infantil y grupales en la etapa de la educación primaria.

Montessori explica que la verdadera obediencia no es posible si no hay disciplina personal; uno no puede entregar lo que no tiene. Uno no puede someter voluntariamente su voluntad, si antes no la tiene domada.

> Hay quien afirma que el niño debe saber anular su voluntad frente a la del adulto, y que en esto consiste la educación de la voluntad, en saber someterse y obedecer. Aparte la injusticia que existe en el fondo de todo abuso de fuerza, por parte del adulto, esta pretensión es irracional porque el niño no puede anular lo que no posee. Con este proceder impediríamos que pudiese *formarse su propia voluntad* y cometeríamos un culpable abuso. (Montessori, 2015a)

La obediencia en Montessori debe ser inteligente, la de un espíritu fuerte, no débil. Cuenta dos anécdotas para explicar que la obediencia pasiva no es obediencia.

Un sacerdote una vez le presentó a Santa Teresa una joven que deseaba convertirse en monja carmelita y que, según él, tenía cualidades angelicales. Santa Teresa, aceptando a la neófita, respondió: 'Mire, padre, nuestro Señor ha dado devoción a esa joven, pero no tiene juicio, y nunca lo tendrá; ella siempre será una carga para nosotros'.

Uno de los más grandes teólogos contemporáneos, que durante los trámites de la canonización de Juana de Arco había hecho un profundo estudio de su personalidad, dice, en referencia a la sugerencia de que ella era simplemente el instrumento de la inspiración divina: 'Que nadie se engañe a sí mismo. Juana de Arco no era el instrumento ciego y pasivo de un poder sobrenatural. La liberadora de Francia dominaba por completo su personalidad; dio prueba de ello con su acción independiente, tanto en sus decisiones como en su forma de actuar'. (Montessori, 1917a, TN)

Montessori habla de la falsa libertad de pensamiento, que consiste en desear sin antes conocer, o saber lo que es correcto y lo que no lo es:

La inteligencia debería ser la clave de la cuestión de la libertad social del hombre. Hemos oído mucho hablar de forma muy superficial a lo largo de los últimos años de la 'libertad de pensamiento'. [...] [S]e ha supuesto que el hombre sería 'liberado' si fuese 'abandonado' a sus propias ideas. (Montessori, 1917a, TN)

Continúa explicando que la libertad sin la formación interior de la personalidad es una ilusión:

Veamos ahora un ejemplo: si le dijéramos a una persona enferma que eligiera entre enfermedad y salud, ¿sería verdaderamente libre de escoger? Si ofrecemos a un campesino sin educación unas monedas auténticas y falsas, dejándolo 'libre para elegir' lo que prefiera, y elige las monedas falsas, no es libre, está siendo engañado. Si elige las monedas auténticas, no es que sea libre, sino que tiene suerte. Será libre cuando tenga el conocimiento suficiente no solo para distinguir lo bueno de lo malo, sino para comprender la utilidad social de cada una de las alternativas. Proporcionar esa 'educación interna' es lo que hace libre al hombre, independientemente de la 'consecuencia social', que es simplemente una conquista externa de la libertad. Si la libertad del hombre fuese un problema tan simple, solo tendríamos que aprobar una ley que permita a los ciegos ver y a los sordos oír, para devolver la salud a la 'pobre humanidad'. (Montessori, 1917a, TN)

2.1.9 Ejercicios de vida práctica, lección de gracia y cortesía, silencio

Para que cada niño pueda conseguir ese dominio de sí mismo se le facilita la regulación de sus movimientos mediante el hábito y la repetición de los ejercicios de vida práctica y mediante la 'lección del silencio'.

Los *ejercicios de vida práctica* son parte del currículum para la etapa de la educación infantil. Existe un material y una presentación para cada ejercicio con un orden secuencial concreto. Por ejemplo, los niños aprenden como limpiarse las manos, regar las plantas, barrer, sonarse, recoger agua en el suelo, poner la mesa, usar tijeras, abrochar botones, lavar los platos, doblar la ropa, etc. Esas actividades ocurren en un contexto en el que el material (el mobiliario, la escoba, la pica, etc.) se adecua al tamaño del niño, como hemos visto anteriormente. El niño las repite según las necesidades que ve en su ambiente, hasta alcanzar la perfección.

> La maestra enseña a buscar los rincones donde se acumula el polvo y a usar los instrumentos destinados a la limpieza (trapos, escobas, cepillos, plumeros, etc.) Todo esto en cuanto los niños se han acostumbrado a obrar por sí mismos, se hace rápidamente. (Montessori, 2015a)

Luego están las *lecciones de gracia y de cortesía*, que están integradas en la vida cotidiana del aula y que tienen que ver con el cuidado del ambiente, el trato con los demás, etc. El niño aprende a ceder el paso a otro, a abrir y cerrar una puerta, a dar unas tijeras a un compañero, a levantarse de una silla sin hacer ruido, a recibir un extraño en la clase, a saludar, a disculparse cuando es preciso hacerlo, etc.

> Siguen a éstos los *ejercicios de gracia*: andar, saludar, colocar graciosamente objetos sobre la mesa, recibir algo dando las gracias, etc.

> La maestra, con exclamaciones, procura llamar la atención sobre lo bello que resulta un niño limpio, una habitación ordenada, una clase disciplinada, un movimiento gracioso, etc. (Montessori, 2015a)

Tanto los ejercicios de vida práctica como las lecciones de gracia y de cortesía tienen como objetivo ayudar a los niños a ejercer la prudencia y la templanza en la coordinación de sus movimientos, en desarrollar su equilibrio, la destreza. Son también necesarias para el desarrollo del sentido de dignidad por el que aprende a satisfacer por sí mismo sus necesidades básicas, a cuidar de su entorno, a ser servicial y a ejercer la delicadeza, la amabilidad y la cordialidad en su relación con sus pares. Ayudan al niño a valorar la limpieza y el orden en sí mismo y en su entorno.

Los objetivos de ese tipo de actividad son los de desarrollar la motricidad fina y gruesa, la capacidad de inhibición, la coordinación de la mano y del ojo, el sentido del orden, el sentido de la secuencia de las actividades, la autonomía, el carácter y las reglas sociales de cortesía en el aula (Marshall, 2017), así como el sentido de dignidad. El niño aprende que es responsable de su entorno. Cuando barre el suelo, no 'ayuda' al maestro, ni lo hace para que el maestro le sonría o le felicite, sino que lo hace porque es capaz de hacerlo y disfruta de estar en un entorno limpio y ordenado.

Montessori explica que la inmovilidad solo es posible cuando el niño es capaz de inhibir y de controlar voluntariamente el movimiento. Solo en ese caso es el niño capaz de disciplina. Para ensayar esa capacidad de inhibición propone la *lección del silencio* unos minutos durante los cuales los niños están inmóviles y quietos de forma que puedan saborear el silencio:

> Es entonces cuando se escuchan leves sonidos, antes inadvertidos; el tic-tac del reloj, el gorjeo de un gorrión en el jardín, el vuelo de una mariposa. El mundo se llena de sonidos imperceptibles que invaden ese profundo silencio sin perturbarlo, así como las estrellas brillan en el cielo oscuro sin disipar la oscuridad de la noche. Es como si un mundo en el que hay descanso se estrenara de nuevo. Es, por así decirlo, el crepúsculo del mundo de los ruidos fuertes y del bullicio que oprimen el espíritu. En ese momento, el espíritu se libera y se abre como la corola de una flor. (Montessori, 1914, TN)

"La 'lección del silencio' tiene un gran valor educativo", dice Lubienska, "conduciendo a un real dominio de sí mismo, cualidad ésta sin la cual no se puede tener verdadera disciplina y libertad" (Lubienska de Lenval, 1968).

Esas actividades se realizan entre los cuatro y los seis años (Montessori, 1948b). En la etapa de la educación primaria, se da por supuesto que el niño ya las tiene interiorizadas y se hace hincapié en otras dimensiones que corresponden a esa etapa, como la responsabilidad social, el afinamiento de la consciencia y el desarrollo del sentido del deber (Standing, 1988).

2.1.10 Educación sensorial

Inspirada en Pereire, Séguin e Itard, Montessori afirma que la educación sensorial es la base para la educación intelectual y moral. Montessori afirma que el niño de tres años lleva consigo mismo un caos interior muy grande, y que la educación sensorial le permite 'distinguir' y 'clasificar', de forma que pueda ordenar la información que capta por los sentidos (Montessori, 1917a). Es importante matizar que el material montessoriano "no consiste tanto en dar al niño nuevas impresiones, sino en dar orden a las impresiones que ya ha recibido" (Standing, 1988).

> Evidentemente, el material no crea el sentido cuando no existe, pero lo cultiva poniendo en orden las percepciones. "El material sensorial no ofrece 'el contenido' de las percepciones, sino únicamente 'el orden' de este contenido. Hace distinguir la identidad y diferencia, las diferencias extremas y las gradaciones insensibles, y permite clasificarlas siguiendo la idea de cantidad y calidad". (Lubienska de Lenval, 1968 citando Montessori, 1921)

En *Psico-geometría* (Montessori, 1934b), Montessori afirma que el conocimiento empírico que se adquiere por casualidad y sin orden es de poco valor en la formación de una mente educada. No es casualidad que Montessori diera tanta importancia a la geometría, un ámbito en el que se ve con más claridad la conexión de la actividad sensible con el plano abstracto de la mente.

Por ese motivo, la pedagogía montessoriana da mucha importancia en la etapa de la educación infantil a los ejercicios preparatorios para la etapa de la abstracción. Por ejemplo, la relación entre las cantidades lleva a la aritmética, el estudio de las relaciones entre los sonidos conduce al aprendizaje de la fonética, que lleva al aprendizaje de la lectoescritura. Todo ello se realiza mediante un material sensorial para la educación tanto de la *agudeza* como de la *discrimi-*

nación sensorial. Los ejercicios del Método promueven el desarrollo de la capacidad de percepción de la temperatura, de los colores, de la altura, de las texturas, de los tamaños, de las formas geométricas, etc.

Para entrenar la percepción y la discriminación auditiva existen unos materiales que consisten en aislar los sentidos (se realiza el ejercicio con los ojos tapados, por ejemplo). Otra actividad consiste en hacer sonar unas campanas que deberán ser ordenadas de grave a agudo.

La 'lección del silencio' tiene también como objetivo la agudeza sensorial del oído, a fin de que refina la percepción de los sonidos:

> Cuando los niños se han familiarizado con el silencio, su audición se refina de una manera que percibe mejor los sonidos. Esos sonidos que son demasiado fuertes se vuelven gradualmente desagradables para el oído de alguien que ha conocido el placer del silencio y ha descubierto el mundo de los sonidos delicados. A partir de este punto, los niños gradualmente se perfeccionan; caminan suavemente, tienen cuidado de no golpear los muebles, mueven sus sillas sin ruido y colocan las cosas sobre la mesa con mucho cuidado. El resultado de esto se ve en la gracia del transporte y del movimiento, lo cual es especialmente encantador debido a la forma en que se ha producido. No es una gracia que se enseña externamente y cuyo fin último es la estética o el respeto por el mundo, sino que nace del placer que siente el espíritu en la inmovilidad y el silencio. El alma del niño desea liberarse de la irritación de los sonidos que son demasiado fuertes, de los obstáculos para su paz durante el trabajo. Estos niños, con la gracia de los pajes de un noble señor, están sirviendo a sus espíritus. (Montessori, 1914, TN)

Para ensayar la agudeza y la discriminación de los tamaños el niño construye una y otra vez la conocida 'Torre Rosa', ícono del método Montessori. La construcción consiste en colocar diez cubos de madera de distintos tamaños, de mayor a menor. Como todo el material Montessori, la Torre Rosa está diseñada para la autocorrección, es decir que, si las piezas no se ordenan según el tamaño, no encajan. Y usa el cubo pequeño para recorrer el lateral del resto de los bloques de la torre y corregir los posibles errores en la construcción (debería haber un centímetro cuadrado en dos laterales de cada cubo respecto al que le precede por debajo). Después se desmonta la torre empezando por el cubo de arriba y se guarda el material de forma ordenada. A diferencia de otros materiales pedagógicos no montessorianos, todos los cubos son del mismo color, para no distraer de lo que se pretende conseguir con el material.

Aplicando su teoría de los 'periodos sensitivos', Montessori insiste en que "el material, para interesar el niño, debe corresponder a su inteligencia y por lo tanto a su edad". Según ella, "si el material le interesa, el niño repite el ejercicio; y repitiendo el ejercicio no sólo perfecciona su inteligencia sino también su carácter. La cultura, así como la disciplina de la clase, depende, pues, del interés que los niños tengan en su trabajo" (Montessori, 1935). En 1935, en la *Revista Montessori* publicada mensualmente en Barcelona, Montessori hace una clasificación resumida del material por edad:

Para facilitar la tarea de la maestra doy aquí un cuadro de los materiales y de los ejercicios que corresponden a las diversas edades. Omito los ejercicios de vida práctica, que, como he dicho, deben hacerse a todas las edades, común grado de dificultad y de complicación apropiada a la edad del niño.

Tres años. Las tres series de los encajes de sólidos, los cubos rosas, las ligazones fáciles y las primeras combinaciones de colores.

Tres años y medio. Todas las ligazones, primeros encajes geométricos, ejercicios estereognósticos, ejercicios táctiles con las estofas, palos largos, todas las combinaciones de colores, encajes geométricos más difíciles, primeras gradaciones de los colores, encajes geométricos con cartones, primeros dibujos.

Cuatro años. Continuación de todos los ejercicios precedentes, gradaciones de todos los colores, las campanillas, todos los encajes geométricos con las figuras de cartón (enseñando también los nombres), encajes geométricos con los ojos vendados, tocar las letras esmeriladas, contar con los punteros largos, aprender las notas de la escala musical, lectura.

Cinco años. Continuación de los ejercicios precedentes especialmente: ejercicios con el abecedario móvil, escritura, operaciones aritméticas, escritura, lectura.

Cinco años y medio. Escritura con tinta, primeros ejercicios de escritura de música, gramática, repetición de los ejercicios con los encajes sólidos y geométricos, las tres series de 'blocks' con los ojos vendados. (Montessori, 1935)

La educación sensorial tiene mucha importancia para todos los aprendizajes que tendrán lugar en posteriores etapas. De hecho, Montessori reconoce el papel que juega la imaginación hacia el final de la primera etapa de la infancia, pero siempre en relación con la comprensión de la realidad a través de la incipiente capacidad de abstracción que pertenece esencialmente al segundo plano de desarrollo, a partir de los seis años (Montessori, 1948b). Sin embargo, Montessori considera que la abstracción y la capacidad de imaginación siempre deberán arraigarse en experiencias sensoriales concretas previas, tal y como veremos más adelante. No obstante, a partir de los seis años, el niño deja progresivamente de usar el material sensorial que usaba en la primera etapa. Después de haber pasado suficiente tiempo en la contemplación de lo concreto, es capaz de 'despegar' hacia el mundo de la abstracción.

2.1.11 Aprendizaje de la lectoescritura: el enfoque fonético

Cuando abrió la primera *Casa dei Bambini,* no había ejercicios de lectoescritura porque Montessori estaba convencida de la necesidad de retrasar al máximo ese aprendizaje: "Yo tenía entonces como muchos el prejuicio de que la escritura y la lectura debían aprenderse lo más tarde posible y siempre después de haberse cumplido los seis años" (Montessori, 2015a).

Sin embargo, los ejercicios preparatorios de lectoescritura (que se llevaron a cabo sin expectativa de que los niños pudiesen aprender a leer y a escribir a corto plazo) dieron resultados sorprendentes: los niños aprendieron a leer con cuatro y cinco años en unos pocos meses.

Para el aprendizaje de la lectoescritura Montessori se aleja de la propuesta de otros autores, por considerarla demasiado compleja. No comparte la necesidad de enseñar la geometría como requisito para la lectoescritura, y tampoco comparte la enseñanza inicial de las letras de palo. Sin embargo, Montessori considera que la educación sensorial tiene una gran importancia para el aprendizaje lingüístico. Respecto al aprendizaje de la escritura y de la lectura, enseña mediante el método fonético y rechaza el método global (L'Ecuyer, 2019).

El método fonético consiste en guiar al niño en la conciencia fonológica, que es la pronunciación y el reconocimiento de los sonidos de las letras, y en guiarle en la formación de las letras que resultan del conjunto de esos sonidos. El niño pasa de la vía fonológica a la vía léxica cuando reconoce con agilidad y rapidez que un conjunto de letras corresponde con una palabra dada. En la medida en que el niño puede automatizar el proceso del reconocimiento de los sonidos y pasar a la vía léxica con agilidad —mediante la repetición—, es capaz de dedicar su atención al significado de las palabras que está leyendo y de comprender un texto.

El método global, en cambio, consiste en empezar directamente por el reconocimiento de las palabras a partir del contexto; se ayuda el niño a darles un sentido que es suyo.

Las evidencias (Cologon et al., 2011; Ehri et al., 2001; Liberman & Liberman, 1991; Rayner et al., 2001) apoyan el método fonético, no el método global, como ruta privilegiada para el aprendizaje de la lectoescritura para los niños pero, sobre todo, para los niños con dificultad de aprendizaje de la lectoescritura, especialmente de la dislexia. La condición neurológica de los niños disléxicos les dificulta precisamente el paso de la ruta fonológica a la ruta léxica. Cortarles la vía fonológica les priva de recursos que pueden servirles de estrategias para el aprendizaje.

Incluso algunos países en los que la fonética del idioma es opaca recomiendan el enfoque fonético. En el año 2000, el *National Reading Panel* (Adams et al., 2000) de los Estados Unidos recomendaba la instrucción fonética para el aprendizaje de la lectoescritura. En el año 2005, el gobierno australiano (Australian Government: Department of Education Science and Training, 2005) y en 2006, el *Rose Report* encargado por el Gobierno de Inglaterra recomendaban lo mismo (Rose, 2006). Los tres informes descartan las bondades del método global como principal método de la enseñanza de la lectoescritura e insisten en que los niños que sufren de dislexia necesitan del enfoque fonológico.

Montessori discrepaba abiertamente del enfoque global de la lectoescritura, comparándolo con los jeroglíficos del Antiguo Egipto:

> Decroly intentó iniciar la enseñanza del lenguaje escrito empezando con palabras completas que tienen, dice, un significado. Con este método conocido como el método global, se introduce una palabra, con todos los signos alfabéticos que la componen, como si fuera un signo, y se relaciona este signo global con el objeto o con la idea que representa. Pero entonces, ¿en qué se convierte esa palabra escrita sino en una especie de jeroglífico? ¿Y no significa esto volver a la antigua forma de lenguaje escrito donde las ideas se representan mediante dibujos convencionales? Y luego se ignora por completo el enorme valor que proporciona una solución tan simple como la del alfabeto. (Montessori, 1963, citado en Grazzini, 2004, TN)

Si bien es cierto que Montessori propuso un enfoque que hoy está avalado por las evidencias, su método no es parecido a cualquier otro método fonético; el abordaje es multisensorial. En el método fonético, los niños aprenden las letras del alfabeto. Aprenden a reconocerlas, a leerlas, y después a escribirlas. En Montessori, los niños aprenden la escritura antes de la lectura. Primero, aprenden a reconocer las letras por asociación del tacto con el sonido. Tocan las letras recorriéndola (como si estuviesen escribiendo) con la punta del índice, y las dibujan en arena. Luego lo hace con el índice y el dedo central de la mano. Y finalmente, lo hace con un palo de madera que aguanta como si fuera un lápiz. Pronuncia el sonido que corresponde con cada letra al tocarla: esa es la etapa de asociación entre tacto y sonido. La importancia de las experiencias hápticas ha sido confirmada en varios estudios (Bara et al., 2004, 2007; Concannon, 1970), así como por la teoría de la cognición corporizada (*embodiment*) (Fuchs, 2017). Después, solo después, se les pedirá que reconozcan ellos mismos las letras a partir del sonido que escuchan. Más adelante escribirán esos sonidos, y los asociarán con unos objetos. Y finalmente serán capaces de leer las palabras formadas por los sonidos, juntándolos. La última etapa, la lectura, viene como resultado natural de las etapas anteriores. El aprendizaje de la escritura y de la lectura en Montessori es un proceso en el que el niño descubre las letras y las asocia y organiza a través de sus cinco sentidos. Pero el niño no está 'abandonado' a sí mismo, ni crea desde 'la nada', porque el material está cuidadosamente diseñado y lleva incorporado un sistema de control del error.

Según Montessori, el niño está preparado con cuatro años para poder iniciarse en el aprendizaje lingüístico, pero siempre que se haga a través de un enfoque sensorial. Ella considera que el niño de cuatro años está en la etapa sensitiva del lenguaje, pero no porque sea capaz de desarrollar un pensamiento abstracto, sino porque está en una etapa de desarrollo motriz y motor (por ese motivo empieza con la escritura). Así podrá, posteriormente, interpretar signos, captar una determinada prosodia, dar entonaciones, etc.

También he notado, en niños normales, que el sentido muscular se desarrolla más fácilmente en la infancia, y esto hace que la escritura sea extremadamente fácil para los niños. No es así con la lectura, que requiere un curso de instrucción mucho más largo, y que requiere un desarrollo intelectual superior, ya que trata de la interpretación de los signos y de la modulación de los acentos de la voz, para que la palabra pueda ser entendida. Y todo esto es una tarea puramente mental, mientras que, al escribir, el niño, bajo dictado, traduce materialmente los sonidos en signos y se mueve, algo que resulta siempre fácil y agradable para él. La escritura se desarrolla en el niño pequeño con facilidad y espontaneidad, de forma análoga al desarrollo del lenguaje hablado, que es la traducción de sonidos audibles en desarrollo motor. La lectura, por el contrario, forma parte de una cultura intelectual abstracta, que es la interpretación de ideas a partir de símbolos gráficos, y solo se adquiere más adelante. (Montessori, 1912, TN)

El tiempo medio para el aprendizaje de la escritura desde el inicio de los ejercicios preparatorios en el Método varía. Para niños de cuatro años, es de un mes a un mes y medio; para niños de cinco años, el periodo es de un mes. Los alumnos son normalmente expertos después de tres meses. En definitiva, sus alumnos saben escribir con cuatro años y leer con cinco años. Esos plazos pueden variar cuando el idioma no es fonético (en el caso del inglés por ejemplo) (Rusk, 1918). Es evidente que el éxito del método Montessori tiene algo que ver con el interés de los padres en los resultados efectivos que consigue. Sin embargo, Montessori no era amiga de los que se interesaban por su método para acelerar los aprendizajes (Kramer, 2019). Defendía el aprendizaje al ritmo de cada niño. En cualquier caso, es importante destacar que Montessori no entendía la lectura como lo que hoy llamamos 'lectura mecánica'. Para ella, la lectura se da cuando el niño asocia una realidad con la palabra leída (Rusk, 1918).

2.1.12 Ciclo de trabajo, proceso de 'normalización' y falsa fatiga

En la era de la diversidad, la palabra 'normalización' empleada por Montessori puede chirriar. Es preciso explicar en qué consiste ese concepto. La normalización es un proceso que produce un cambio en el carácter del niño. El niño se normaliza cuando encuentra el cauce de su trayectoria normal de desarrollo, cuando sus fuerzas —muscular, espiritual, intelectual y volitiva— están armonizadas. Un niño normalizado no estorba, no molesta a los demás, no 'chiva', no tiene una conducta de apego excesiva con el maestro —porque no busca su aprobación—, no tiene rabietas, no tiene afán de destrucción, no tiene miedo al error, trabaja en silencio, es ordenado, disciplinado, es capaz de concentrarse durante tres horas seguidas, etc. La normalización se realiza mediante el trabajo en un ambiente que se adecua a sus periodos sensitivos.

La normalización es el desarrollo de la disciplina interna y de la autonomía en la consecución de las tareas. Se alcanza mediante la actividad intensa, la atención sostenida y el 'propósito inteligente' que da el material del entorno preparado. Montessori da mucha importancia a la repetición, así como a la 'mano', que considera como el 'centro del desarrollo', como la 'herramienta del espíritu'.

> Este fenómeno [de la concentración] surge a través del interesante trabajo realizado con las manos. Los niños trabajan con precisión, con atención; repiten el mismo ejercicio muchas veces, etc. Esta concentración produce un cambio real en ellos. No sé exactamente qué sucede en el ámbito psíquico, pero hay cierta actualización del plan de la naturaleza. Posibilita la unión de todas las funciones; para que las diferentes partes se conecten. Es como la creación de una nueva personalidad. (Montessori, 2015d, TN)

En las aulas Montessori el ciclo de trabajo dura tres horas. Montessori describe la dinámica del ciclo de trabajo, y habla del concepto de 'falsa fatiga'. La 'falsa fatiga' se conoce en la pedagogía Montessori como el momento, al inicio del ciclo de trabajo de tres horas, durante el cual el niño muestra signos de cansancio y de inquietud. Esa fatiga se considera 'falsa' porque el niño se está en realidad preparando para una fase de trabajo intenso, de profunda concentración intelectual. Montessori documenta la falsa fatiga mediante gráficas dibujadas a base de observar a los niños trabajando.

> A lo largo del primer periodo de la mañana, hasta aproximadamente las 10, el niño elige generalmente una ocupación fácil y con la que está familiarizado.

> A las 10 hay una gran conmoción; los niños están inquietos, no trabajan ni van en busca de materiales. El espectador tiene la impresión de una clase cansada, a punto de volverse desordenada. Después de unos minutos vuelve a reinar el orden más perfecto; los niños vuelven a quedar absortos en el trabajo; eligen ocupaciones nuevas y más difíciles.

> Cuando cesa este trabajo, los niños están apacibles, tranquilos y felices. (Montessori, 1917a, TN)

Montessori observa una diferencia importante en las gráficas de la intensidad de la concentración entre los niños normalizados y los que no lo están. Los niños que no están aún normalizados no consiguen mantener la atención para un largo periodo de tiempo.

Advierte que el desconocimiento de la dinámica de ese ciclo y la mala interpretación de la falsa fatiga puede llevar a un maestro a equivocarse, interviniendo en el peor momento, con la excusa de querer remediar a la inquietud del niño, captando su atención mediante estímulos externos. En el s. XXI, es la falsa fatiga la que lleva el maestro a convencerse de la necesidad de recurrir a los dispositivos tecnológicos en el aula, por ejemplo.

Si una profesora inexperta interviniese en el periodo de la 'falsa fatiga' de las 10 de la mañana, interpretando como desorden ese fenómeno de interrupción o preparación que culmina en el trabajo intenso, llamando a los niños y haciéndoles descansar, etc., la inquietud de éstos persistiría, y no llevarían a cabo el trabajo posterior. Los niños no se tranquilizan: permanecen en un estado anormal. En otras palabras, si son interrumpidos en su ciclo de trabajo, pierden todas las características relacionadas con un proceso interno que se produce de forma naturalmente y hasta el final. (Montessori, 1917a, TN)

Cuando los niños están en el estado de concentración máxima, trabajan en silencio y no hay conflictos en el aula. Montessori señala que si la actividad se adecua al periodo sensitivo en el que se encuentra el niño, el niño normalizado de tres años puede trabajar hasta 30 minutos sin interrupción sobre la misma actividad, mientras que el de seis años puede trabajar hasta tres horas seguidas (Montessori, 1917a). Curiosamente, se puede observar la diferencia en un aula montessoriana y otra que no lo es. Cuando el maestro sale del aula, el aula estándar se alborota enseguida, mientras que el aula montessoriana sigue como si nada hubiera ocurrido. En el aula Montessori, el silencio no es consecuencia de la vigilancia o de la imposición de un maestro, sino del estado de 'normalización' del niño trabajando, que es capaz de prescindir de los estímulos externos frecuentes e intermitentes.

Canfield Fisher describe su asombro al encontrarse con un aula de niños 'normalizados':

No había visto una escuela Montessori cuando leí por primera vez el libro de la Dr. Montessori. Deje anotado mi pensamiento: "¡Está muy bien escribir sobre ello! Pero es obvio que no puede funcionar así en la práctica. [...]"

[...] Estuve a punto de tirar la toalla, anticipando el desánimo, de la tarea de intentar hacer, para el beneficio de los lectores estadounidenses, un esbozo de lo que vi [en la Casa dei Bambini]. No lo creerán. Sé que no, porque yo mismo, antes de verlo con mis propios ojos, habría descartado en gran medida las declaraciones más moderadas sobre el tema.

Cuando mi compañero y yo entramos en la sala, lo primero que noté fue que no había esa timidez rígida típica que surge cuando entran "visitantes" en nuestras aulas. La mayoría de los niños, absortos en diversas tareas de aspecto extraño, ni siquiera levantaron la vista cuando entramos. Otros, aparentemente descansando en los intervalos entre juego y juego, nos miraban desde el otro lado del aula, sonreían acogedoramente como lo haría yo ante un visitante que entra a mi casa, y un pequeño grupo cercano a nosotros corrió con las manos alzadas, diciendo con un agradable acento de la buena educación, "¡Buenos días! ¡Buenos días!" Luego se dedicaron inmediatamente a sus asuntos, que manifiestamente tenían un interés absorbente, pues después de ello, salvo alguna que otra mirada o sonrisa amistosa, o una parada momentánea a mi lado para mostrarme algo, ninguno de los pequeños eruditos me prestó la más mínima atención. (Canfield Fisher, 1912)

Para Montessori, el niño 'no normalizado' es aquel que aún no ha recibido lo que piden sus periodos sensitivos, o que ha recibido algo que sus periodos sensitivos no precisan o rechazan. Por ejemplo, el niño que está en el periodo sensible del orden necesita orden; el que está en el periodo sensible del lenguaje necesita aprender a hablar, a leer y a escribir; el niño que está en el periodo sensible de la educación sensorial necesita tocar, observar y escuchar. Un entorno en el que hay carencia drástica de estímulos no proporciona el reto del que brota el interés, el deseo de conocer. Por otro lado, el exceso de estímulos no responde a los periodos sensitivos del niño, porque conduce a la abolición de la actividad espontánea y, como consecuencia, lleva al caos en el niño, ya que este pasa a depender completamente del entorno para actuar. El secreto del material consiste en su sencillez, orden y adecuación con la etapa en la que se encuentra el niño. Canfield Fisher (1912, TN) describe el material como "los medios que logran el aparente milagro del orden y la disciplina autoimpuestos".

2.1.13 Fantasía e imaginación

Montessori descarta el recurso a la fantasía en la primera etapa (hasta los seis o siete años). Lo que preocupa a Montessori es que en esas edades —antes de los seis años—, fomentar la imaginación es fomentar la credulidad. Para Montessori, el niño pequeño no sabe aún distinguir la realidad de la fantasía, y darle experiencias ficticias en vez de reales, no fomenta su conocimiento de la realidad, sino más bien su credulidad. La credulidad es la característica de las mentes inmaduras, porque no permite distinguir la verdad de la mentira, la belleza de la fealdad, lo posible de lo imposible.

> Pero ¿cómo puede desarrollarse la imaginación de los niños a través de lo que es, para nosotros los adultos, fruto de la imaginación? Somos nosotros los que imaginamos, no ellos; ellos creen, no imaginan. La credulidad es, en efecto, una característica de las mentes inmaduras que carecen de experiencia y conocimiento de las realidades, y que todavía están desprovistas de esa inteligencia que distingue lo verdadero de lo falso, lo bello de lo feo, lo posible de lo imposible.

> ¿Es, entonces, credulidad lo que deseamos desarrollar en nuestros hijos, simplemente porque se muestran crédulos a una edad en la que son naturalmente ignorantes e inmaduros? Por supuesto, la credulidad puede existir en los adultos; pero existe en contraste con la inteligencia y no es ni su fundamento ni su fruto. Es en los periodos de oscuridad intelectual donde ger-

mina la credulidad; y estamos orgullosos de haber superado estas épocas. La credulidad es una característica de los incivilizados. (Montessori, 1917a, TN)

Sigue, explicando que fomentar la credulidad en edades tempranas se hace para divertir a los padres:

Nos divierten las ilusiones, la ignorancia y los errores de la mente inmadura, así como hasta hace poco nos divertía ver reír a un bebé cuando lo lanzaban por los aires, un procedimiento ahora condenado por la higiene infantil como extremadamente peligroso. En definitiva, son los adultos los que se divierten con las fiestas navideñas y la credulidad del niño. Somos como aquella bella dama que se interesó superficialmente por la causa de un hospital para niños pobres, pero que decía: 'Si no hubiese más niños enfermos, sería bastante infeliz'. Nosotros también podríamos decir: 'Sin la credulidad de los niños, la vida no sería tan divertida'.

Uno de los errores de nuestros días consiste en detener artificialmente una etapa de desarrollo del niño para nuestro propio entretenimiento; como en las cortes antiguas se detuvo el crecimiento corporal de unas personas para convertirlas en enanos y en el pasatiempo del rey. Tal afirmación puede parecer severa, pero se basa en un hecho real. (Montessori, 1917a, TN)

A partir de los seis o siete años, la imaginación es el sentido interno que toma parte en el proceso de abstracción que corresponde a esa nueva etapa. Es ahora posible imaginarse los conceptos 'universales' abstrayendo de la experiencia.

Estudiamos la realidad del detalle y luego imaginamos el conjunto. Este detalle puede crecer en la imaginación y permitirnos

> alcanzar un conocimiento total. [...] Cuando nos encontramos con un río o un lago, ¿es necesario haber visto todos los ríos y lagos del mundo para saber qué son? La imaginación puede, entonces, representarse el mundo. [...] La posesión de cosas reales, así como el contacto real con ellas proporcionan, como es lógico, una suma real de cultura. (Montessori, 1948b, TN)

La posesión de lo real pasa por un contenido curricular rico y estructurado. En *De la infancia a la adolescencia*, Montessori anota todos los ámbitos que deben ser estudiados a partir de la educación primaria, entre ellos están la historia, la geografía, la astronomía, la física, la química, la filosofía, etc. Montessori advierte sobre la tentación de dejar que la imaginación del niño vagabundee sin orden y sin contenido; es preciso darle un soporte real.

> La imaginación del niño es vaga, imprecisa, ilimitada. Pero desde el momento en que entra en contacto con el mundo exterior, tiene necesitad de exactitud; y esta necesidad es tal que ningún adulto es capaz de inculcársela; es algo que existe en potencia en el niño. Cuando despertamos el interés del niño sobre una base de realidad, el deseo de saber más surge inmediatamente. (Montessori, 1948b, TN)

2.1.14 Educación moral y religiosa

Para Montessori, el ser humano es naturalmente religioso. Para ella, negarlo sería tan nefasto para su vida moral como negar su interés por aprender sería nefasto para su educación (Montessori, 2015a).

Montessori rechazaba el argumento de quienes querrían que la experiencia religiosa fuese una elección adulta, desaprobaba el concepto de laicidad y destacaba positivamente la libertad de conciencia (De Giorgi, 2016). Aunque Montessori era consciente de que no existía consenso respecto a sus ideas entorno a la moral y a la religión, siempre insistió en la importancia de la educación moral y religiosa desde los primeros años de la infancia:

> Hoy en día se considera anticuado y pasado de moda hablar de moralidad o religión. De hecho, en estos tiempos tenemos la impresión de que, para respetar la opinión de los adultos, no se deben dar opiniones a los niños. Qué extraño e ilógico pensar que para respetar los sentimientos de los adultos hay que privar a los niños de una ayuda tan necesaria. (Montessori, s.f., TN)

Insistía también en la importancia de distinguir la fantasía de la religión, pues según ella no hay nada más real que la religión (Montessori, 1917a).

En sus escritos sobre la educación religiosa de los niños, Montessori hace hincapié en la importancia de la experiencia religiosa. Lamenta, sin embargo, la educación religiosa fría y memorística y la ausencia de una verdadera piedad. En una carta reproducida integralmente en *Dios, el niño y otros escritos inéditos* escrita en India en 1949 dirigida a una amiga religiosa italiana, Montessori dice:

> Hoy en día la religión se ha convertido en un objeto de estudio como cualquier otro. Los niños muy pequeños han de aprender de memoria ciertas oraciones y ciertas nociones. Se les obliga prácticamente a ir a la iglesia y por eso consideran que la religión es una cosa molesta. No se ha hecho nada para suscitar en ellos el sentimiento religioso. (Montessori, 2016)

En el ámbito del desarrollo, Montessori considera que existe un periodo sensitivo 'moral', que empezaría sobre los siete años, que es cuando el niño empieza a preguntarse por lo que está bien y lo que está mal. Esa edad coincide con lo que se conoce como la 'edad de razón'.

> Es así como ahora se preocupa de saber si lo que ha hecho está bien o está mal; es ante él donde surge el gran problema del Bien y del Mal. Esta preocupación está ligada a una sensibilidad interior muy particular: la conciencia; y esta sensibilidad es algo natural en el niño. (Montessori, 1948b, TN)

Montessori explica que los conceptos de 'bien' y de 'mal', además de ser algo 'aprendido', pueden ser reconocido como tal por la inteligencia y por la 'sensibilidad de la conciencia' (Montessori, 1917a). La educación sensorial contribuye a la 'sensibilidad' que permite captar el término medio de la perfección, distinguiendo lo que es 'bueno' de lo que es 'malo'.

2.1.15 El maestro

En un aula Montessori el maestro[9] es responsable de ofrecer al niño el 'entorno preparado', dirige a cada niño a un material que corresponde a su edad, le explica cómo utilizar el material mediante demostraciones individuales o en grupo, guía a los niños en los ejercicios de vida práctica, se asegura que hay buena armonía en la realización del trabajo, en el cuidado del material, etc.

Recordemos que las presentaciones debían ser breves, concisas, simples y objetivas.

---

9. En sus primeros escritos en italiano, Montessori se refiere a la persona que acompaña a los niños en el aula como 'la maestra' o 'direttrice' (Montessori, 1909, 1916). En el primero de los dos libros, dice que prefiere 'direttrice', pero sigue usando 'maestra' en el segundo libro. En la versión inglesa, las palabras se tradujeron respectivamente por 'directress' y 'teacher'. A pesar de la neutralidad del género del último en inglés, se opta por el femenino ('she/her') al referirse a esa figura.

En castellano también se escogió el femenino ('maestra'). En italiano, Montessori a menudo escogió el masculino, que engloba, según la regla gramatical, el femenino. A pesar de que todos los maestros de los que habla Montessori o que trabajaron con ella son mujeres (quizás con la excepción de su hijo Mario), esa elección de la palabra masculina indica que ella no descartó que un hombre pudiera realizar ese trabajo.

En la AMI y en otros libros de Montessori, se utiliza también la expresión 'guía' ('guide'). En nuestro texto, utilizaremos, como en italiano, la palabra 'maestro', que engloba el femenino.

La lección ha de presentarse de tal manera que la personalidad del maestro desaparezca. Solo quedará en evidencia el material sobre el que se desea llamar la atención del niño. Esta lección breve y sencilla debe ser considerada por el maestro como una explicación del material y del uso que el niño puede hacer de él. (Montessori, 1912, TN)

Si se espera que el niño desarrolle su disciplina interna, esa capacidad de controlar sus movimientos a la perfección, de medirlos, entonces es también preciso que los maestros tengan ellos mismos esa capacidad. Montessori reconoce que no es fácil: "Medir la propia actividad, hacerla conforme a estos estándares de claridad, brevedad y verdad, es muy difícil en la práctica." (Montessori, 1912, TN).

Para ello, el maestro debe tender a la perfección. Sin embargo, puesto que la humildad es para Montessori una de las principales cualidades del maestro, este debe reconocer que no es perfecto.

[L]os maestros también pueden cometer errores sin saber que lo son. Por desgracia, la maestra se presenta generalmente a sí misma como una persona perfecta y un ejemplo a seguir. De tal manera que, si comete un error, no suele decírselo al niño. Su dignidad se basa en tener siempre la razón. En la escuela ordinaria [antigua], la maestra debe ser infalible, por lo que toda la educación se basa sobre una falsa premisa. (Montessori, 1917a, TN)

El maestro debe respetar el espacio de intimidad familiar del niño. Durante el tiempo dedicado a la conversación personal entre el maestro y el niño, Montessori especifica a sus maestros que las preguntas se deben hacer de forma que el niño no hable de su intimidad familiar.

Después que la maestra les ha dirigido la palabra haciéndoles breves observaciones con voz suave e intercalada de interjecciones invita a los niños a hablar. Les interroga después sobre lo que han hecho el día anterior, procurando que no cuenten intimidades de la familia, sino tan solo aquello que se refiere a ellos personalmente y a sus relaciones con los padres. (Montessori, 2015a)

El papel del maestro es discreto, pero clave. Montessori insiste en que los maestros hablen con voz suave y no lleven joyas u otros accesorios que distraen su atención. Les pide que brillen por sus virtudes y por su preparación espiritual. De hecho, Montessori insiste en que todos los métodos y los esfuerzos educativos son vanos sin la adecuada preparación espiritual del maestro. Para ella, el mejor método no es mecánico, sino espiritual (Montessori, 2015a).

Montessori insiste en el trabajo de 'observación' del maestro. Llega a decir que la capacidad de observación es, junto a la humildad, la cualidad más importante del maestro. De hecho, la formación de la AMI obliga a cada maestro que quiera certificarse como guía de la AMI, tanto para la etapa de la educación infantil como para la educación primaria, a efectuar unas noventa horas de observación en un aula Montessori, aparte de las horas de prácticas. Si bien es cierto que el trabajo del maestro se rige por un principio de no intervención porque el material corrige el error, Montessori describe el trabajo del maestro como un trabajo de dirección, porque dice que el maestro dirige nada menos que la vida y el alma de los alumnos.

Con mis métodos la maestra enseña *poco*, observa *mucho* y sobre todo tiene la misión de dirigir la actividad psíquica de los niños y su desarrollo fisiológico. Por estas razones he cambiado el nombre de maestra por el de *directora*.

En los primeros tiempos este nombre hacía reír porque todas se preguntaban a quién debía dirigir esta maestra que no tenía otras bajo sus órdenes y que debía dejar en libertad a sus pequeños alumnos.

> Su dirección, no obstante, es mucho más profunda e importante que aquella otra que se acostumbra a ejercer, pues esta maestra dirige las vidas y las almas. (Montessori, 2015a)

El maestro es aquel que domina el *arte* de saber cuándo intervenir. Advierte acerca de una mala interpretación del principio de no intervención. No se debe intervenir cuando el niño está trabajando, cuando su atención está recogida en un objeto. Pero el maestro debe intervenir cuando la atención del niño está dispersa, desordenada. No se interrumpe nunca el orden, pero se debe intervenir cuando hay desorden (Montessori, 1936b).

Por otro lado, el principio de intervención discreta y mínima no puede entenderse como una apología de la ignorancia en Montessori. Responde a la necesidad de dejar al niño hacer lo que es capaz de hacer por sí solo. El maestro no debe dar ayudas 'inútiles' que crean dependencia. Se consideran inútiles las ayudas que sustituyen al niño y que le impiden hacer por sí solo lo que él mismo puede hacer.

El maestro es clave. Recordemos que el niño no puede usar el material sin la presentación previa del maestro, porque no se puede enseñar a sí mismo lo que no sabe. Sin el maestro el niño no podría descubrir por sí solo el propósito inteligente del material.

> El niño no puede instruirse a sí mismo por medio de los materiales a menos que haya recibido la instrucción sobre su uso correcto. En este grado, sin embargo, es esencial que el guía instruya al niño directamente. Es el eslabón entre los niños y el medio ambiente preparado. (Standing, 1988)

Montessori explica que el maestro no es una fuerza pasiva, sino una presencia silenciosa (Montessori, 1912b). Y en *De la infancia a la adolescencia*, específica sin embargo que el rol del maestro en la educación primaria debe ser más activo que en la etapa infantil (Montessori, 1948b).

Montessori decía que no es suficiente querer y entender el niño, es necesario también querer y entender el universo y la materia que se trasmitía, porque nadie puede dar lo que no tiene. Eso es especialmente importante en la etapa de la educación primaria, por el creciente protagonismo del maestro.

El maestro debe, antes que nada, sentir admiración y asombro por este universo que habitamos, como un conjunto majestuoso. Ésta es una parte esencial de la preparación del maestro. Entonces sabrá como apelar al alma del niño alerta. Esto habrá de hacerse, en esta etapa posterior, no como se hacía en la época anterior, mediante ocupaciones sensoriales, sino por medio de la capacidad para impartir los conocimientos a adquirir de una manera interesante y fascinante, presentándolos como las partes de un todo inspirador y majestuoso. (Citado en Standing, 1988)

2.1.16 Adolescencia y universidad

La gran mayoría de las obras de Montessori tratan de la educación infantil y de los primeros años de la educación primaria. Montessori dijo que, haciendo las necesarias adaptaciones, su método podía extenderse a otras etapas (Montessori, 1953). Sin embargo, no existe un libro escrito por ella que señale a rajatabla como ha de ser el detalle de lo cotidiano de la educación en esas otras etapas. Puede ocurrir que algunas personas, tras una lectura superficial de sus obras, trasladen algunas ideas concretas que se aplican en la etapa de la educación infantil o primaria a otras etapas sin hacer las adaptaciones necesarias. Ese ejercicio puede llevar a una cantidad infinita de interpretaciones de la pedagogía montessoriana para esas etapas.

En muchos casos, la interpretación depende del legado de cada asociación Montessori en cada país, ya que las formaciones a los maestros se imparten por esas asociaciones (la *Opera Nazionale Montessori* en Italia, la AMI a nivel internacional, la *American Mon-*

tessori Society en los Estados Unidos, etc.). Por ejemplo, en el caso de la primera infancia (0-3 años), se hace más hincapié en tener ratios pequeñas en los Estados Unidos (seguramente por la influencia de la teoría del apego en el mundo anglosajón), y más énfasis en los juegos simbólicos en Italia. En esos aspectos, las pautas suelen marcarse desde las diversas asociaciones Montessori en todo el mundo y en muchos aspectos no siempre hay consenso entre ellas. En el presente escrito no entramos en esos matices, nos limitamos a analizar los escritos originales de Montessori.

En general, en las etapas superiores, Montessori hace hincapié en la unidad de los saberes que se presentan a los alumnos. Se enseñan los detalles a los alumnos, pero se hace de tal forma que ellos puedan unificarlos, estableciendo relaciones entre todos los ámbitos y los saberes que se les presentan. Así no solo aprenden 'cosas', sino que adquieren 'conocimientos'.

> Enseñar nociones desvinculadas entre sí genera confusión; debemos ser capaces de determinar el vínculo que existe entre ellas; y, una vez establecida la correlación entre los conceptos, se encontrarán los vínculos entre los detalles también. La mente, entonces, quedará satisfecha y surgirá el deseo de investigar más lejos. [...] He aquí un principio esencial de la educación: enseñar detalles trae confusión; establecer la relación entre las cosas es aportar conocimiento. (Montessori, 1948b, TN)

En todas las etapas, incluida en la etapa de la educación secundaria, Montessori defendía la preparación intelectual y la trasmisión de la cultura, incluso para las personas que desean dedicarse a un trabajo manual.

> No es cuestión de excluir de las escuelas secundarias la preparación para las profesiones intelectuales, y menos aún de reducir la cultura en esa etapa. La educación debe, al contrario, ser amplia e integral, no solamente para los alumnos destinados

a las profesiones intelectuales, sino para todos los hombres que viven en una época caracterizada por el progreso de la ciencia y sus aplicaciones. (Montessori, 1948b, TN)

Montessori ve con mal ojo las reformas educativas que tienden a rebajar las exigencias: "El problema de la reforma de la escuela secundaria no se resolverá suprimiendo la 'cultura' ni perdiendo de vista la necesidad de preparar a los jóvenes para las profesiones intelectuales" (Montessori, 1948b, TN).

Montessori explica que el adolescente se caracteriza por una preferencia por los trabajos de creación y por una disminución de la capacidad atencional, por lo que recomienda trabajos en el campo, para poder alternar el trabajo con los estudios.

Respecto a la universidad, es cuando el ser humano debe ser sensible a las causas sociales y a su papel en relación con ellas. Montessori critica el ambiente universitario de su época: "En la Universidad, los hombres viven como niños, aun siendo hombres. Es en esa etapa durante la cual deberían darse cuenta de sus responsabilidades, de su papel" (Montessori, 1948b, TN).

Habla con nostalgia de la educación clásica que caracterizaba la universidad en la Edad Media:

En la Edad Media, la vida de los estudiantes estaba marcada por la grandeza y la dignidad. [...] Los estudiantes participaban en discusiones filosóficas y políticas que los hacían ser conscientes de su propio valor y su propia responsabilidad moral. Las solemnes formalidades, los trajes de armiño de los profesores, eran recordatorios constantes de la especial dignidad de estas instituciones. En las universidades antiguas, solo había exámenes de doctorado. Los estudiantes estudiaban, profundamente interesados en adquirir conocimientos superiores; su tiempo era limitado y valioso. Las celebraciones universitarias, marcadas por la sensibilidad artística, eran hechos destacados de la vida pública. Las universidades eran verdaderamente 'centros de cultura' desde donde irradiaba la civilización, con objetivos universales; y los estudiantes, es decir, los estudiosos, asumían el papel de propagar esa cultura. (Montessori, 1948b, TN)

Deplora la situación universitaria de su época, que convirtió a esa institución en una escuela técnica en la que se nivela por la base; critica la mentalidad pragmática con la que se estudia en la universidad: aprobar para conseguir un empleo.

Pero hoy, la civilización y la cultura se transmiten por otros medios, con más alcance y facilidad. La cultura se difunde por la prensa mediante las comunicaciones rápidas, que establecen una especie de nivelación universal.

Además, las universidades se han convertido gradualmente en simples escuelas profesionales, de las cuales solo el grado de cultura es superior al de las otras escuelas. Pero han perdido el sentido de su dignidad y grandeza que hacía de ellas un instrumento central para el progreso y la civilización.

Los estudiantes cuyo objetivo es simplemente conseguir un trabajo personal ya no pueden ser conscientes de esta misión que una vez creó el 'espíritu de la Universidad'. El único deseo de trabajar lo menos posible, de aprobar los exámenes a toda costa y de obtener el diploma que sirva al interés individual de cada uno, se ha convertido en el móvil esencial y común de los estudiantes. (Montessori, 1948b, TN)

2.2 Autores que inspiraron a Montessori

Hacer una lista cerrada de los autores que inspiraron a Montessori no es tarea fácil, porque ella nunca se proclamó seguidora de nadie, ni siguió una escuela concreta, quizás con la excepción de la escuela de Séguin, del que hablaremos ahora. Vemos en sus obras que escoge selectivamente ideas concretas de un autor para incorporarlas a su esquema de pensamiento, mientras rechaza otras. Tenía una especie de intuición poderosa que la llevaba por un camino concreto e iba cogiendo lo que encajaba con su intuición y rechazando todo aquello que no le parecía adecuado. Por lo tanto, no hay que interpretar las citas que hace de ciertos autores como un acuerdo sobre todo lo que ellos representan.

Montessori era muy cuidadosa y recelosa en sus citas y referencias. Se encuentran pocas citas de sus contemporáneos (John Dewey, Jean Piaget, Édouard Claparède, etc.) en sus escritos, porque tenía una visión muy concreta y suya de la infancia, de los fines de la educación y de los medios adecuados para ello.

A título de ejemplo, ella cita a Piaget en *El niño* (Montessori, 1937), pero no lo hace para suscribirse a sus ideas, sino para criticarle. Hace alusión a un experimento que hacía Piaget con su hijo para ilustrar el concepto de la permanencia del objeto. Piaget esconde un objeto en un lugar distinto al habitual mientras su hijo mira. Su hijo no quiere buscar el objeto. Piaget concluyo entonces que su hijo no quería buscar el objeto porque no había aún interiorizado la 'permanencia del objeto' (comprensión de que los objetos siguen existiendo, aunque no puedan ser percibidos por los sentidos). Montessori explica que el motivo real por el que el hijo de Piaget no quería buscar el objeto era por su necesidad de orden; según ella, los niños atraviesan un periodo sensitivo 'del orden', que les hace querer que cada objeto esté en su sitio. En cuanto a Dewey, que tan crítico fue con ella como explicaremos más adelante, Montessori solo le cita en *La mente absorbente del niño*, una de sus últimas obras, para explicar una anécdota que hacía pensar que Dewey nunca había entendido lo que era un niño. Critica a Rousseau, así como a Claparède, Decroly y a muchos otros autores del movimiento de la Educación Nueva, de la que hablaremos más adelante.

Leyendo sus libros, uno encuentra referencias a conceptos de otros autores sin citas explícitas a ellos. Como veremos a continuación era algo frecuente en Montessori apropiarse de conceptos ajenos sin citar sus fuentes. En algunos casos, es fácil encontrar la autoría, por la afinidad intelectual y personal que tenía con esos autores. En otros casos, se trata de un juego de adivinanzas que contribuye al caos interpretativo que siempre ha existido sobre la cuestión de la filosofía que sustenta la pedagogía montessoriana.

Su independencia intelectual, el hecho de que fuera mujer, y además feminista para su época, le ocasionó bastantes problemas y críticas, en un momento histórico en que el mundo y especialmente el mundo pedagógico, estaba monopolizado por el discurso masculino.

2.2.1 Jean Itard y Édouard Séguin

Dos autores que marcaron profundamente a Montessori, como hemos comentado anteriormente, fueron Jean Itard (1774-1838) y Édouard Séguin (1812-80). Hasta el punto de que Montessori decide en algún momento traducir las obras de Itard y Séguin al italiano. En su primer libro, Montessori dice que sus "diez años de trabajo pueden considerarse, de alguna manera, como la suma de los cuarenta años de trabajo realizado por Itard y Séguin" (Montessori, 1912, TN), y añade que esos "cincuenta años han precedido y preparado el ensayo aparentemente corto de dos años" (Montessori, 1912, TN) que llevó a cabo en la *Casa dei Bambini* y que fue la base para su método.

Itard era un educador de niños sordomudos conocido por escribir *De l'éducation d'un homme sauvage* (Itard, 1801) [Sobre la educación de un hombre salvaje]. Victor de Aveyron era un 'niño salvaje' que apareció del bosque en 1797. Tras su hallazgo, Itard fue encargado de observar y de documentar los progresos de Victor, lo que hizo durante cinco años. Itard no logró resultados significativos con Victor, que nunca aprendió a hablar. Hacia el final de su *Mémoire*, Itard concluye que la adquisición del lenguaje se dificulta cuando hay carencia de oportunidades de desarrollo sensorial para el aprendizaje del lenguaje durante la infancia. Ese acontecimiento lleva a Montessori a concluir que muchos de los problemas de desarrollo o de aprendizajes (los escritos de Montessori suelen confundir ambos) surgen porque el niño no recibe lo que le corresponde durante uno de sus periodos críticos: "Muchos defectos, tales como los defectos de lenguaje, tienen por causa el abandono en que se deja al niño en el importantísimo periodo de la vida durante el cual se forman y fijan sus principales funciones, esto es: de tres a seis años" (Montessori, 2015a).

Hoy en día, esa conclusión es cuestionable; algunos han sugerido (Frith, 1989) que el pequeño Victor habría nacido con autismo y que esa condición habría sido el motivo de su abandono, no el abandono el motivo de su discapacidad mental. Además, hoy no se reconocen periodos críticos (ventanas de oportunidades irrepetibles) en el ámbito educativo (Blakemore & Frith, 2000; Goswami, 2006; Howard-Jones, 2007). Sin embargo, ese conmovedor acontecimiento dejó una huella en la mente de Montessori y dio lugar a la teoría montessoriana de los periodos sensitivos.

Basándose en las observaciones de Itard sobre Victor, Séguin llegó a la conclusión de que el desarrollo de las facultades intelectuales era precedido por el desarrollo sensorial. Detalla el siguiente proceso evolutivo: 1) el desarrollo de los sentidos (que son modificaciones del tacto), 2) el desarrollo de las facultades intelectuales y 3) el desarrollo de las funciones afectivas (Séguin, 1866). Las primeras dos partes del proceso son una aplicación del conocido principio aristotélico, según el cual "no hay nada en el intelecto que no existe primero en los sentidos". Pero Itard y Séguin van más allá; según ellos, la educación temprana de los sentidos es necesaria para que las facultades intelectuales funcionen correctamente.

Séguin hacía también hincapié en la importancia de individualizar la educación, ya que no todos se encuentran en la misma etapa de desarrollo (Séguin, 1866). Tuvo un gran éxito implementando sus métodos en centros en Francia y después en los Estados Unidos.

De alguna manera, Séguin aplicaba principios educativos ordinarios, que consideraba efectivos para niños sin trastornos de aprendizaje, a niños con trastornos. En su principal obra, *Idiocy*[10]: *And its treatment by the physiological method* (Séguin, 1866) [La idiocia: y su tratamiento por el método fisiológico], desarrolla la intuición que Maria había tenido aquel día que trabajaba como médico en un centro de niños discapacitados. Viendo a los niños apiñarse alrededor de unas migas de pan en búsqueda de un estímulo sensorial cualquiera (en un entorno de carencia drástica de estímulos), llegó a la conclusión de que la deficiencia mental no era un problema principalmente médico, sino también y, sobre todo, pedagógico. Y de ahí Montessori llegó a la conclusión de que se podía hacer el camino a la inversa, aplicando los métodos de educación sensorial de Séguin a los niños sin trastorno mental o de aprendizaje. Entonces es cuando empezó a formarse el embrión de un método en su mente y decidió asistir a lo largo de un año como oyente a clases de educación en la universidad y leer todas las principales obras de la educación de los dos siglos que le habían precedido.

Séguin fue también autor de un libro (Séguin, 1847) sobre Jacob Rodríguez Pereire (1715-80), un famoso educador de sordomudos de nacimiento, alabado por el Rey de Francia y por la Academia Real de Ciencias (*Académie Royale des Sciences*) en París por sus resultados inéditos con los sordomudos. Pereire se había esforzado por mantener su método en secreto y había fallecido sin dejar su legado por escrito (Séguin, 1847). Gracias a Séguin, que realizó un trabajo de investigación minucioso de las cartas escritas por sus alumnos y por testigos de la época, podemos intuir algunas claves del método, conocido como dactilología (*dactylologie*) y llegar a la conclusión de que existen similitudes notables entre el método Montessori para la educación sensorial en la que se basa la adquisición del lenguaje y las pautas que usaba Pereire con los sordomudos. Por ejemplo:

1) El uso del tacto para el aprendizaje lingüístico.

El alfabeto de Pereire era manual, se encontraba "en los cinco dedos de una sola mano" (Séguin, 1847). El alfabeto de Montessori

---

10. En aquella época, la discapacidad mental se llamaba 'idiocia' (*idiocy*).

eran letras grandes de lija y de madera sobre las cuales los niños se iniciaban pasando la yema del dedo índice, emitiendo el sonido correspondiente a la letra.

2) La enseñanza de los sonidos en vez del nombre de las letras.

De lo poco que sabemos de su secreto, Pereire enseñaba los sonidos a través del posicionamiento de la lengua, el movimiento de los labios, con una mano en el tórax para sentir las vibraciones de la laringe, a través del tacto. De alguna forma es como si Pereire quisiera que sus alumnos 'oyeran a través de la piel' y tuvieran que repetir lo que escuchaban reproduciendo las mismas vibraciones. Se trata, como dice Rusk (1918), de entrenar un sentido de forma que pueda sustituirse por otro en personas con discapacidades sensoriales.

El método de Pereire es parecido al que Anne Sullivan Macy aplicó a Helen Keller[11], una niña que se había quedado sorda y ciega con diecinueve meses. Sullivan decía que la piel es el 'gran sentido' que ve y escucha. Keller describe el proceso en detalle en *The story of my life* (Keller, 2003) [La historia de mi vida].

Siguiendo a Pereire, Montessori hacía asociar el sonido con la experiencia visual y táctil de la letra y dibujaba la letra en la espalda del niño con el dedo mientras se pronunciaba.

3) El orden en la lectoescritura.

Tanto Pereire como Montessori consideran que se debe aprender a escribir sonidos (no letras) antes de leer, lo contrario de lo que se hace en el sistema educativo tradicional.

2.2.2 Johann Pestalozzi y Friedrich Froebel

Por incluir a Montessori en el movimiento de la pedagogía romántica, se suele considerar a Montessori como una continuidad del legado de la tradición de Johann Pestalozzi (1746-1827) y Friedrich Froebel (1782-1852), destacados representantes de ese movimiento. Obvia-

---

11. Montessori y Helen Keller se conocen en Filadelfia en 1913. Montessori cita su caso como un milagro educativo, en el prólogo de *El manual personal de la Dra. Montessori*.

mente, Montessori debía conocer muy bien a ambos. Pero ella quería destacar la originalidad de su propuesta y cuando les citaba, era prácticamente siempre para explicar sus discrepancias con ellos. De hecho, una de las pocas veces que citó a Pestalozzi, fue para hacer hincapié en su visión equivocada del concepto de la obediencia y para exclamar: "¡Si eso ocurre en el caso de Pestalozzi, como no es de esperar que los maestros corrientes cometan el mismo error!" (Montessori, 1949, TN).

En cuanto a Froebel, ella le considera en sus escritos prácticamente como un rival. Destaca que el método montessoriano es el original y que las escuelas froebelianas son las que copian las montessorianas, no lo contrario (Montessori, 1912).

Pero al margen de lo que Montessori afirma, ¿en qué aspectos podemos ver paralelismos entre Montessori y Pestalozzi y Froebel? ¿Qué defendían ambos?

Pestalozzi fue un clérigo protestante suizo conocido por aplicar las ideas de la Ilustración a la pedagogía en Europa. Se inspira en el idealismo y en Rousseau, a quien admira, hasta el punto de llamar a su único hijo 'Jean-Jacques' (McKenna, 1995). Considera a Rousseau como el "centro de acción del antiguo y del nuevo mundo en materia de educación" (Soëtard, 1994, TN). Su ideal consiste en rehacer una humanidad autónoma, lejos de la civilización urbana. Quiere hacer posible lo que Rousseau considera una utopía: formar a la vez a la persona y al ciudadano. Para ello, Pestalozzi crea una escuela industrial, Neuhof, mediante la cual intenta reconciliar en sus alumnos la libertad autónoma con el compromiso con el mundo social gracias al trabajo que permite la realización de uno mismo. Dicha escuela tiene que cerrar por no poder mantenerse económicamente. Pestalozzi vive en la pobreza y dedica gran parte de su vida a educar a los pobres. Puntualmente, tiene gran éxito con la publicación de una novela divulgativa sobre educación en 1780, con la que se da a conocer en Suiza: *Leonard et Gertrude*, libro que vuelve a publicar modificado bajo el título *Cómo Gertrudis enseña a sus hijos (fines y métodos de la educación del pueblo): Cartas dirigidas a Géssner* (Pestalozzi, 1801).

En 1804, funda dos institutos en Yverdon, en los que trabaja veinte años desarrollando e implementando su método con niños de entre siete y dieciséis años. Funda también una escuela de sordomudos.

En su obra *Cartas sobre educación infantil*, Pestalozzi pregunta: "¿Cómo se emplearán este corazón, esta cabeza y estas manos?" (Pestalozzi, 1988). Tras varios años, él mismo responde a esa pregunta, que se convierte en el centro de su método. Para Pestalozzi, la educación del niño es 'una obra de sí mismo', proyecto de autonomía inspirado en el kantianismo y en el idealismo alemán, tal y como se ve reflejado en las tres dimensiones de su método (Soëtard, 1994):

1) El corazón, que remite a las intuiciones sensibles particulares de cada persona;

2) La cabeza, que remite a la dimensión intelectual y al poder de la persona de separarse del mundo para elaborar conceptos e ideas universales;

3) La mano, que remite a la dimensión técnica, mediante la cual el niño se construye a sí mismo; esa dimensión es la que integra el corazón y la cabeza (lo universal y lo particular) y permite una personalidad autónoma.

Así, Pestalozzi dice que "la intuición es fundamento absoluto de todo conocimiento, o, en otros términos" (Pestalozzi, 1801).

El trabajo de Froebel se considera como la continuación del proyecto de Pestalozzi. Tras trabajar como técnico-forestal y agricultor, empieza a dar clases con veintitrés años, lo que le permite descubrir su vocación por la educación. Trabaja de cerca con Pestalozzi, quien influye en él y en su método. Se conoce a Froebel como el inventor de la educación infantil y una de las principales figuras del Romanticismo pedagógico. Acuña el término *kindergarten* (jardín de niños), una metáfora del enfoque naturalista de Froebel, inspirado en Pestalozzi y Rousseau. Según Froebel, los niños tienen una bondad natural y, como las flores, tienen desde el inicio de su vida todo lo que necesitan en sí mismos para poder desarrollarse naturalmente a través de la actividad espontánea: "[...] toda educación y toda enseñanza deben ser, en un principio, indulgentes, flexibles, blandas, deben limitarse a proteger y a vigilar, sin propósito previo ni sistema preconcebido" (Froebel, 2003).

Su pedagogía se caracteriza por el respeto por cada etapa de la vida del niño, por lo que recomienda no iniciar al niño en una nueva materia hasta que esté maduro para ello.

En *Educación del hombre*, Froebel introduce la importancia del juego y de la resistencia a la fatiga:

> El juego es el más puro y espiritual producto de esta fase del crecimiento humano. Es, a un mismo tiempo, modelo y reproducción de la vida total, de la íntima y misteriosa vida de la naturaleza en el hombre y en todas las cosas. Por eso engendra alegría, libertad, contento y paz, armonía con el mundo. Del juego manan las fuentes de todo lo bueno. El niño que juega tranquilamente, con espontánea actividad, resistiendo la fatiga, llegará a ser de seguro un hombre también activo, resistente, capaz de sacrificarse por su propio bien y por el de los demás. (Froebel, 2003)

Froebel habla también del deseo natural de conocer que tiene el niño "empujado por esa irresistible inclinación que en sí lleva [a] conocer el interior de las cosas" (Froebel, 2003).

Montessori no retoma la idea froebeliana del juego, pero comparte la idea de que el niño se hace a sí mismo a través de sus acciones, que la actividad espontánea y la concentración son los secretos para la resistencia a la fatiga, que el ejercicio de la libertad es una condición necesaria para el buen desarrollo del niño y que el niño lleva en sí una irresistible inclinación para aprender. Sin embargo, la noción de libertad y de 'construcción de sí mismo' que defiende Montessori no es la misma que la propuesta por el trío Rousseau-Pestalozzi-Froebel. Por ejemplo, Montessori rechaza la noción de bondad inherente y la idea de que el proceso educativo fuera exclusivamente una eclosión de lo que tiene el niño desde el seno materno (Montessori, 1912). De hecho, insiste en que el niño nace en lo que llama "estado salvaje transitorio" (Montessori, 1917a , TN). Para ella, solo se puede sacar el niño de ese estado mediante la educación.

Para Montessori, la libertad no es indeterminación para hacer lo que a uno le complace, sino que consiste en haber cumplido voluntariamente con lo que las leyes de la naturaleza (tanto biológicas como morales) piden al niño. Montessori hace suyo el concepto de actividad espontánea de Froebel, pero no lo fundamenta en el naturalismo, sino en lo que requieren los periodos sensitivos.

Esencialmente, Montessori coincide con Pestalozzi y Froebel en:

1) la importancia de la observación de los mecanismos de la naturaleza infantil y de sus manifestaciones para extraer de ella las leyes del desarrollo;
2) el respeto de la dignidad y de las etapas del niño;
3) la educación disciplinada de los sentidos;
4) la resistencia a la fatiga mediante la actividad realizada con atención sostenida;
5) la importancia del ambiente;
6) el principio de la autoeducación, pero entendido en el sentido aristotélico (uno es el resultado de sus propias acciones), no en el sentido naturalista del constructivismo, cómo veremos más adelante.

2.2.3 Johann Friedrich Herbart

Debido a salud precaria, Johann Friedrich Herbart (1776-1841) se educó en casa hasta los doce años. Durante sus estudios, fue influido por las tesis idealistas, que rechazó después abiertamente. Trabajó como preceptor en Suiza, donde conoció personalmente a Pestalozzi, a quien admiraba.

Herbart fue uno de los primeros en poner de relieve la importancia de la psicología para la educación. La consideraba como un medio al servicio de la ética, que consideraba a su vez como el fin último de la educación. Herbart es el padre de lo que se conoce hoy como la pedagogía científica. Fue pionero en hablar de la teoría del interés, de la importancia del ambiente, de la actividad espontánea y de la adecuación de los estímulos a las necesidades del niño:

> Interés significa actividad propia. La demanda de un interés multifacético es, por tanto, la demanda de actividad propia multifacética. Pero no cualquier actividad propia, sólo el grado y el tipo correcto son deseables; de lo contrario, los niños podrían verse abandonados a sí mismos. No habría necesidad de educarlos ni siquiera de dirigirlos. El propósito de la instrucción es dar la *dirección* correcta a sus pensamientos e impulsos, para inclinarlos hacia lo moralmente bueno y verdadero. (Herbart, 1904, TN)

Siendo Herbart el padre de la pedagogía científica, resulta sorprendente que Montessori no hubiera citado a Herbart en su primer libro, libro en el que presenta por primera vez su 'pedagogía científica'. De hecho, su primera obra da la sensación de que se atribuye a sí misma el título de paternidad sobre ese concepto. Sin embargo, cita positivamente a Herbart, dando las gracias a Credaro por dar de conocer a Herbart en las escuelas italianas (Montessori, 1917a).

Montessori suscribe los cuatro grados del proceso de aprendizaje propuestos por Herbart (claridad, asociación, sistema y método) (Montessori, 1917a, TN). Pero añade que un paso previo a esos cuatro grados es el 'interés' del alumno por el aprendizaje que se le ofrece:

> [Existe] un periodo anterior, el del interés; vinculando todos los conocimientos nuevos con los conocimientos ya adquiridos, 'pasando de lo conocido a lo desconocido', porque lo que es absolutamente nuevo no despierta nunca interés. (Montessori, 1917a, TN)

Montessori hace suya la teoría de Herbart sobre el interés. Según Herbart, el interés es el nexo entre lo ya conocido y lo nuevo. Pero Herbart (1982) insiste en que el interés no solo es un medio, sino también un fin.

> Existe una idea generalmente admitida según la cual el maestro debe intentar despertar el interés de sus alumnos en todo lo que enseña. Sin embargo, esa idea sugiere que el aprendizaje es el fin y que el interés es el medio para lograrlo. Deseo revertir esa relación. El aprendizaje debe servir para generar interés. El aprendizaje es transitorio, pero el interés debe durar toda la vida. (Citado en Hilgenheger, 1993)

Para Herbart, es el aprendizaje lo que mueve al alumno; insiste mucho en esa idea como rechazo al concepto kantiano de 'ideas innatas'. Considera que el alma es pasiva, que el interés no es algo innato y que la mejor forma de impactar en el educado es a través del ambiente. Sabemos que el ambiente es un concepto clave en la pedagogía montessoriana. Sin embargo, Montessori no estaría de acuerdo con que el alma es pasiva y que el interés no es innato. Ese enfoque suena demasiado mecanicista[12] para ella. De hecho, puntualiza la aportación de Herbart, matizando: "El maestro debe guiar la mente del niño [...]; sin embargo, nunca debe sustituir la inteligencia del niño por la suya, debe por lo contrario hacer que el niño piense por sí mismo, dejándole ejercer su propia actividad" (Montessori, 1917a, TN).

---

12. Por 'enfoque mecanicista', nos referimos a un enfoque que considera al sujeto educativo incapaz de movimiento o de deseo propio, o capaz de ello, pero sin que su acción tenga un fin. Según ese enfoque, solo se puede mover al sujeto desde fuera (por analogía a una máquina, cuya actividad está programada). Ese enfoque, contrario al teleológico, se asemeja en el ámbito de la educación a lo que hoy llamamos 'conductismo', 'condicionamiento operante', o refuerzo de la conducta mediante premios o castigos externos. Nos referimos a las obras de Frederic Skinner (1904-90).

Montessori hace hincapié en la actividad interior y espontánea del niño, en la polarización de su atención, que ocurre cuando todas sus facultades internas están trabajando con máxima intensidad. Para Montessori, el alma (que a veces lo llama 'alma', otras veces llama 'psique' en su libro *La mente absorbente del niño*) es el principio radical de todas las operaciones, por lo que no puede ser pasiva. En *El niño* (Montessori, 1937), insiste en la educación como "una toma de posesión continua del instrumento por parte del espíritu", que ha de "velar continuamente con un esfuerzo propio por su soberanía espiritual, para que el movimiento no termine en inercia o se uniforme con los mecanismos", y hace especial hincapié en que el ambiente no tiene importancia constructiva alguna de por sí. Para ella, el fin no es el interés. El interés es el deseo irresistible que mueve al niño a buscar la perfección de la que es capaz su naturaleza. Para ella, esa fuerza irresistible es innata, a la expectativa de ser despertada por una realidad —un entorno— que se ajuste a lo que reclama su naturaleza.

En definitiva, Montessori se inspira en Herbart de los siguientes conceptos:

1. la importancia del interés;
2. el rol crucial del ambiente;
3. la importancia de la actividad espontánea;
4. la necesidad de la adecuación de los estímulos del ambiente a las necesidades del niño.

2.2.4 Antonio Stoppani

Antonio Stoppani (1824-91) era un conocido personaje en la Italia que conoció Montessori. Geólogo, paleontólogo y sacerdote católico, muy apreciado por León XIII, fue autor de un libro que dejó huella en la conciencia de muchas generaciones en Italia. *Il bel paese* (Stoppani, 1915) [Campo hermoso], compuesto inicialmente de 29 tomos, describe la geología y la geografía de Italia, en clave didáctica. De hecho, el libro fue utilizado como material didáctico de divulgación científica en las escuelas italianas de la época.

Stoppani era el apellido de la madre de Maria Montessori. No existe prueba documental del vínculo parental entre Antonio Stoppani y la familia Montessori. Sin embargo, su familia daba por supuesto la existencia de ese vínculo (De Giorgi, 2018a). Stoppani murió cuando Maria tenía veintiún años. En retrospectiva, es fácil imaginar que Maria conocía esa obra y que impactó profundamente en ella. Por ejemplo, *Il bel paese* está cargado de valores estéticos, cívicos y éticos (Baffi, 2002), y sabemos que Maria habla de esas tres dimensiones en sus obras. De hecho, la dimensión estética, así como la experiencia sensorial que deriva de ella, tienen ambos un lugar privilegiado en su método.

En su obra, Stoppani hace una descripción de los rasgos culturales de los italianos, entre los que destaca la ausencia de 'mentalidad científica' (Baffi, 2002). Sabemos que la 'mentalidad científica' fue un importante caballo de batalla para Montessori. De hecho, en su primera obra titulada *El Método de la pedagogía científica* (Montessori, 1912), Montessori describe explícitamente su método como una 'pedagogía científica'. Hace hincapié en la importancia de la mentalidad científica en la educación y atribuye varios de los problemas educativos y sociales a su carencia.

Stoppani, un hombre profundamente religioso, habla de la naturaleza en referencia a Dios e insiste en que el orden natural de la naturaleza viene de Dios, por lo que no puede haber contradicción u oposición entre la religión y la ciencia, entre Dios y la naturaleza (Baffi, 2002). Sabemos que Maria era profundamente religiosa, la mayoría de sus libros están repletos de citas de las Sagradas Escrituras y sus ideas religiosas fueron la base de muchas de sus propuestas educativas. Sabemos también que el método montessoriano insiste en la unidad de los saberes, un concepto clásico clave en Montessori.

Stoppani es conocido por su frase: "El hombre nunca debería desaparecer de la naturaleza, tampoco deberá nunca desaparecer la naturaleza del hombre" (Stoppani, 1915). Esa idea está en la base de la filosofía montessoriana. La continua referencia a los 'periodos sensitivos' —periodos durante los cuales la naturaleza predispone al niño a ciertos aprendizajes— indica la importancia concedida a la armonización de la intervención educativa con lo que reclama la naturaleza del niño, desde el enfoque teleológico de un proceso ordenado a su fin natural.

La obra de Stoppani dejó una huella cultural sin precedente en Italia. Desde el año de su primera publicación en 1876, hasta 1948, alcanzó 150 ediciones, lo que la coloca en el tercer puesto de bestsellers del s. XIX en términos de número de ediciones (Baffi, 2002).

2.2.5 *Cesare Lombroso y Giuseppe Sergi*

Algunas de las corrientes antropológicas en Italia en esa época y citadas por Montessori en sus primeros dos libros (Montessori, 1912, 1913) eran las de Cesare Lombroso (antropología criminal) (1835-1909), Achille De Giovanni (antropología médica) (1838-1916), y Giuseppe Sergi (antropología biológica) (1841-1936). Sergi fue una figura de padrino que la acompañó a lo largo de su recorrido profesional universitario. La animó a trasladar sus descubrimientos al ámbito educativo y Montessori le da las gracias por ello en su primer libro. Sergi era un seguidor de las teorías materialistas de Darwin y del positivismo, según el cual el método científico que hace depender la teoría de la observación debe sustituir la metafísica (Volpone, 2011). En sus escritos, Montessori se aleja sin embargo de los planteamientos positivistas de su maestro. Plantea la ciencia como una herramienta, no como fundamento epistemológico de su propuesta educativa. Hablaremos de ello más adelante.

El autor más citado en los escritos de Montessori —53 veces, en *Antropologia pedagogica* (Montessori, 1910)— es Lombroso. Por lo tanto, resulta relevante entender cuál es la parte de las enseñanzas de Lombroso que Montessori integró en su pensamiento. Lombroso, que fue el que acuñó la palabra 'criminología', argumentaba a favor del determinismo biológico. Argumentaba que tanto las enfermedades mentales como la mente criminal eran condiciones genéticas. Defendía la existencia de una correlación entre la mentalidad criminal y una serie de características físicas y morfológicas, como la asimetría, la falta de sensibilidad de los sentidos, o el tamaño del cráneo o de las orejas. Para él, existía una estrecha relación entre el rasgo de la criminalidad y la discapacidad mental.

Montessori ve en algunas de las ideas de Lombroso una continuación del legado de Itard y Séguin, que hacían hincapié en la estrecha relación entre las anormalidades físicas que eran consecuencia de una carencia en la educación sensorial y la discapacidad mental. De ahí el entusiasmo de Montessori cuando habla de su método como una oportunidad de "regeneración de la humanidad" (Montessori, 1913), a través de una educación que plantea una adecuada educación sensorial, intelectual y moral. Esa expresión puede parecernos utópica, pero el contexto de la época nos ayuda a entender el anhelo por una regeneración: una Italia pobre, con alta tasa de delincuencia y en la que era común que los niños murieran de enfermedades por falta de higiene; una Italia en plena revolución industrial, en la que las mujeres de clase alta eran excluidas de la vida intelectual mientras que las de clase sencilla trabajaban más de doce horas al día; una Italia en plena crisis educativa, en la que los maestros tenían escasa preparación, los niños pequeños se quedaban solos en la calle mientras ambos padres trabajaban largas horas en las fábricas; una Italia en la que la tasa de alfabetización era una de las más bajas de Europa. Sus palabras eran actuales y esperanzadoras.

Montessori es ambivalente respecto al determinismo biológico de Lombroso (Montessori, 1913). Por un lado, ella creía en el libre albedrío y en el uso de la libertad para hacer el bien. Puntualiza que el niño nace con unas predisposiciones que le hacen tener ciertos comportamientos destructivos o que, por lo contrario, le hacen desear hacer el bien, pero que luego esas inclinaciones personales han de 'normalizarse' a través de la educación. Para ello, Montessori propone un ambiente propicio a la adquisición de la sensibilidad (paso previo a la educación moral), de la virtud y de la disciplina personal para tender hacia el bien. Añade que en sus predisposiciones, el niño pequeño no tiene mérito o culpa alguna porque aún no es libre, solo los actos libres para hacer el bien o el mal son meritorios o reprobables (Montessori, 1913). Por otro lado, Montessori tiene un discurso muy duro respecto a los criminales, o 'degenerados', que clasifica como de tipo hereditario inferior:

> Las formas de 'degeneración' tienen sus raíces principalmente en el sistema nervioso, y todas las personalidades anormales producidas por él 'se desvían' de la normalidad. Tienen una inteligencia y una moralidad diferente. (Montessori, 1917a, TN).

Habla de "las promesas de regeneración dadas por la eugenesia" (Montessori, 1917a, TN). En *La mente absorbente del niño*, casi cuarenta años más tarde, habla de la manipulación genética de los alimentos como un gran logro y dice que, por analogía, la educación temprana tiene el 'poder' de influir en los niños desde el estado embriológico. En una entrevista del *New York Times* del 9 de diciembre 1913, dice que su objetivo es la perfección de la raza humana: "El desarrollo al que aspiro incluye al niño en su totalidad. Mi máxima aspiración es el perfeccionamiento final de la raza humana" (Kramer, 2019).

Con la mentalidad actual y el conocimiento histórico que tenemos de las atrocidades que se cometieron en nombre de esa teoría durante la Segunda Guerra Mundial, las referencias a la eugenesia en Montessori hoy no se entienden[13]. Pero es preciso explicar un matiz clave. Se pueden distinguir dos partes distintas en la teoría de la eugenesia. Primero, esa teoría formula un diagnóstico: según este, la criminalidad, la pobreza y la depravación se atribuyen a la genética. Segundo, esa teoría trae una solución: si los genes son responsables

---

13. De hecho, la parte del libro *Spontaneous activity in education* [Actividad espontánea en la educación] en la que la autora habla de eugenesia está omitida en algunas de las ediciones actuales del libro.

de la maldad y de los problemas sociales, entonces la educación no puede sacar a los más pobres de la miseria y no se puede ayudar artificialmente a esos colectivos desfavorecidos; se opta por dejarles morir, e incluso por eliminarlos.

Montessori predica precisamente lo contrario. Ella hace inicialmente suyo el diagnóstico que hace la eugenesia de los problemas sociales y criminales. Lo que Montessori intentó en *Antropologia pedagogica* (Montessori, 1910), fue entender las leyes de la biología y los defectos de crecimiento —tanto fisiológicos como psicológicos—que se deben a ambientes que no respetan esas leyes. El objetivo era diseñar la educación —su razón de ser, los métodos, el ambiente— de tal forma que se respetaran esas leyes. Su método científico se llevaba a cabo a través de la observación de la fisiología y del comportamiento. Pero Montessori nunca ha hecho suya la 'solución' de la eugenesia. De hecho, fue pionera en hablar de la educación como de un medio a través del cual se puede y se debe revertir el 'determinismo' (que deja entonces de serlo). En cualquier caso, su aspiración al perfeccionamiento de la raza humana la llevó a una afinidad temporal durante el inicio del régimen fascista de Mussolini. Hablaremos de ello más en detalle más adelante.

Acabada la Segunda Guerra Mundial, ante las atrocidades cometidas en los campos de concentración, se rechaza enérgicamente la teoría de la eugenesia. Los orfanatos están llenos por consecuencia de la guerra; se adopta la idea de cuidar a los colectivos desfavorecidos a través de políticas sociales y de la educación, actuando desde la primera infancia. Tanto en los Estados Unidos como en Europa, los gobiernos empiezan a preocuparse por las implicaciones educativas de los grandes problemas que existen en los colectivos marginados. Pero fue Montessori, décadas antes, quien había sido pionera en hablar de la educación como una forma de mejorar la sociedad. El diagnóstico que hace, asistido por la teoría de Lombroso (que estaba 'de moda' en los ambientes intelectuales de la época) se empezó a cuestionar en la década de los treinta desde un punto de vista científico y se considera hoy por hoy desfasado. Es más, se rechaza enérgicamente, por las implicaciones racistas que conlleva. Sin embargo, es preciso admitir que su propuesta para atender a los problemas sociales mediante la educación fue avalada por las políticas sociales posguerra de la mayoría de los países.

2.2.6 *Wilhelm Wundt*

Cuando tenía treinta años, Montessori decidió estudiar filosofía para entender la conexión entre el método fisiológico propuesto por Séguin y la psicología. Buscando respuestas se encuentra con la 'psicología fisiológica' de Wilhelm Wundt (1832-1920), padre de la psicología experimental y autor de *Principles of physiological psychology* (Wundt, 1904) [*Principios de psicología fisiológica*], tratado que intenta reconciliar los procesos físicos y psíquicos. Montessori cita a Wundt en cuatro páginas distintas en su primer libro, y en una sola página en *Spontaneous activity in education* (Montessori, 1917) [Actividad espontánea en la educación]. Se hace parcialmente con algunos planteamientos, rechazando otros.

Montessori coincide con Wundt, en su primer libro, en la necesidad de métodos experimentales psicológicos y fisiológicos basados en la observación del sujeto. Hemos explicado anteriormente que observa y anota metódicamente la descripción morfológica de cada niño, basándose en la teoría de Cesare Lombroso.

Sin embargo, Montessori rechaza explícitamente algunos enfoques de Wundt (Montessori, 1917). Por ejemplo, Wundt calculaba el tiempo de reacción nerviosa del sujeto mediante un cronómetro que permitía medir el tiempo en cuestión de milisegundos (Wundt, 1904). Montessori hace hincapié en que el enfoque de Wundt es anticuado y un tanto mecanicista, por centrarse demasiado en las herramientas de medición y por dejar de lado factores que la ciencia no puede explicar, como la libertad y la justicia. Añade que ese enfoque está alejado de la realidad del aula, de lo que verdaderamente interesa a la educación. Para ella, la observación de lo que ocurre en el aula, sin sacar a los niños de su entorno para llevarlos a un laboratorio, es el punto de vista para la pedagogía antropológica. Da el ejemplo del tiempo de atención o de concentración de los alumnos hasta que empiezan a distraerse o a sentirse cansados, que solo se puede medir observando la actividad espontánea de un niño mientras trabaja en condiciones de libertad. Para ella, los datos recogidos deben servir de experiencia y punto de partida para diseñar un entorno que favorezca un tiempo de concentración cada vez más óptimo. De hecho, no faltan en las obras de Montessori las gráficas que miden la concentración y la fatiga del alumno a lo largo del día.

En 1948, Montessori vuelve a discrepar abiertamente con el enfoque mecanicista de Wundt, criticando sus métodos de medición a base de estímulos externos (Montessori, 1948c).

2.2.7 Percy Nunn

Percy Nunn (1870-1944) era un maestro experimentado y profesor de Educación en la Universidad de Londres. Fue presidente de la Sociedad aristotélica (*Aristotelian Society*) en Inglaterra.

Nunn y Montessori nacieron el mismo año y fueron influencias positivas el uno para el otro, tal y como consta en sus respectivas obras. Nunn, cuyos escritos se inspiran en la tradición aristotélica, cita repetidamente a Montessori en su más conocida obra *Education, its data and first principles* (Nunn, 1920) [Educación: sus datos y primeros principios]. En 1949, Montessori retoma conceptos de Nunn en su obra *La mente absorbente del niño*, pero sin citarle. Se observa en las obras de ambos una afinidad sorprendente, quizás por la influencia en ambos de Aristóteles.

En *La mente absorbente del niño*, Montessori usa un concepto que Nunn acuñó y desarrolló: 'Horme' (Nunn, 1920). El proceso 'hórmico', inspirado en la doctrina aristotélica, se opone al proceso mecánico o aleatorio, remite a un proceso que se desarrolla internamente 'con sentido' o 'con finalidad', en orden a una naturaleza que le es propia. Sugiere un enfoque teleológico. Hablaremos de ello en detalle más adelante.

2.2.8 Juan Amos Comenio

Juan Amos Comenio (1592-1670) fue un filósofo, pedagogo y teólogo protestante nacido en la actual República Checa. Su principal obra, aparecida en 1630, se titula *Didactica magna* (Comenio, 1998). Se le considera generalmente como uno de los autores clásicos de la pedagogía.

> El lugar de Comenio en la historia de la educación, por tanto, es de gran importancia. Es quien introduce y lidera toda la corriente moderna en el ámbito de la educación primaria y secundaria. Su relación con la educación actual es similar a la que tuvieron Copérnico y Newton con la ciencia moderna, o Bacon y Descartes con la filosofía moderna. (Butler, 1892, citado en Lang, 1965, TN)

Comenio defiende la escuela obligatoria, universal, ordenada y metodizada. Sabemos que Montessori leyó a Comenio de forma sistemática y podemos encontrar en sus escritos algunas ideas parecidas a las suyas.

Por ejemplo, Comenio da mucha importancia a la educación sensorial. Podríamos decir que es discípulo de la idea clásica 'no hay nada que exista en el entendimiento que no haya previamente existido en los sentidos', una idea aristotélica que Comenio adapta a su mentalidad empirista. De hecho, tanto Comenio como Montessori, citan repetitivamente a Aristóteles. Comenio coincide en que el deseo de conocer es innato en la persona: "Es inmanente en el hombre el deseo de saber, y no solamente tiene tolerancia en los trabajos, sino inclinación a ellos" (Comenio, 1998).

Se conoce a Comenio como el primer inventor de los libros de texto. En 1658, publica *Orbis pictus*, el primer libro de texto con ilustraciones, dedicado a la enseñanza del latín. Según Comenio, "si alguna cosa pudiera ser percibida por diversos sentidos, ofrézcase a todos ellos" (Comenio, 1998). Esa idea sin duda es la semilla de la educación multisensorial en Montessori.

Comenio es también precursor de una educación basada en lo que reclama la naturaleza del niño y de la importancia de fomentar el interés en el niño. Para Comenio, la naturaleza tiene un tiempo adecuado para cada aprendizaje. Esa idea está en consonancia con el concepto de periodos sensitivos en Montessori. De hecho, las cuatro etapas de la educación propuestas por Comenio coinciden exactamente con las descritas por Montessori.

Comenio insiste en la importancia de la disciplina en relación con las buenas costumbres: "Debe mantenerse en las escuelas severa disciplina, no tanto para las letras (que rectamente enseñadas son goces y estímulos para el ingenio humano), cuanto para el fomento y guarda de las buenas costumbres" (Comenio, 1998).

Para Comenio, "no puede, en modo alguno, formarse el hombre sin someterle a disciplina". Vemos la idea de la 'disciplina mediante las buenas costumbres' reflejada en Montessori en los ejercicios de vida práctica, que considera como un modo privilegiado para adquirir la disciplina interna.

2.2.9 Los filósofos clásicos

En una conferencia dirigida a la Sociedad Americana Montessori (*American Montessori Society*) en 1987, John Stoops hace un retrato intelectual filosófico de Montessori y traza los orígenes de su pensamiento en la tradición clásica griega, concretamente en el pensamiento aristotélico:

Los antecedentes intelectuales de Montessori nacen en Grecia. Como en el caso de tantas otras grandes mentes occidentales, sus orígenes se encuentran en Estagira, un pueblo remoto ubicado en una grieta excavada por el agua en lo alto del Egeo Norte. Hace más de dos mil años, el joven Aristóteles, hijo de un médico, observaba atentamente los servicios prestados por su padre en la corte de Felipe de Macedonia. De niño, vivió en la naturaleza y aprendió de su padre y su tío a observarla. Estas experiencias fueron tan profundas en él que incluso veinte años de tutela de Platón en la Academia de Atenas no pudieron llevar a Aristóteles a platonizar como otros del círculo platónico [...]. (Stoops, 1987, TN)

Muchos son los aspectos de la doctrina aristotélica que han influido en Montessori. Haremos una lista esquemática, cuyos aspectos más fundamentales serán comentados en detalle más adelante a lo largo del texto.

1. El conocimiento empieza en los sentidos. La educación sensorial requiere de unos estímulos moderados y es la preparación para la educación intelectual y moral.

Como apunta Stoops, Aristóteles insiste en que la actividad intelectual nace en los sentidos (Stoops, 1987). Esa idea está retomada por Tomás de Aquino: "No hay nada en el intelecto que no haya existido primero en los sentidos" (Thomas Aquinas, 1953, TN). Montessori cita ese principio aristotélico:

> Este es el principio general resumido en el antiguo axioma: *Nihil est in intellectu quod prius non fuerit in sensu* (no hay nada en el intelecto que no haya existido primero en los sentidos). Somos incapaces de 'imaginar' cosas que en realidad no se presenten a nuestros sentidos. (Montessori, 1917a, TN)

Para Montessori, como para Aristóteles, la capacidad de abstraer intelectualmente tiene que ver con la calidad del sentido del tacto. En la sensibilidad existe un término medio, que es un umbral por debajo del cual no se percibe y por encima del cual los sentidos están demasiado alborotados para poder discriminar los matices de la sensación. Ese umbral viene de la naturaleza del sentido. Puesto que cada sensación se da en el marco del margen de la sensibilidad, un estímulo sensible muy poderoso puede destruir la sensibilidad (Aristóteles, 1978).

Montessori habla de la relación que existe entre la sensibilidad y la educación intelectual (Montessori, 1917a). Para poder captar bien mediante los sentidos, es necesaria la templanza que permite inhibir los impulsos y escoger medios que están adecuados a los fines, como explica Aristóteles (2001). Para Montessori, una masa de información sin dirección y sin orden crea un caos artificial en la mente del alumno (Montessori, 1917a). Para poder percibir la realidad con todos sus matices y en toda su belleza, la finura sensorial es clave (Montessori, 2015a). Para ella, no es tanto la actividad lo que se busca, sino la adecuación de los estímulos externos a lo que requiere la naturaleza del niño, ya que el ambiente exterior "no tiene importancia constructiva alguna, pero ofrece únicamente los medios necesarios a la vida" (Montessori, 2015b). Por eso, el material y la explicación del maestro deben ser sencillos y concisos.

La idea de la finura sensorial, central en la pedagogía montessoriana, aparece también en Tomás de Aquino. Según el Aquinate, aquellos que tienen el sentido del tacto desarrollado tienen mayor sensibilidad y son más dotados intelectualmente que otros (Thomas Aquinas, 2005).

Tomás de Aquino habla también de las predisposiciones fisiológicas y sensoriales para la vida intelectual y moral, tema que Montessori trata en sus primeros libros.[14]

2. El mundo obedece a unos principios naturales y el movimiento de los seres se hace de acuerdo con esos principios. Si no, la naturaleza se tuerce.

El proceso 'hórmico' de Nunn que retoma Montessori en *La mente absorbente del niño* está inspirado en el concepto de 'entelequia' de

---

14. Hay que precisar que Tomás de Aquino no es determinista como lo es Lombroso.

Aristóteles, que se refiere al 'cumplimiento de la potencia que actualiza'. Para Aristóteles, la 'entelequia' del cuerpo es el alma, es el motor que le da vida. Es a la vez principio y fin. Stoops explica como esa idea se encuentra en los escritos de Montessori.

> Montessori repite que la tarea del niño es convertirse en adulto. Puesto que el principio de acto es crucial en Aristóteles, el principio de movimiento es también crucial en Montessori; el movimiento es el camino que toma el niño para llegar a ser aquello en que se está convirtiendo. Frustrar ese movimiento, es frustrar su entelequia. (Stoops, 1987, TN)

Esas ideas aristotélicas se encuentran presentes en el concepto montessoriano de 'educación cósmica' que encontramos en sus últimos escritos (Montessori, 1949). El concepto de educación cósmica procede de la idea de que cada forma de vida se basa en movimientos que tienen un propósito en sí mismos. El plano cósmico conduce a la idea de la tarea cósmica, a saber, la colaboración de todos los seres animados e inanimados. Según la autora, el ser humano tiene como misión usar su inteligencia para contribuir a hacer un mundo mejor, más perfecto (Montessori, 1949). Su propósito no responde simplemente a las leyes mecánicas de la evolución, es un propósito inteligente que da sentido a su papel en el plan cósmico (Montessori, 1949). El plan cósmico al que hace referencia Montessori es parte de un enfoque teleológico del que hablaremos más adelante.

3. El ser humano tiene una naturaleza racional.

Igual que Aristóteles considera al hombre como un animal racional (Aristóteles, 1978), Montessori hace hincapié en varias ocasiones en sus escritos en la naturaleza racional del ser humano: "La razón, es decir, lo que, en última instancia caracteriza al hombre, ser racional, individuo que, razonando y juzgando, puede mandar, y cuando lo manda se pone en movimiento" (Montessori, 2015b).

4. La importancia de la mano.

En *La mente absorbente del niño*, Montessori habla de la mano:

> Sin embargo, la naturaleza muestra que el niño no puede pensar sin sus manos y que las manos son el instrumento de su inteligencia. [...]
>
> Vemos que el desarrollo de la mano está conectado con el desarrollo de la inteligencia en el hombre y si miramos la historia, está conectado con el desarrollo de la civilización. Podríamos decir que, cuando el hombre piensa, piensa y actúa con sus manos; casi tan pronto como el hombre apareció en la tierra, dejó huellas del trabajo realizado por sus manos. En las grandes civilizaciones de épocas pasadas siempre hay muestras de su obra. En la India podemos encontrar un trabajo tan fino que es casi imposible imitarlo; y en el Antiguo Egipto también hay huellas de trabajos muy finos y delicados. Si la civilización era de un tipo menos refinado, entonces la huella del trabajo manual que se encuentra es también de un tipo más rudo. (Montessori, 1949)

Montessori entiende la mano en términos parecidos a los de Aristóteles que la llamaba "instrumento de instrumentos" (Aristóteles, 1978). Sabemos que la mano ha tenido un papel crucial en el proceso de hominización. Hoy, la importancia de la mano es un tema cada vez más actual, en el contexto de la pérdida de la escritura a mano.

5. La importancia de la geometría.

Montessori propone la enseñanza de la geometría desde los tres años[15] (Montessori, 1912b, 1934b). No sabemos cuál fue su moti-

---

15. En esa etapa, sin embargo, esa enseñanza se realiza en un plano sensorial, no abstracto.

vación por insistir en adelantar tanto la enseñanza de esa materia. Pudo ser influida por la conocida frase que estaba grabada, según cuenta la tradición, en la entrada de la Academia de Platón en la que estudió Aristóteles: "No entre nadie que no sepa geometría". En cualquier caso, el papel de la geometría en Montessori es coherente con el papel que da a la educación sensorial como preparación para la educación intelectual. La geometría es el ámbito en el que se ve la conexión de la actividad sensible con el plano abstracto. De alguna forma, la geometría es un medio de ordenar las percepciones sensibles.

6. El hábito como actividad perfectiva.

Aristóteles habla de la importancia de los hábitos, especialmente en los niños.

> Los hábitos se originan a partir de actividades correspondientes. Por ello hay que realizar actividades de una cierta clase, pues de acuerdo con las diferencias entre ellas se siguen los hábitos. En consecuencia, no es pequeña la diferencia entre habituarse en un sentido o en otro ya desde jóvenes; es de gran importancia o, mejor, de la máxima importancia. (Aristóteles, 2001)

Tanto en los ámbitos de la educación sensorial, del lenguaje y de las matemáticas como en el contexto de las actividades prácticas, Montessori insiste en el carácter perfectivo de la actividad repetitiva: "El secreto de la perfección se encuentra en la repetición" (Montessori, 1948c).

Para Montessori, lo que hace el niño es perfectivo, porque el niño no actúa meramente para realizar una tarea externa como lo hace el adulto, sino que actúa para edificarse a sí mismo: "En [el niño], el trabajo es la continuación y la reproducción del acto que lo hace crecer y convertirse en adulto" (Montessori, 1929). La obra maestra de la educación, para Montessori, es el niño mismo. Esa idea aristotélica es la base del proceso que Montessori llama 'autoeducación'.

7. El niño es un *ser absorbente*, lleva en sí un deseo, una fuerza que le urge a hacer suyo lo que se encuentra en su entorno.

Montessori insiste en que el niño es un "essere assorbente" (citado en Standing, 1998), tiene una mente absorbente que le hace capaz de absorber su entorno:

> El recién nacido está dotado de un deseo irresistible, de un impulso, para hacer frente a su ambiente y para absorberlo. Podríamos decir que nace con la psicología de conquista del mundo. Lo absorbe en sí mismo y, de este modo, forma su cuerpo psíquico. (Montessori, 1949, TN)

Esa idea está en consonancia con la idea central en *Ética a Nicómaco* de que nuestra actividad nos transforma y que nos hacemos actuando (Aristóteles, 2001).

La idea montessoriana del impulso para conocer está también en consonancia con la idea con la que Aristóteles arranca su obra *Metafísica*: "Todos los hombres tienen naturalmente el deseo de saber" (Aristóteles, 1875).

No sabemos cuándo y cómo fue la influencia de Aristóteles y de otros filósofos clásicos en Montessori, pero hay varias referencias a las ideas de los filósofos clásicos en sus escritos. Por ejemplo, en *La mente absorbente del niño*, Montessori utiliza el concepto del 'maestro interior' (*inner teacher*) que utiliza Agustín en *De Magistro* (Augustine, 1990), y veremos más adelante que el sentido que le da es muy parecido.

Sabemos también que Comenio citaba repetitivamente a Aristóteles, autor en el cual podría haberse inspirado. Stoops supone que la influencia de Aristóteles, y pudiera haber sido el caso de otros filósofos clásicos, llegó a Montessori por Tomás de Aquino, ya que la educación que recibió en la Italia católica de sus tiempos era esencialmente tomista (Stoops, 1987). Esa hipótesis se ve confirmada por Fulvio De Giorgi que publicó en 2004 unos documentos personales inéditos de Montessori entre los que aparece el proyecto de una Pía Unión, datado de 1910. Se trata de una asociación católica fundada por Montessori, que nunca se llevó a cabo —aparentemente, la aprobación de la Santa Sede nunca llegó (Cohen, 1973)—, dedicada a la santificación de sus miembros y a la atención educativa de los niños. En ese proyecto, estaba previsto un programa de estudio de una duración de dos años dirigido a las personas que pertenecieran a esa asociación. Durante el segundo año, estaba previsto que sus miembros recibiesen una formación en filosofía tomista (Montessori, 2016).

3. Rousseau: precursor del Romanticismo pedagógico

El movimiento del Romanticismo surgió en la primera mitad del s. XIX, como contrapeso al racionalismo de la Ilustración, que daba una importancia predominante a la razón sobre las experiencias sensoriales (Beiser, 2003). Según el racionalismo, sólo puede aceptarse como verdadero lo que se presenta a la mente con absoluta nitidez. El racionalismo puede resumirse en la famosa frase de Descartes: "Pienso, luego existo" (*Cogito ergo sum*) (Descartes, 1637).

Es realmente difícil llegar a un consenso sobre la definición del Romanticismo, porque al considerarse a sí mismo como una especie de revolución continua, no puede tratarse de un movimiento coherente, monolítico y cerrado. Como dice John Willinsky (2006), el Romanticismo es tan conocido que no precisa ninguna introducción, y es precisamente por ese motivo que es tan difícil introducirlo. Isaiah Berlin explica algo parecido:

> La literatura sobre el romanticismo es más abundante que el romanticismo mismo; y la literatura encargada de definir de qué se ocupa esta literatura es, por su parte, verdaderamente voluminosa. Existe una especie de pirámide invertida. Se trata de un tema peligroso y confuso en el que muchos han perdido, no diría su sano juicio, aunque sí su propio sentido de dirección. (Berlin, 2014)

En cualquier caso, la abundante literatura sobre el Romanticismo en relación con la educación suele enfocarse desde el punto de vista de la educación de la literatura de ese periodo —educación de la poesía o de la literatura romántica—. Existe, sin embargo, poca literatura sobre la influencia que tuvo el movimiento romántico en el ámbito educativo; es ese legado el que aquí nos interesa.

Sabemos que el Romanticismo tuvo un impacto notable en los ámbitos de la literatura, la filosofía, la política. Lo tuvo también en el ámbito de la educación, con la pedagogía romántica, caracterizada por una actitud nueva frente al individualismo (necesidad de afirmar la individualidad frente a la sociedad), a la libertad (entendida como indeterminación), a la naturaleza (entendida como un estado original de bondad natural) y al rechazo de la racionalidad a favor de la imaginación productiva (Berlin, 2014; Taylor, 2001).

3.1 Rousseau y el Romanticismo pedagógico

No solamente se relaciona a Rousseau con el movimiento romántico sino que se le considera "como uno de sus progenitores": "Sería necio negar que la doctrina de Rousseau, sus palabras, fueron uno de los factores que influenciaron el movimiento romántico" (Berlin, 2014)[16], por su rechazo explícito al racionalismo: "No hice uso de la razón, no filosofé [...] seducido me entregué a la confusión de esas grandes ideas [...] El universo me sofocó e intenté dar un salto al infinito [...] mi espíritu se entregó a un soberbio éxtasis" (Rousseau, 1959).

Rousseau se considera también el principal precursor y la piedra angular de la tradición romántica en la educación (Beiser, 2003; Karier, 2006; Rosenberg, 2006). Por ese motivo, partiremos de la obra de Rousseau que fue la más relevante para el desarrollo de la pedagogía romántica, *Emilio* (Rousseau, 1762), así como de dos discursos suyos (Rousseau, 2004, 2018) anteriores que fueron introducción

---

16. Sin embargo, Berlin añade que la influencia de Rousseau en el movimiento romántico se ha exagerado, considerando lo que Rousseau efectivamente dijo. En su opinión, Rousseau puede también asimilarse al racionalismo, especialmente en *El contrato social*, donde propone principios universales inmutables. La multitud de contradicciones internas en sus textos dificulta su categorización.

y premisas a *Emilio*. Referiremos a esas tres obras con el fin de sacar de ellas las principales características del movimiento de la pedagogía romántica. A continuación, contrastaremos cada una de esas características con el pensamiento de Montessori.

La carrera literaria del que fue el representante más destacado de la pedagogía romántica empezó en 1750 con su *Discurso sobre las ciencias y las artes*, por el que fue premiado por la *Académie de Dijon*. En su primer discurso, Rousseau afirma que la ciencia, las letras y las artes han corrompido la sociedad moralmente, ahogando sus virtudes. En su ensayo, Rousseau plasma lo que se encuentra entonces en el ambiente de la época: la necesidad de hacer contrapeso a un racionalismo imperante que había reducido todas las facultades de la persona a la intelectual, desconectándole del mundo sensorial.

En 1753, la misma academia lanza otro concurso con la pregunta: "¿Cuál es el origen de la desigualdad entre los hombres, y es respaldada por la ley natural?" Dos años después, Rousseau responde a esa pregunta en su *Discurso sobre la desigualdad*. Según Rousseau, la naturaleza hace a la persona feliz y bueno, pero la sociedad —la educación, el progreso, las costumbres…— la corrompe y le hace ser miserable. Años después, en 1762, Rousseau plasma sus ideas en dos obras que marcaron el curso de la educación y también de la política y de la filosofía: *Emilio* y *Du contrat social ou principes du droit politique* (Rousseau, 2012) [*El contrato social*].

Para entender el Romanticismo pedagógico, es preciso entender a Rousseau, cuyo pensamiento influyó y lo sigue haciendo hoy en día en la pedagogía como ninguna otra obra literaria jamás lo hizo. Muchos consideran *Emilio* como un tratado de educación, pero no lo es. *Emilio* es, en realidad, la herramienta de implementación del sistema político que Rousseau describe en *El contrato social*, que se basa en las premisas filosóficas que encontramos en su *Discurso sobre la desigualdad*. Sin un correcto entendimiento de su tesis inicial, es imposible contextualizar y por lo tanto captar todos los matices de *Emilio* (Beiser, 2003).

En el *Discurso sobre la desigualdad*, Rousseau describe el Estado ideal, basado en la igualdad entre los hombres, igualdad que existía en el 'estado natural' del hombre. Para Rousseau, el 'estado natural', o el 'estado primitivo', es el que existía antes de que el hombre hubiera recibido sus 'dones sobrenaturales' y adquirido sus 'facultades artificiales'. Para restaurar esa igualdad, según explica, es preciso tender hacía ese estado natural:

> Este mismo estudio del hombre original, de sus necesidades verdaderas y de los principios fundamentales de sus deberes, es el único medio adecuado que pueda emplearse para resolver esa muchedumbre de dificultades que se presentan sobre el origen de la desigualdad moral, sobre los verdaderos fundamentos del cuerpo político, sobre los derechos recíprocos de sus miembros y sobre otras mil cuestiones parecidas, tan importantes como mal aclaradas. (Rousseau, 2018, TN)

Rousseau concluye que la desigualdad es prácticamente nula en el estado natural, que el origen del mal de la desigualdad viene del progreso intelectual a través de la educación y de las costumbres. La desigualdad se consolida como estable y legítima por el reconocimiento de la propiedad privada y de las leyes.

Emilio es la respuesta a la pregunta que Rousseau formula en el prólogo del *Discurso sobre desigualdad*: "¿Qué experiencias serían necesarias para llegar a conocer al hombre natural, y cuáles son los medios de hacer estas experiencias en el seno de la sociedad?" (Rousseau, 2018, TN). La educación negativa podría ser, para Rousseau, un laboratorio que permite experimentar medios de conservar al hombre en su estado natural. Por lo tanto, *Emilio* no es una mera propuesta educativa, sino un experimento, ficticio, para volver a encontrarnos con la igualdad del estado natural que permite la implementación del sistema político que propone Rousseau en su segundo discurso y que plasma en *El contrato social*.

3.2 Características del legado pedagógico de Rousseau

3.2.1 Imaginación productiva y rebelión contra la racionalidad

El Romanticismo surgió como contrapeso del racionalismo (Beiser, 2003). Por ese motivo, encontramos representantes de ese movimiento en Inglaterra entre los poetas. Entre los poetas románticos más destacados se encuentran William Blake (1757-1827), William Wordsworth (1770-1850), Samuel Taylor Coleridge (1772-1834), George Gordon (1788-1824), Percy Bysshe Shelley (1792-1822) y John Keats (1795-1821). Una de las principales características de ese movimiento cultural es la importancia que da a la imaginación productiva (Halpin, 2007), aspecto que el poeta británico John Keats, una de las principales figuras de la literatura romántica, plasma en el famoso verso: "La belleza es verdad y la verdad belleza... Nada más se sabe en esta tierra y no más hace falta" (Keats, 2010a). Para el Romanticismo, la belleza subjetiva —y por lo tanto la apreciación que hace cada persona de ella— es la vara de medir de la realidad. La realidad es subjetiva y depende del impacto que los sentimientos individuales tienen sobre la imaginación. La imaginación es productiva porque es, en sí misma, la medida de la realidad. Coleridge afirma que "las reglas de la imaginación son las mismas fuerzas de crecimiento y de producción" (citado en Rosenberg, 2006).

Apunta Américo Castro que "lo que se llama en sí Romanticismo es una metafísica sentimental, una concepción panteísta del Universo cuyo centro es el *yo*" (Castro, 1922, citado en Comellas Aguirrezábal & Hermut, 1997). El Romanticismo pretende romper con el racionalismo de la Ilustración, pero también con la tradición clásica. Para la tradición clásica griega, por ejemplo, la belleza sería la 'expresión visible de la verdad y de la bondad', a la inversa, ontológicamente, de lo que propone Keats: "No estoy seguro de nada más que de la santidad de los afectos del corazón y de la verdad de la imaginación.

Lo que la imaginación toma como belleza debe ser verdad —existiera antes o no— [...]" (Keats, 2010b, TN).

Charles Taylor resume el Romanticismo como una reacción opuesta al racionalismo, a la tradición, a la armonía formal; es una afirmación de la individualidad, de la imaginación y del sentimiento (Taylor, 2001). Rémi Brague explica que la toma de poder del proyecto moderno está vinculada a un desplazamiento del énfasis en la razón hacia la imaginación, lo que habilita el sujeto a representarse algo 'posible' (Brague, 2015).

Puesto que el Romanticismo da tanta importancia al sentimiento, que convierte en única vara de medir, la ontología propuesta por la filosofía clásica deja de tener relevancia (Castro, 1922, citado en Comellas Aguirrezábal & Hermut, 1997). Según esa postura, la realidad es una construcción del sujeto; sentimientos e imaginación son los barómetros a partir de los cuales se mide la realidad de cada uno. En el Romanticismo, la imaginación es productiva, porque con ella el sujeto construye su propia representación de la realidad. Por lo tanto, se trata de un cambio radical, no solo en cuanto al racionalismo, sino también respecto a la filosofía clásica. Por ello, Berlin ubica el Romanticismo como "el mayor movimiento reciente destinado a transformar la vida y el pensamiento del mundo occidental" (Berlin, 2014). Añade que se trata del cambio de más envergadura en la conciencia de Occidente que jamás ha ocurrido en la historia de la humanidad. Para Soëtard (2001), *Emilio* no solo es un choque cultural, o un libro que logró plasmar lo que existía en el ambiente filosófico o pedagógico de la época; se trata de una verdadera 'revolución epistemológica', puesto que el ser humano pasa a ser —sobre la realidad— la vara de medir.

En su *Discurso sobre la desigualdad*, Rousseau se aleja explícitamente de la razón y del criterio de la verdad objetiva. Excluye a la filosofía, en particular a la metafísica, como medio adecuado para llegar a conocer al ser humano ya que, según Rousseau, pocos entienden sus principios o pueden llegar a ellos por sí mismos. Para

Rousseau, existen dos principios anteriores a la razón, de las cuales debería derivar toda 'ley natural':

1) el que nos hace interesarnos por nuestro bienestar y nuestra conservación;
2) el que nos inspira repugnancia natural al ver morir o sufrir a otro ser sensible (la piedad).

Para Rousseau, las leyes no deben basarse en un ejercicio de la razón, sino en el interés personal y en el sentimiento de lástima (*pitié*) que experimenta la persona a través de la repugnancia natural, o de pena, que siente al ver sufrir al otro. Es más, para Rousseau, la dignidad del ser humano reside en su 'sensibilidad'. El motivo por el cual cada uno merece respeto a su integridad deriva de su condición de 'ser sensible': "Si estoy obligado a no hacer ningún mal a mis semejantes, es menos por su condición de ser razonable que por su cualidad de ser sensible" (Rousseau, 2018, TN). Rousseau no entiende la sensibilidad como *capacidad de captar la realidad mediante los sentidos*, sino como sentimiento de piedad o de compasión. La compasión es un sentimiento que otorga la dignidad de la persona, no es la dignidad de la persona que es causa de la compasión.

El sentimiento natural de la piedad es especialmente importante para Rousseau, porque es el que lleva al individuo a actuar por amor a sí mismo y a los demás. Es la piedad que nos lleva, sin reflexión, a socorrer a los que vemos sufrir, dice Rousseau. Para él, la piedad sirve a la vez de leyes y de virtud y difícilmente podemos desobedecer a su tierna voz. Ese sentimiento hace más que todas las lecciones educativas y las reflexiones intelectuales.

Para Rousseau, "el estado de reflexión es un estado contra la naturaleza", y "el hombre que medita es un animal degenerado"; la abstracción es "muy penosa, muy poca natural" (Rousseau, 2018, TN), porque el hombre conoce esencialmente a través de las impresiones que dejan las experiencias sensoriales en sus sentidos.

Rousseau rechaza la razón, pero lo hace con argumentaciones que apelan a la razón, motivo por el cual se le ha considerado también como sofista (Berlin, 2014).

Afirma que sus principios están fundados en hechos, no en otros principios. Sin embargo, fundamenta la postura en su *Discurso sobre la desigualdad* en una premisa hipotética, no en hechos (Rosenberg, 2006). De hecho, una de las características del movimiento romántico es la sospecha continua hacia la reflexión. Esa postura es de por sí difícil de defender, ya que por un lado, los representantes de ese movimiento se pasaron la vida reflexionando, mientras que por otro nos advirtieron de no hacerlo (Grumet, 2006). Rousseau justifica esas contradicciones internas (que él llama paradojas) con la pobreza del lenguaje, que no le permite expresar lo inefable. Al fin y al cabo, advierte Rousseau que sus paradojas tan solo son elucubraciones (*rêveries*), o un sueño idealista (*rêve visionnaire*), por lo que tampoco hay que tomárselas al pie de la letra (Rousseau, 1762, 2018).

[C]on mucha gravedad nos venden por filosofía los sueños de algunas malas noches. Me dirán que también yo sueño; convengo en ello; pero contra lo que hacen los demás, mis sueños los vendo por sueños y dejo a las personas despiertas que averigüen si pueden servirles para algo útil. (Rousseau, 1762, TN)

En una carta escrita por Rousseau, él mismo reconoce que *Emilio* es una utopía y que el libro que lleva el nombre de un alumno ficticio no es un tratado de educación, sino más bien una reflexión filosófica:

Dice con razón que es imposible hacer un Emile. Pero no puedo comprender que se haya tomado el Libro que lleva este nombre como un verdadero tratado de Educación. Es un trabajo bastante filosófico que se apoya sobre un principio propuesto por el Autor en otros de sus escritos: el hombre es naturalmente bueno. (Rousseau, 1764, citado en Rosenberg, 2006, TN)

Emilio es, en definitiva, la historia del hombre ficticio que Rousseau necesita para poder justificar el modelo político y social que propone en sus otras obras. En cualquier caso, no deja de ser un *tour de force* que las elucubraciones llenas de paradojas y de contradicciones internas de un soñador hayan conseguido dar tal vuelco filosófico al pensamiento europeo de la época y tener una influencia que hasta hoy perdura en la cultura en general y más concretamente en el ámbito educativo.

Si bien es cierto que *Emilio* es la obra imaginada de un personaje ficticio, Rousseau se aleja también del ideal de la imaginación productiva del Romanticismo cuando dice: "El mundo real tiene límites, el imaginario es infinito; no pudiendo dar ensanche al uno, estrechemos el otro, porque solamente de su diferencia nacen todas las penas que nos hacen verdaderamente infelices" (Rousseau, 1762, TN).

Pero no confundamos ese consejo con una declaración de realismo (el mismo Rousseau se define como un soñador); se trata esencialmente de un consejo que resume el pensamiento rousseauniano: para no frustrarse, es preciso mantener nuestros deseos por debajo del umbral de nuestras necesidades.

Si bien es cierto que Rousseau se aleja de la imaginación productiva, sus herederos, entre ellos Froebel, le dan mucha importancia.

3.2.2 Empirismo

Rousseau hace suyo el empirismo de Locke. Para Locke, la mente es una hoja en blanco, desprovista de carácter y de idea (Locke, 2015). Locke niega la existencia de los principios innatos especulativos, prácticos o teológicos. Para él, todo conocimiento se deriva de la experiencia, o bien a través de la sensación o de la reflexión de la mente sobre sus operaciones. Solo la experiencia permite la comprensión de la realidad (Rusk, 1918).

Según Rousseau, el ser humano es, en cuanto a conocimientos, como un animal: "Todos los animales tienen ideas, puesto que tienen sentidos, y aún combinan sus ideas hasta cierto punto; el hombre no se distingue en ese aspecto del animal más que del más al menos" (Rousseau, 2018, TN). Para Rousseau, la inteligencia no es una facultad espiritual, sino que responde a las leyes materiales y ocurre, como en los animales, de forma mecánica. Rousseau hace suya la tesis de Locke, que rechaza el innatismo. Para él, el conocimiento es de origen sensorial, no hay nada innato, o previo a la experiencia sensorial en el ser humano. Por lo tanto, el acto de conocer es, para Rousseau, algo pasivo. Es el resultado de las impresiones que dejan las experiencias sensoriales en la mente, del sujeto que sigue sus pasiones en el proceso de resolver sus necesidades. De hecho, Rousseau dice que el ser humano en su estado natural es incapaz de contemplación:

> Su imaginación nada le pinta; su corazón nada le pide. Sus escasas necesidades se encuentran tan fácilmente a su alcance, y se encuentra tan lejos del grado de conocimientos necesarios para desear adquirir otras mayores, que no puede tener ni previsión ni curiosidad. El espectáculo de la naturaleza llega a serle indiferente a fuerza de serle familiar; es siempre el mismo orden, siempre son las mismas revoluciones. Carece de la aptitud asombrarse ante las mayores maravillas, y no es en él donde debe buscarse la filosofía que el hombre necesita para saber observar una vez lo que ha visto todos los días. Su alma, que nada agita, se entrega al sentimiento único de su existencia actual, sin idea alguna sobre el porvenir, por cercano que pueda estar. Sus proyectos, limitados como sus miras, apenas se extienden hasta el fin de la jornada. (Rousseau, 2018, TN)

Para Rousseau, el ser humano es incapaz de asombrarse, ya que no existe naturalmente en él el deseo de conocer. No hay nada innato en él antes de las sensaciones, no hay deseos que vayan más allá de lo que reclama la resolución inmediata de sus necesidades básicas. Para Rousseau, el deseo es lo que hace que el hombre salga de su estado original, queriendo más de lo que pide su naturaleza primitiva. Ese 'querer más' es la ruina del hombre, su perdición. Esa concepción de

Rousseau es, paradójicamente, poco romántica (Rosenberg, 2006). De hecho, la ausencia de principios innatos en el hombre (el empirismo de Locke) que Rousseau hace suyo es, quizás, lo que hace que su propuesta tenga tantas contradicciones internas.

La persona que quiere ser feliz no debe aspirar al saber (en cuanto crecen sus conocimientos, crecen sus necesidades, y por lo tanto sus deseos frustrados). Rousseau propone la meta educativa de la ignorancia en materia de juicios de las sensaciones.

En definitiva, para Rousseau, el ser humano debería quedarse en el plano de las sensaciones y alejarse del mundo del juicio intelectual.

3.2.3 Libertad como indeterminación

Una de las características del Romanticismo pedagógico es la exaltación del individuo, del subjetivismo y de la libertad. Según Rousseau, el hombre ha nacido libre (Rousseau, 2012). Rousseau define la libertad como el poder de la persona de poder escoger entre conformarse a su naturaleza (lo que es, para él, el bien) o resistirse a hacerlo (lo que es, para él, el mal). Para Rousseau, conformarse a la naturaleza es dar rienda suelta a la espontaneidad del deseo. La espontancidad romántica no es racional como la que entendían los filósofos clásicos. Para Rousseau, la libertad es la única facultad espiritual del ser humano, su capacidad de conocer no lo es. Ese concepto de libertad es el que orienta la construcción de *Emilio*.

Para Rousseau la libertad es "la obediencia a la ley que uno se ha prescrito" (Rousseau, 2012, TN). Por lo tanto, el sujeto es legislador universal de las leyes que él mismo decide respetar. Soëtard explica que la moralidad de la acción no depende de los fines o de lo que se persigue, sino del principio *a priori* de la voluntad —buena por definición— del que legisla y obedece libremente. Para Rousseau, no hay sentido por descubrir, el sentido solo existe en relación con el ejercicio de la libertad del hombre. Puesto que la libertad es la obediencia a la ley arbitraria de cada uno, explica Soëtard (2001), la naturaleza acaba doblegándose a la arbitrariedad de la persona.

No hay nada exterior al ser humano —criterios universales— que puedan y deban dictar los fines de su educación, es la persona quien dicta las leyes y decide 'libremente' respetarlas. De allí que, para el Romanticismo, la libertad es indeterminación. La persona nace libre de cadenas y la verdadera libertad consiste en no atarse a nada que pueda determinarle.

Para Rousseau, existe una tensión entre el deseo del ser humano y la naturaleza, encargada de satisfacerle. Mientras el deseo de la persona se queda por debajo del umbral de lo que se le da mediante la naturaleza, el problema de la libertad no se complica. En definitiva, uno es libre mientras sus necesidades están naturalmente satisfechas. Si esa armonía se rompe, entonces uno desea más de lo que satisfacen naturalmente sus deseos y entrará en un bucle de deseos frustrados que le harán infeliz. Como dice Rousseau, "la felicidad del hombre en esta tierra no es otra cosa que un estado negativo que ha de medirse por la menor cantidad de males que se padecen" (Rousseau, 1762, TN). Y la consecuencia de ese sufrimiento es el no poder satisfacer las necesidades que uno se ha creado artificialmente, fuera de la naturaleza. De ahí el rechazo de Rousseau para todo lo que no es parte de la 'naturaleza', como por ejemplo la ciudad, porque la ruptura con la naturaleza y sus posibilidades de atender las necesidades del hombre en estado natural le aleja de su libertad.

Soëtard explica que Pestalozzi dedicó sus esfuerzos pedagógicos a implementar las ideas de Rousseau. Consideraba que la era industrial era el momento histórico de esa ruptura con la naturaleza —como medio de subsistencia del hombre— anunciada por Rousseau. De ese proceso resulta la emergencia de una libertad que el hombre debe aprender a gestionar, porque la naturaleza ya no puede hacerlo por él. De hecho, Pestalozzi considera que la educación consiste precisamente en permitir al hombre ejercer esa libertad mediante el trabajo técnico. La libertad es, de cierta manera, la *raison d'être* de la educación. La libertad es a la vez principio y finalidad. Pero no es 'libertad para escoger el bien', sino 'libertad para no desear nada que me aleje de mi estado primitivo'.

¿Por qué el sujeto romántico se convierte en legislador de las leyes que se le aplican? ¿Cómo el Romanticismo llega a la conclusión de que no hay criterios objetivos? Berlin explica que uno de los logros del Romanticismo, a diferencia de otros movimientos ocurridos en la historia de la humanidad, es el de haber conseguido transformar profundamente nuestros valores, para luego haberse hecho camino en la filosofía moderna. Uno de esos valores, dice Berlin, es la 'sinceridad', entendido en el sentido más constructivista de *me realizo a mí mismo siendo yo mismo quien quiero ser*:

> Porque somos voluntad, y porque debemos ser libres en un sentido kantiano o fichteano, el motivo cuenta más que la consecuencia, pues las consecuencias no pueden ser controladas mientras que los motivos sí pueden serlo. Y ya que debemos ser libres y ser nosotros mismos del modo más completo, la gran virtud —la más importante de todas— es lo que los existencialistas llaman la autenticidad y lo que los románticos denominan sinceridad. Como he tratado de señalar previamente, esto es una novedad. (Berlin, 2014)

Berlin lo ilustra en un tono irónico:

> El ser sincero, el estar dispuesto a dejar la vida en pos de ese sinsentido en el que cree, es un hecho moralmente noble. Todo aquel que sea íntegro, que esté preparado a sacrificarse frente al altar, sin importar cuál sea ese altar, posee un carácter moralmente digno de respeto, y no importa cuán detestables o falsos sean los ideales que reverencie. (Berlin, 2014)

Ese valor no es nuevo, siempre ha sido una virtud. Pero es la forma de entenderlo que es nueva en el Romanticismo. Se trata, de alguna manera, de una nueva 'ética de la autenticidad', como la describe Charles Taylor. Según Taylor, Rousseau es el filósofo que más haya contribuido a la idea de que la salvación moral se encuentra en una conexión auténtica con nosotros mismos (Taylor, 1992). Esa noción se convierte en ética en la medida en que lo único que cuenta es el motivo, o la intención que lleva a actuar, no la consecuencia de las acciones en los demás o en uno mismo o lo que se hace como tal, explica Berlin:

> La noción de que el idealismo es algo bueno, y el realismo algo malo —de que si declaro que soy algo realista quiero decir que estoy a punto de mentir o de hacer algo ruin— se desprende del movimiento romántico. La sinceridad se torna en una virtud en sí misma. Lo siguiente está en el centro de toda esta cuestión. El hecho de que se sienta admiración, desde 1820 en adelante, por la minoría como tal, por el desafío como tal, por el fracaso entendiéndolo, en cierto sentido, como algo más digno que el éxito, por todo tipo de oposición a la realidad, por asumir posiciones de principio aun cuando el principio pueda ser absurdo; el hecho de que esto no se desprecie del modo en que puede despreciarse a aquel que diga que dos más dos es igual a siete —lo que también se funda en un principio, aunque, sin embargo, sabemos que se trata de una afirmación falsa— es significativo. *El romanticismo socavó la noción de que existen criterios objetivos relativos a cuestiones de valor, de política, de moral, de estética, de que existen criterios objetivos que operan entre los hombres de modo tal que si alguien no hace uso de ellos es simplemente un mentiroso o un demente*; lo que en cambio sería cierto en lo relativo a las matemáticas o a la física. Esta división entre el espacio donde es posible acceder a una verdad objetiva —las matemáticas, la física y ciertas regiones dominadas por el sentido común— y el espacio en donde la verdad objetiva se halla comprometida —la ética, la estética y demás— es novedosa y ha delineado una nueva actitud frente a la vida. (Berlin, 2014, el énfasis es nuestro)

Por lo tanto, el sujeto se convierte en legislador y su libertad es "la obediencia a la ley que uno se ha prescrito" (Rousseau, 2012, TN).

3.2.4 Naturalismo

Para Rousseau, el fin de la educación consiste en volver al estado original. No es tanto que el ser humano en su estado natural sea bueno —en el sentido de 'virtuoso'—, sino más bien que 'no puede ser malo' en ese estado, porque no existen relaciones morales o deberes conocidos, por lo tanto no existen conceptos tales como virtudes y vicios (Rousseau, 1762).

Por lo tanto, Rousseau propone lo que se conoce hoy como la 'educación negativa': "La primera educación debe ser, pues, meramente negativa. Consiste, no en enseñar la virtud ni la verdad, sino en preservar del vicio el corazón y del error el espíritu" (Rousseau, 1762, TN).

Para Rousseau, mientras el hombre está en su estado original, sus necesidades serán satisfechas naturalmente y será libre y feliz (Rousseau, 1762). El hombre se corrompe cuando sale de ese estado natural mediante el deseo, el conocimiento o el progreso: "Todo está bien al salir de manos del Autor de la naturaleza; todo degenera en manos del hombre" (Rousseau, 1762, TN). Esa propuesta disgusta a Voltaire (1694-1778), uno de los representantes de la Ilustración, que responde cínicamente a Rousseau:

Nunca se ha empleado tanto ingenio en pretender volvernos animales. Cuando se lee vuestra obra se tienen ganas de andar a cuatro patas. Sin embargo, como hace más de sesenta años que he perdido la costumbre, siento por desgracia que me resulta imposible recuperarla. Y dejo ese comportamiento natural a quienes son más dignos de él que vos y que yo. (Voltaire, 2018, TN)

En realidad, Rousseau hace una declaración de intención explícita en su *Discurso sobre la desigualdad*. Dice que puede estar prohibido cambiar el relato del libro de la Génesis, pero que no está prohibido preguntarnos por lo que hubiera sido del hombre si lo que relata la Génesis no hubiera ocurrido. Obviamente, se refiere a la doctrina católica sobre el pecado original. Como bien señala Rosenberg (Rosenberg, 2006), Rousseau está de alguna manera reescribiendo el Génesis. La llamada 'educación negativa' sería lo equivalente a no ofrecer nunca la manzana del conocimiento del bien y del mal. Por eso, Emilio solo puede ser un personaje ficticio, un alumno imaginario —un niño sin familia, sin rasgos concretos de personalidad—, porque Rousseau reconoce que su hipótesis está basada en la ficción. En una carta al arzobispo de París de la época, Christophe de Beaumont, dice que cree que el hombre es fundamentalmente bueno y que los primeros impulsos de la naturaleza siempre lo son. Es la sociedad que corrompe al hombre y la educación debería consistir en protegerle de esa degradación (Rosenberg, 2006).

Por otro lado, no está claro que el 'estado primitivo' sea una meta clara para Rousseau. En el prólogo de su *Discurso sobre la desigualdad*, Rousseau confiesa que no es posible llegar a definir con exactitud el 'estado natural', siembra la duda sobre si jamás ha existido y reconoce él mismo que el concepto bien podría tratarse de una utopía:

> [N]o es ligera empresa distinguir lo que hay de originario y lo que hay de artificial en la naturaleza actual del hombre, y conocer bien un estado, que ya no existe, que quizás nunca ha existido, que probablemente no existirá nunca, pero del cual es necesario tener justas nociones para juzgar acertadamente nuestro estado presente. (Rousseau, 2018, TN)

¿Qué explica el éxito de un discurso dedicado a hablar de algo que el autor confiesa no existir, quizás no haber existido jamás y que nunca existirá? ¿Y de un libro, *Emilio*, basado en un alumno y un tutor ficticios que propone el medio de alcanzar ese 'algo que no existe, quizás jamás ha existido y nunca existirá? ¿Cómo algo tan abstracto y utópico puede haber llegado a dar un giro copernicano tan grande en el mundo de las ideas y a fundamentar tantas propuestas educativas? Es más, el mismo Rousseau es ambivalente en cuanto a calificar su obra de tratado de educación. En el prólogo de *Emilio*, Rousseau se adelanta a las críticas sobre la parte sistemática de su obra y dice que esas críticas quizás estarán justificadas, ya que *Emilio* no es tanto un tratado de educación como un sueño visionario (Rousseau, 1762).

3.2.5 Papel del Estado y de la familia en la educación

En Rousseau hay dos posturas antagónicas. Una primera postura da importancia a la educación doméstica —privada y familiar—, por lo menos durante los primeros años de la vida del niño. Esa dimensión se ve en *Emilio*. Otra postura, inspirado en sus *Discours sur l'économie politique* de 1755 (Rousseau, 2002) [*Discurso sobre economía política*], da al Estado un papel crucial en la educación de los hijos. En esa última obra, Rousseau da al Estado un papel prioritario, no subsidiario, en el ámbito de la educación de los hijos; considera que la educación no puede abandonarse a los prejuicios arbitrarios de cada padre.

> [C]omo no dejamos que la razón de cada hombre sea el único árbitro de sus deberes, la educación de los hijos no debe abandonarse a la razón y a los prejuicios de los padres. Ésta interesa, más que a los padres, al propio Estado, ya que, según el curso de la naturaleza, la muerte del padre le arrebata a menudo los últimos frutos de esa educación, mientras que la patria se resiente tarde o temprano de sus efectos. (Rousseau, 2002, TN)

Rousseau concluye que el Estado permanece, pero la familia se disuelve. Por lo tanto, el Estado debe actuar como el principal educador de los niños, no sus padres:

La educación pública según reglas dictadas por el gobierno y los magistrados nombrados por el soberano constituye, pues, una de las máximas fundamentales del gobierno popular o legítimo.

Si los niños son educados en común según el principio de la igualdad, se les inculcan las leyes del Estado y las máximas de la voluntad general, se les instruye para que las respeten por encima de todo, se ven rodeados de ejemplos y objetos que les hablen sin cesar de la tierra madre que los alimenta, del amor que ella les dispensa, de los inestimables bienes que de ella reciben y de la compensación que le deben, sin duda se amarán mutuamente como hermanos, jamás desearán otra cosa que lo que la sociedad desee, sustituirán por hazañas de hombres el vano e inútil parloteo de los sofistas y se convertirán un día en defensores y padres de la patria de la que durante tanto tiempo fueron hijos. (Rousseau, 2002, TN)

4. Montessori ante el legado pedagógico de Rousseau

Es muy común encontrarse con autores que incluyen a Montessori en la tradición del legado pedagógico del Romanticismo. Fue William Heard Kilpatrick (Kilpatrick, 1914), el discípulo de John Dewey, quien ubicó oficialmente a Montessori en la tradición educativa influida por el legado romántico (Chambliss, 1996), en la línea de Rousseau, Pestalozzi y Froebel. Si bien es cierto que algunos discreparon de esa clasificación (Rusk, 1918) y otros dudaron (Grumet, 2006; Martin, 2006), la gran mayoría de los trabajos pedagógicos (Boyd, 1914; Chattin-McNichols, 1992; Röhrs, 1994) suelen interpretar su obra como una continuación de la tradición educativa romántica.

Una lectura superficial de los escritos de nuestra autora puede llevar a un paralelismo simplista entre las ideas de Rousseau, de sus seguidores y las de Montessori. En una revista publicada en 1994 por la Oficina internacional de educación (*Bureau International d'Education*) por ejemplo, Röhrs afirma que Montessori fue "muy influida" por Rousseau, porque ambos critican el adultocentrismo (Röhrs, 1994).

Es cierto que, en ciertos aspectos, ese paralelismo puede entreverse. Por ejemplo, Rousseau dice que tendemos a "busca[r] siempre al hombre en el niño, sin considerar lo que éste es antes de ser hombre" (Rousseau, 1762, TN). Igualmente, Montessori deplora que se trate al niño con los estándares del adulto. Por ejemplo, explica que los niños a menudo rompen los juguetes para entender lo que hay 'dentro', lo hacen por curiosidad, no por rabia. Esa idea viene de Froebel. Insiste en que los adultos no entienden cómo piensa el niño, porque le ven con sus parámetros (Montessori, 1917a). De hecho, la búsqueda nostálgica de la infancia, como si de un paraíso perdido se tratara, es uno de los principales rasgos del Romanticismo (Berlin, 2014). Concretamente, tanto Montessori como Rousseau denuncian las prácticas de la época que consistían en inmovilizar a los bebés, enrollándoles en una pieza de tela, desde su nacimiento, impidiendo su actividad espontánea (Rousseau, 1762). Parece que algunas citas de Montessori la delatan. Cita en varias ocasiones al poeta inglés William Wordsworth, una figura representativa de la literatura romántica. No solamente le cita cuando describe la inocencia despreocupada del recién nacido (Montessori, 1912b), sino que se inspira en un poema de Wordsworth, cuando dice que el niño "ya no debería ser considerado como el hijo del hombre, sino como el creador y el padre del hombre" (Montessori, 2013c)[17].

Sin embargo, una lectura profunda y reposada de los escritos de Rousseau y Montessori nos indica que los dos personajes tienen, en realidad, poco en común; lo que tienen en común está en la superficie, no en el fondo.

De hecho, Standing (Standing, 1957) explica que Froebel y Pestalozzi, no Montessori, son hijos intelectuales de Rousseau. Standing insiste en que nuestra autora se inspira principalmente en Séguin y en Itard. Según Standing, los dos árboles de la genealogía intelectual quedan como sigue, dejando clara la distancia de los planteamientos montessorianos con la llamada pedagogía del Romanticismo:

Locke (1632-1704)	Pereire (1715-80)
Rousseau (1712-78)	Itard (1775-1838)
Pestalozzi (1746-1827)	Séguin (1812-80)
Froebel (1783-1852)	Montessori (1870-1952)

Como hemos visto anteriormente, Montessori retoma algunas ideas de Froebel y Pestalozzi en su método. Por ejemplo, incorpora algunos ejercicios de Froebel sobre la discriminación sensorial

____

17. No se sabe si Wordsworth había leído *Emilio*, existe de hecho sobre ese punto una cierta controversia (Rosenberg, 2006).

a través de la manipulación de ladrillos y de cubos pequeños (Montessori, 1912). Esa coincidencia de criterios respecto a la educación sensorial no es casualidad. Si nos fijamos bien en el árbol de la genealogía intelectual arriba expuesto, veremos que existe un punto de encuentro sobre ese tema en concreto. Por un lado, Montessori sigue a Itard y Séguin, quienes a su vez se inspiraron en Pereire. Por otro lado, Froebel siguió los pasos de Pestalozzi, quien se inspiró en Rousseau. En los escritos de Séguin (Séguin, 1847), encontramos un dato interesante: Rousseau vivía en la *Rue Plâtrière*, la misma calle que Pereire, e iba a menudo a observar cómo educaba a sus alumnos sordo-mudos. Rousseau fue profundamente influido por Pereire sobre la importancia de la educación sensorial, idea que debe haber enlazado con el empirismo de John Locke, al que cita repetitivamente en *Emilio*. No es casual, por lo tanto, que Montessori reconozca el legado intelectual de Pereire en Pestalozzi y Froebel, sobre ese tema en concreto.

Pero muy a pesar a su adhesión a ciertas ideas referentes a la importancia de la educación sensorial, es evidente que Montessori tiene discrepancias de fondo con Pestalozzi y Froebel. Sabemos que Rousseau, Pestalozzi y Froebel estuvieron influidos por el empirismo y el idealismo. De hecho, Pestalozzi cita en numerosas ocasiones a Rousseau, quien cita a su vez a Locke. Por otro lado, se sabe que Pestalozzi tuvo en 1794 un encuentro con Fichte, que marcó su forma de pensar (Soëtard, 2001). Fichte veía en Pestalozzi una oportunidad para trasladar las ideas del idealismo a la pedagogía. Soëtard cita cartas escritas por Pestalozzi en 1793, en las que reconoce explícitamente que sus fundamentos se basan en las ideas de Fichte, así como en los principios de la filosofía kantiana (Soëtard, 2001). Para el idealismo, la realidad es un producto de la subjetividad trascendental. Los escritos de Montessori rechazan rotundamente esa visión y abogan por una visión clásico-realista del proceso cognitivo y del aprendizaje. Explicaremos más en detalle cuando hablemos del trato que nuestra autora da a la fantasía y a la imaginación, que discrepó explícitamente de Froebel en esa cuestión.

En definitiva, una lectura en profundidad de sus obras indica que Montessori tiene diferencias fundamentales con Rousseau. Vemos a continuación en qué consisten esas diferencias, partiendo de cada uno de los principales rasgos del Romanticismo.

4.1 Sentimientos e imaginación productiva

Como hemos visto anteriormente, la prédica romántica es un intento de apresar lo inaprensible, de entender lo inarticulable, de buscar la verdad allí donde no existe. Por lo tanto, cuando los románticos se preguntan cómo es posible comprender la realidad, se encuentran necesariamente ante la irrealidad y la fantasía. Eso explica la importancia que el movimiento da a los símbolos, las metáforas, los mitos y la fantasía (Berlin, 2014) y, en último término, a la imaginación para poder interpretarlos. Esa imaginación es productiva; el único punto de llegada posible para la mente es la fantasía. Como la verdad es inalcanzable, el movimiento encuentra sus cauces en la literatura, en la poesía y en las artes, y desde allí da el salto para imponerse en la filosofía moderna.

Como el esfuerzo de alcanzar lo inalcanzable y de agotar lo inagotable es permanente, el movimiento del Romanticismo se caracteriza por un sentimiento permanente de nostalgia:

> La nostalgia se funda en el hecho de que intentamos comprender lo infinito, pero éste es inabarcable, razón por la que nada de lo que hagamos nos dará satisfacción. [...] Para estos románticos, vivir era hacer, y hacer era expresar nuestra propia naturaleza, lo cual equivalía a expresar nuestra relación con el universo. Aunque esta relación era inefable, de todos modos, debíamos intentar expresarla. Ésta era la agonía; éste era el problema. Éste es el interminable *Sehnsucht*, el anhelo, la razón por la que debemos ir a países lejanos, por la que buscamos ejemplos exóticos, por la que viajamos al Oriente y escribimos novelas sobre el pasado, ésta es la razón por la que nos

entregamos a todo tipo de fantasías. Ésa es la típica nostalgia romántica. Si el hogar que ellos añoran; si la armonía, la perfección de la que hablan, les fuera concedida, ellos la rechazarían. Por definición, podemos aproximarnos a esta perfección, pero nunca podremos poseerla. (Berlin, 2014)

Ahora bien, si es cierto que hay algunos elementos puntuales de nostalgia también en Montessori, porque sus textos lamentan el tratamiento que se hace en general de la infancia y hace uso del recurso de las metáforas, podemos afirmar que el tratamiento del sentimiento, de la imaginación y de la fantasía es un lugar concreto de desencuentro entre la pedagogía montessoriana y el Romanticismo pedagógico.

4.1.1 Propuesta concreta

En primer lugar, la pedagogía montessoriana no es un ideal inconcreto, una propuesta inalcanzable, una idea utópica. Montessori propone una forma concreta, específica y organizada de enfocar la educación, la vida sensorial, intelectual y moral. Por ejemplo, su material que corrige el error y sus ejercicios de vida práctica contrastan con la propuesta educativa abstracta que hace Rousseau, basada en la narración de la historia de un alumno y de un maestro ficticios.

La propuesta montessoriana está basada en la observación rigurosa desde la mentalidad científica, no desde el sentimentalismo. Ella considera que su propuesta es 'la correcta' para 'normalizar' al niño. En esa forma de actuar los sentimientos no mandan, es la razón la que rige para encontrar el término medio, para que la experiencia sensorial sea acorde a la realidad. En Montessori, no hay lugar para la nostalgia, ni por parte del educador, ni por parte del educado. Por el contrario, su método lleva a una disposición contraria a la nostalgia: la satisfacción, la sensación de plenitud en el niño, que es consecuencia de hacer lo que su naturaleza le pide, lo que 'debe' en cada momento. Esa visión choca radicalmente con el estado de permanente nostalgia subjetiva propuesto por el Romanticismo. Su método está basado en la observación de la realidad, no en la novela de un personaje ficticio.

Montessori recurre continuamente a la metáfora a lo largo de todas sus obras. Pero lo hace para explicar conceptos abstractos a través de analogías ilustrativas.

4.1.2 Fantasía e imaginación

En segundo lugar, la fantasía y la imaginación en Montessori son los dos temas que probablemente le merecen más detractores (Pawe, s.f.; Rusk, 1918; Sanchidrián Blanco, 2015; Werner Andrews, s.f.). Quizás eso se debe a que muchos de sus contemporáneos y seguidores beben de la tradición romántica y no conciben como una autora que pertenece supuestamente a la pedagogía romántica pueda salirse del camino del Romanticismo de forma tan radical.

En la introducción de su primer libro, discrepa explícitamente del enfoque de Froebel, cuyo objetivo es el cultivo de la imaginación productiva, a través de los cuentos fantásticos y del juego simbólico en la etapa de la infancia. Ratifica esa visión en 1916:

> Algunos de los juegos de Froebel se basan en creencias similares. Se le entrega a un niño un bloque de madera con las palabras: 'Esto es un caballo', los bloques están colocados en determinado orden y se le dice: 'Esto es el establo; ahora pongamos el caballo en el establo'. Luego, los bloques están dispuestos de otra forma: 'Esta es una torre, esta es la iglesia del pueblo, etc.' [...] La construcción de torres e iglesias con caballos trae la confusión mental del niño hasta su culminación. (Montessori, 1917a, TN)

En las escuelas Montessori, los niños no simulan servir la mesa con copas y platos de plástico, la sirven con copas de cristal y platos rompibles; no simulan pasar la escoba, la pasan de verdad; no simulan lavarse las manos, se las lavan con agua y jabón. Todos los 'ejercicios de vida práctica' que hacen los niños están basados en la realidad, no en el juego simbólico.

Para describir a los niños que solo tienen experiencias imaginativas, Montessori usa la analogía de una persona hambrienta que se imagina unas migas de pan para aliviar su hambre: "Pero este [juego simbólico] no es una prueba de imaginación, es la manifestación de un deseo insatisfecho; no es una actividad vinculada a los dones de la naturaleza; es la manifestación de una pobreza de la consciencia y de la sensibilidad" (Montessori, 1917a, TN).

Relata la historia de unos padres que están dudando de si comprar o no un piano a su hija. La niña toca el piano simbólicamente en la mesa y les preocupa que el regalo acabe con su imaginación:

Una vez alguien me preguntó seriamente si sería perjudicial darle un piano a una niña que se pasaba todo el día tocando la mesa con los dedos, como si estuviese tocando el piano. '¿Y por qué debería ser perjudicial?', pregunté. 'Porque si se lo doy, aprenderá música, es cierto, pero ya no ejercitará su imaginación, y no sé qué sería mejor para él'. (Montessori, 1917a, TN)

Para Montessori, la imaginación de un niño pequeño es el resultado de la inmadurez de su mente. Es preciso, durante los primeros seis años de su vida, huir del fomento de la imaginación productiva y darle oportunidades de experiencias basadas en la realidad. Con la ayuda de esas experiencias, podrá madurar, desarrollarse libremente y solo es en ese contexto de madurez que podrá usar su imaginación para crear. Pero creará desde lo real, desde lo conocido, no desde la nada o desde la credulidad.

Puesto que lo que llamamos imaginación infantil es producto de la 'inmadurez' de la mente y dada la pobreza y la ignorancia en la que abandonamos el niño, lo primero que deberíamos hacer es enriquecer su vida mediante un entorno que le permitirá ser dueño de algo y enriquecer su mente con conocimientos y experiencias basados en la realidad. Y habiéndole dado esto, debemos permitirle madurar en libertad. Es la libertad de desarrollo que dará lugar a las manifestaciones de su imaginación. (Montessori, 1917a, TN)

Recordemos que Rousseau se aleja del ideal de la imaginación productiva del Romanticismo cuando recomienda mantener los deseos del niño por debajo del umbral de las necesidades (Rousseau, 1762).

Si en el caso de Rousseau no se trata de una declaración de realismo (esa interpretación sería incongruente con el conjunto de sus obras), en el caso de Montessori, lo es. Ella no cree que la persona sea la medida de la realidad; para ella, la persona debe dejarse medir por la realidad: "Contentarse con el imaginario y vivir como si lo que imaginamos realmente existiera; correr tras la ilusión, y 'no reconocer' la realidad, es algo tan común que apenas se aprehende [...]" (Montessori, 1917a, TN).

En 1936, Montessori describe la imaginación superficial que no se fundamenta en el conocimiento:

Muchos de los adultos a los que atribuimos una imaginación rica solo tienen, en realidad, sentimientos vagos; apenas rozan de forma superficial las realidades sensoriales. Tienen un temperamento imaginativo, son personas desordenadas que admiran fácilmente la luz, el cielo, los colores, las flores, los paisajes, la música; son sensibles a las cosas de la vida como si de una novela se tratara. Pero, en realidad, no les gusta la luz que admiran y serían incapaces de detenerse un instante para conocerla; las estrellas que les inspiran no podrían mantener su atención para enseñarles el más mínimo conocimiento astronómico. Tienen tendencia artística, pero ninguna producción artística surge de ellas, porque la profundización técnica les resulta imposible. Por lo general, no saben qué hacer con las manos; no pueden tenerlas quietas, ni hacerlas actuar; tocan las cosas con nerviosismo y a menudo las rompen, arrancan distraídamente las flores tan admiradas, y no pueden crear nada bello, no saben dónde encontrar la verdadera poesía del mundo. Están perdidos si nadie las salva, ya que confunden su debilidad orgánica, su incapacidad, con un estado superior. (Montessori, 1936c, TN)

Montessori reconoce el papel que juega la imaginación hacia el final de la primera etapa de la infancia, pero siempre en relación con la comprensión de la realidad a través de la incipiente capacidad de abstracción que pertenece esencialmente al segundo plano (a partir de los seis años), tal como lo explica la formadora Montessori Sarah Werner Andrews: "Las discusiones en Montessori respecto a la imaginación se encuentran en gran parte en el segundo plano del desarrollo, entre los seis y los doce años, donde la imaginación se considera una herramienta esencial de la mente para explorar la historia y el cosmos a través de la narración, del drama y de la alegoría" (Werner Andrews, s.f., TN).

Montessori reconoce que la imaginación es necesaria para la abstracción, pero rechaza la imaginación productiva, la de los empiristas que confunden la imaginación con la inteligencia, la imaginación que se impone sobre la realidad. Montessori considera que la abstracción y la capacidad de imaginación siempre deben arraigarse en experiencias sensoriales previas, principalmente por dos motivos.

En primer lugar, da una razón de orden ontológico; considera que el niño no puede crear 'desde la nada'.

El hombre no puede crear productos artísticos desde la nada. Lo que se llama creación es, en realidad, una composición o una construcción efectuada sobre un material primitivo de la mente, que debe recolectarse del ambiente por medio de los sentidos. [...]

> La imaginación siempre tendrá una base sensorial. (Montessori, 1917a, TN)

En segundo lugar, da una razón de orden epistemológico. La experiencia sensorial debe preceder al proceso de abstracción; cuanto más ricas en matices sean esas experiencias sensoriales, dispondremos de más recursos para elaborar el pensamiento abstracto:

> La educación sensorial que prepara para la percepción precisa de todos los detalles diferenciales en las cualidades de las cosas; es por lo tanto el fundamento de la observación de las cosas y de los fenómenos que se presentan a nuestros sentidos; y con esto nos ayuda a recolectar del mundo externo el material para la imaginación.

> La creación imaginativa [...] es una construcción firmemente vinculada a la realidad; y cuanto más se aferre a las formas del mundo externo creado, más elevado será el valor de sus creaciones internas. Incluso al imaginar un mundo irreal y sobre humano, la imaginación debe estar contenida dentro de límites que se fundamentan en la realidad. (Montessori, 1917a, TN)

Para ella, la verdad siempre es la base de todo ejercicio imaginativo, sin ella no puede haber comprensión. Como decía Isaac Newton: "Un hombre puede imaginarse cosas que son falsas, pero solo puede entender cosas que son verdaderas, puesto que, si una cosa es falsa, su aprehensión de ella no es comprensión." (Newton, 1950).

Montessori concibe el arte como la mayor aproximación a la verdad: "La verdad es la base de la imaginación artística" y "cuanto más perfecta es la aproximación a la verdad, más perfecto es el arte" (Montessori, 1915a, TN). En *La mente absorbente del niño*, dice: "A menudo olvidamos que la imaginación es una fuerza para el descubrimiento de la verdad." (Montessori, 1949, TN).

4.1.3 Trabajo versus juego

Su forma de entender la realidad y de plantear el aprendizaje hace que Montessori hable más de 'trabajo', y casi nunca de 'juego'. Es cierto que el niño acude espontáneamente al material, pero no lo hace para pasar el tiempo, para divertirse, o para usar el material de una manera arbitraria. Hay una forma correcta de usar el material y el uso repetitivo y adecuado del material ayuda al niño a dejarse medir por la realidad a través del control del error.

Ese matiz es importante, pues muchas de las confusiones respecto al Método vienen de la idea de que el niño 'aprende jugando'. Hemos de tener en cuenta que Montessori no habla todos los idiomas en los que se publican sus libros y se difunde su método inicialmente. Por lo tanto, se difunden malas interpretaciones sobre esa cuestión. Por ejemplo, en los artículos de Tozier del *McClure's*, se lee que el Método permite aprender a leer y escribir "sin que el niño se dé cuenta que no ha hecho nada más que jugar". El uso de la palabra 'jugar' para referirse a la educación Montessori es incorrecto. Para Montessori, el niño profundamente atento y concentrado está trabajando en silencio, no jugando.

En 1911, un año antes de publicar su libro sobre su método (Montessori, 1912b), Montessori observa que los niños que aprenden a realizar tareas intelectuales, como por ejemplo reconocer las letras, pierden interés por los juguetes.

> Pero cuál fue mi sorpresa cuando los niños, después de haber aprendido a leer las cartas escritas, se negaban a usar los juguetes [...]; con una especie de deseo insaciable preferían sacar las cartas una tras otra y leerlas todas. Los observé y reflexioné sobre el enigma de sus mentes, que se nos había ocultado hasta ahora. Mientras los observaba y meditaba sobre el descubrimiento de que los niños, a través de algún instinto humano, aman más el conocimiento que el juego sin sentido, me impresionó la nobleza de la mente humana. (Montessori, 1948c, TN)

En ese momento, se da cuenta que los juguetes son un refugio en ausencia de un mayor reto para los niños, y los saca definitivamente de sus aulas. Sobre la cuestión de la finalidad del juguete, Montessori dice que los niños aprenden de los juguetes cuando los rompen. Cuando así actúan, no lo hacen por rabia sino por curiosidad, para ver 'lo que hay dentro' (Montessori, 1917a).

Es cierto que Montessori repite a menudo que el niño encuentra alegría, pero no es que no haya ningún esfuerzo, pues dejarse medir por la realidad siempre requiere fortaleza intelectual. Cuando el niño está absorbido o completamente concentrado trabajando, no es consciente del empeño que está poniendo en la tarea y ese esfuerzo se ve compensado por la satisfacción que proporciona la alegría de aprender. El esfuerzo es, de alguna forma, placentero. Esa idea choca contra el prejuicio de aquellos que piensan que el niño es esencialmente vago, perezoso e incapaz de buscar retos que se ajustan a sus capacidades.

En cualquier caso, si quisiéramos llamar juego a lo que ocurre en un aula Montessori, deberíamos especificar que se trata de un juego semiestructurado y activo con un fin concreto, un propósito inteligente. No es diversión pasiva ni juego desestructurado sin propósito. No es un juego en el que interviene la fantasía o la imaginación productiva. Todos los 'ejercicios de vida práctica' que hacen sus alumnos están basados en la realidad, no en el juego simbólico.

4.2 Naturalismo y libertad

4.2.1 El niño como 'semilla' de sí mismo

Para la pedagogía romántica el niño tiene en sí la semilla de sí mismo. Tiene todo lo que le hace falta para poder realizarse, para construirse a sí mismo, sin intervención exterior que corrija algunos de los errores que pudiesen ocurrir en ese proceso. Según esa visión, el error sería intervenir. El niño es semilla y esa semilla ha de crecer sin trabas externas. Para el naturalismo, no solo es que la acción educativa no sea necesaria, sino que además suele ser la culpable de la degeneración de la persona. ¿Cuál es el proceso a través del cual esa degeneración ocurre?

Rousseau define la naturaleza echando mano de la metáfora de la planta, que, por costumbre, crece en dirección vertical. Rousseau contrapone lo que él llama las "disposiciones primitivas" (*dispositions primitives*) con las "opiniones" (*opinions*). Esas últimas alteran el estado de la naturaleza, restando armonía entre las fuerzas que permitirían una buena educación. Habla del combate entre la naturaleza y las instituciones sociales, que apuntan a hacer el uno un hombre, el otro un ciudadano. Ambos planteamientos son incompatibles para Rousseau, ya que las instituciones sociales desnaturalizan el hombre.

Siguiendo las sendas naturalistas de Rousseau, Pestalozzi dice:

> Un niño es un ser dotado con todas las facultades de la naturaleza humana, si bien ninguna de ellas ha alcanzado aún su desarrollo: es como un capullo no abierto todavía. Cuando el capullo hace eclosión, se despliegan todas las hojas, sin que ninguna deje de hacerlo. Algo así debe ser el progreso de la educación. Ha de atenderse con idéntica solicitud a todas las capacidades de la naturaleza humana, pues sólo el cultivo simultáneo de todas ellas puede asegurar el éxito. (Pestalozzi, 1988)

Por lo tanto, la pedagogía de Rousseau considera al ser humano como un ser completo desde el inicio, que va desplegándose progresivamente. La educación consiste en rodearle de las condiciones favorables, de un entorno que se adecúe a las leyes naturales (particulares) y dejar fluir sin intervenir. Las impresiones sensoriales dejan una huella que, por sí sola, construye al niño.

> La naturaleza le instruye desde el instante en que sus sentidos llegan a ser sensibles a sus impresiones. La nueva vida no es otra cosa que la capacidad enteramente sazonada de recibir

estas impresiones [...]. Toda la instrucción del hombre no es pues, otra cosa que el arte de auxiliar a este anhelo de la naturaleza por su propio desarrollo [...]. (Pestalozzi, 1801)

Esa idea se ve reflejada en la expresión acuñada por Froebel, en 1840: *Kindergarten* ('jardín de infancia'). *Kindergarten* refleja muy bien la idea del niño que lleva en sí la semilla de su propia educación, y que no necesita nada más para desarrollarse que la mirada atenta del buen jardinero. Una metáfora adecuada a la postura naturalista.

Algunos quizás argumentarán que la 'autoeducación' y la 'actividad espontanea' en Montessori encajan perfectamente con la metáfora de la planta y del jardinero. Al fin y al cabo, un jardín necesita cuidados: siembra, poda, arrancar las malas hierbas, riego, etc. Pero Montessori responde con ironía a esa metáfora:

La antigua comparación de un niño con una flor es la realidad a la que ahora aspiramos; aunque se trataría de un privilegio reservado para los niños más afortunados. Pero cuidémonos de un error tan grave. El bebé es un hombre. Lo que es suficiente para una planta no puede ser suficiente para él. Consideremos la profundidad de la miseria en la que se hunde un paralítico del que decimos: 'Simplemente vegeta; como hombre, está muerto', y lamentamos que no quede nada más que su cuerpo. (Montessori, 1917a, TN)

Montessori rechaza la metáfora, principalmente porque defiende la naturaleza racional de la persona. Para ella, el niño no es un ente que se limita a recibir huellas sensoriales —hablaremos más adelante del 'conductismo sensorial'—, sino un ser racional que abstrae y busca el sentido de lo que encuentra en su entorno. Una lectura atenta de sus escritos nos da otros motivos por su rechazo. El entorno que corrige el error y su concepto de 'normalización' están lejos del principio rousseauniano de no intervención.

En *Emilio*, Rousseau describe las tres fuerzas que educan al niño: la naturaleza, las cosas y los hombres. Añade que esas fuerzas han de alinearse para alcanzar la perfección, y que la fuerza sobre la que no podemos actuar (la naturaleza) es la que debe mandar a las otras dos (las cosas y los hombres).

Rousseau explica que los hombres y las cosas deben concurrir para educar al niño según los hábitos primitivos que prevén su naturaleza. En caso contrario, el educador deberá escoger entre formar al hombre (para sí mismo) o al ciudadano (para la sociedad). Según Rousseau (1762), las instituciones sociales desnaturalizan al hombre. Cancelan su dimensión individual y le alienan en la 'unidad común'.

Montessori da también mucha importancia a la naturaleza en la educación: "Sin embargo, aún pertenece a la naturaleza y, especialmente cuando es un niño, debe necesariamente extraer de ella las fuerzas necesarias para el desarrollo del cuerpo y del espíritu" (Montessori, 1912, TN).

No obstante, no encontramos en sus escritos la dicotomía de Rousseau entre la naturaleza y la vida social. Por lo contrario, habla del niño de Aveyron en clave de triunfo del amor del hombre sobre el amor de la naturaleza (Montessori, 1912b).

Montessori utiliza la expresión 'no normalizado' para describir a los niños que no cumplen con lo que su naturaleza les pide. Los niños 'no normalizados' son precisamente los que están en el estado salvaje propuesto por Rousseau. Son niños incapaces de tener una disciplina interna, que se resisten a la educación sensorial, intelectual y moral.

Martin analiza la presuposición romántica en Montessori y concluye que la autora comete el grave error, desde el punto de vista romántico, de interponer el hogar y la familia entre el niño y la naturaleza y de ver el colegio como un hogar. La prédica romántica propone, en cambio, una fusión no mediada entre el hombre y el mundo natural (Martin, 2006). En efecto, si el niño lleva la semilla de sí mismo, ni la familia ni el colegio son necesarios para su educación.

Ahora bien, Montessori insiste en que los niños no pueden quedar abandonados a sí mismos, sin criterio. Es preciso corregirles, ayudándoles a entender la diferencia entre el bien y el mal:

> Cuando las maestras se cansaron de oír mis observaciones, empezaron a dejar hacer a los niños todo lo que querían; vi algunos con los pies sobre la mesa o con los dedos metidos en la nariz, sin que la maestra interviniese para corregirlos. Vi a algunos dar empujones a sus compañeros y aparecer en sus semblantes una expresión de violencia, sin que la maestra hiciese la más pequeña observación. Entonces tuve que intervenir pacientemente para hacer ver con qué absoluto rigor se deben impedir y sofocar poco a poco todos los actos que no deben realizarse, a fin de que el niño aprenda a discernir lo bueno de lo malo. (Montessori, 2015a)

Para Rousseau, "conocer el bien y el mal, penetrarse de la razón de las obligaciones humanas, no es cosa de niños" (Rousseau, 1762, TN).

Para Montessori es imposible aspirar a la disciplina personal cuando uno no sabe lo que está bien y lo que está mal, o cuando confunde lo bueno con la inmovilidad y el silencio, y lo malo con la actividad y el trabajo:

> La primera noción que el niño debe adquirir para conseguir una disciplina activa, es la del *bien* y del *mal*. El trabajo de la educadora está en impedir que el niño confunda, como sucede en la Antigua forma de disciplina, el bien con la inmovilidad y el mal con la actividad; porque nuestro objeto es el de disciplinar *para la actividad, para el trabajo, para el bien*; no *para la inmovilidad, para la pasividad, para la obediencia.*

> Una clase donde todos los niños se moviesen útilmente, inteligentemente y voluntariamente sin hacer ruido, me parecería una clase muy bien disciplinada. (Montessori, 2015a)

¿De dónde viene, entonces, la fama de naturalista de Montessori? El concepto de 'actividad espontánea', tomado de forma aislada, puede haber contribuido a esa interpretación.

4.2.2 Actividad espontánea

Cuando Kilpatrick (1914) reprocha a Montessori seguir en la línea naturalista del trio Rousseau, Froebel y Pestalozzi, basando su método en la premisa de que el niño tiene todo en sí en el momento de su nacimiento para poder desarrollarse naturalmente sin ayuda externa, se apoya en una frase concreta de Montessori de su primer libro:

> El niño es un cuerpo que crece y un alma que se desarrolla [...]. No debemos estropear ni sofocar los poderes misteriosos que se encuentran dentro de estas dos formas de crecimiento, sino esperar de ellos las manifestaciones que sabemos se sucederán. (Montessori, 1912, TN)

Esa frase fue retirada de la edición posterior en castellano (Montessori, 2015a). Montessori había sin duda leído la crítica de Kilpatrick y pudo haber quitado la frase para evitar dar pie a malas interpretaciones. ¿Por qué debemos considerar que Kilpatrick realiza una interpretación incorrecta? Antes de la edad de razón, la espontaneidad en Montessori no es un criterio moral para dictaminar sobre la bondad o malicia de las acciones, sino un mecanismo puesto por la genética durante los periodos sensitivos para desarrollarse adecuadamente. La espontaneidad es un proceso de crecimiento que se orienta a la expresión de la racionalidad. A partir de la edad de razón, que ella describe como periodo sensitivo de la educación moral, el niño se despierta a los conceptos del bien y del mal y su espontaneidad es racional y libre. Para ella, la mejor preparación para ese periodo consiste en dar al niño la educación moral que le permita desarrollar adecuadamente su conciencia.

Inspirada por la historia del niño de Aveyron, nuestra autora llega a decir que un niño que pierde una de las ventanas de oportunidad previstas por sus periodos sensitivos puede llegar a ser algo parecido a un niño salvaje, desprovisto de toda dimensión moral (Montessori, 1912b). Por lo tanto, contrariamente a la creencia popular, Montessori nunca afirma que el niño nace bueno y que la educación le corrompe. De hecho, discrepa con la visión naturalista de Rousseau en varias ocasiones en sus libros (Montessori, 1912b).

Para Montessori, los periodos sensitivos están guiados por unas sensibilidades conectadas con la adquisición de ciertas características (Montessori, 1936c) que se manifiestan a través de las actividades espontáneas del niño. Por ejemplo, cuando el niño pasa por el periodo sensitivo del orden, tiene un deseo irresistible de ordenar. Cuando pasa por el periodo sensitivo de la educación moral, encuentra un placer irresistible en denunciar las injusticias, etc. Esos periodos necesitan del entorno para poder desarrollarse, pero se originan desde el niño.

Tomar el concepto de actividad espontánea de forma aislada sin entender la noción de periodo sensitivo en Montessori llevaría a un entendimiento parcial de su propuesta. Por analogía, la actividad espontánea es el motor, pero no es el conductor. Ahora bien, tomada como un proceso aislado, puede entenderse como una actividad normativa, lo que puede llevar a confundirla con el naturalismo.

4.2.3 Libertad y hábito

Un aspecto que nos ilustra sobre las diferencias entre las propuestas de Rousseau y de Montessori en cuanto al tema de la libertad es la cuestión del hábito.

Para Rousseau, el hábito es una traba, porque ata al ser humano a una repetición, creando necesidades. Para él, la libertad es indeterminación, por lo que la repetición es una esclavitud porque condiciona el ejercicio de la libertad.

En *Emilio,* Rousseau dice que el hábito (por ejemplo, comer y dormir según un horario fijo) añade una necesidad que altera la naturaleza, lo que impide la felicidad. Para Rousseau, la infelicidad viene de la tensión que se crea entre necesidades y deseos. Ese es el motivo por el cual Rousseau afirma que "el único hábito que se puede permitir que adquiera el niño es el de no contraer ninguno" (Rousseau, 1762, TN). Para Rousseau, el hábito viste al niño de una segunda naturaleza que sustituye su verdadera naturaleza, la primitiva.[18]

Montessori aclara que no entiende la libertad como la entienden los pedagogos que la precedieron (Montessori, 1917a). Montessori no ve el hábito o la imposición de una estructura externa como obstáculos a la libertad. Es más, para ella, la repetición es la forma de interiorizar los aprendizajes, de construir la personalidad, de adquirir la disciplina interna: es el secreto de la perfección (Montessori, 1948c). El hábito es parte de la educación en la libertad, porque la libertad consiste en poder escoger el término medio de la virtud. Explica que la perfección en los seres humanos se adquiere mediante el hábito voluntario:

> En el hombre, este mecanismo no está preestablecido antes del nacimiento y por lo tanto debe crearse, alcanzarse mediante experiencias prácticas sobre el ambiente. [...] Es maravilloso que los movimientos humanos no sean limitados y fijos, sino que podamos controlarlos. (Montessori, 1949, TN)

Esa idea está en consonancia con la idea de hábitos voluntarios desarrollada por Aristóteles en *Ética a Nicómaco,* como veremos más adelante. En Aristóteles como en Montessori, el carácter es el resultado de las acciones voluntarias repetidas y guiadas por la razón.

---

18. En otros pasajes de *Emilio,* Rousseau habla de la importancia de los hábitos. Esas contradicciones han sido identificadas y comentadas por muchos autores (Rosenberg, 2006; Rusk, 1918). Forman parte de lo que Rousseau llama sus 'paradojas': "Lectores vulgares, perdonadme mis paradojas; es preciso tenerlas cuando se reflexiona; y dígase lo que se quiera, prefiero ser hombre de paradojas que de preocupaciones" (Rousseau, 1762, TN).

4.2.4 Libertad y disciplina

La insistencia de Montessori en el tema de la libertad nos puede llevar a pensar que comulga con el Romanticismo. Pero sus ideas de fondo son fundamentalmente distintas.

Ya en su primera obra, la autora siente la necesidad de distinguir la definición de libertad en la que basa sus trabajos, con la definición de libertad propuesta por los pedagogos que siguen al precursor del Romanticismo.

> Nadie podrá afirmar que este principio [la libertad] se haya establecido en la pedagogía escolar. Han existido, es cierto, pedagogos que, bajo los auspicios de Rousseau, han expresado principios fantásticos y vagas aspiraciones sobre la libertad de los niños; pero también lo es, que el verdadero concepto de libertad lo desconocen por completo los educadores. Éstos tienen de la libertad el mismo concepto que se han formado los pueblos en los momentos en que se han rebelado contra la esclavitud; o en un grado más elevado llegan a concebir la libertad, como la libertad de la patria, la de una casta o la del pensamiento, concepto que es también limitado porque es la libertad de algo parcial. (Montessori, 2015a)

En 1949, Montessori habla con un cierto desprecio de *Emilio* como de una "historia romántica" (Montessori, 1953, TN). Ella sabe que Emilio es ficticio, mientras que Victor es de carne y hueso.

Respecto a la disciplina, Montessori rompe con el modelo mecanicista que prevalecía en las escuelas de su época, en las que, como describe De Giorgi en su prólogo, "seguía dominando el triste espectáculo del maestro maniobrero que, mediante la 'disciplina de la inmovilidad', intenta trasvasar los conocimientos a las mentes de los escolares a base de premios y castigos" (De Giorgi, 2016).

> Los niños, sentados, escuchan inmóviles hora tras hora. Cuando dibujan, tienen que reproducir otro dibujo de forma exacta. Cuando se mueven, obedecen a la orden de otra persona. Se evalúan sus personalidades desde el único estándar de la obediencia pasiva; la educación de sus voluntades consiste en la renuncia metódica a la volición. (Montessori, 1917, TN)

Para Montessori, la disciplina es algo distinto a la inmovilidad. Consiste en que el niño sepa organizar su voluntad, equilibrando sus impulsos y su capacidad de inhibición (Montessori, 1917a). Para ella, eso no puede conseguirse pidiendo inmovilidad, porque entonces no se le da al niño ni siquiera la oportunidad de alcanzar ese proceso por sí mismo. Y entonces llega a confundir el bien con la inmovilidad, y el mal con el movimiento.

> La primera verdad que los niños deben hacer suya antes de poder aspirar a la disciplina activa es la diferencia entre el bien y el mal. El educador tiene el deber de asegurarse de que el niño no confunda bondad con inmovilidad y maldad con actividad, como sucedió en el viejo estilo de disciplina. Por tanto, nuestro deber es disciplinar para la actividad, para el trabajo, para hacer el bien; no para la inmovilidad o para la pasividad. (Montessori, 1948b, TN)

Algunos pueden llegar a confundir la educación montessoriana con la educación negativa de Rousseau, por el papel discreto del maestro montessoriano y por la importancia que se le da al entorno (educación indirecta). Recordemos que la educación negativa de Rousseau consiste en no enseñar la virtud o la verdad y a impedir que el niño esté contaminado del vicio y del error, pero partiendo de la premisa de que el niño ya es bueno y no se le debe enseñar a serlo. Rousseau aconseja lo siguiente a los educadores: "Institutor joven, te predico un arte difícil, que es el de dirigir sin preceptos, y hacerlo todo sin hacer nada." (Rousseau, 1762, TN).

La idea misma de normalización en nuestra autora se aleja esencialmente de la educación negativa. Sabemos que el material es rígido y diseñado para controlar el error. El niño no está siendo examinado periódicamente con controles, pero está siendo corregido constantemente mediante el material que controla el error de forma que el examen es constante. A propósito del concepto de normalización, ¿qué propone Montessori respecto a los premios y los castigos? Algunos se limitan a decir que está en contra, sin más. Pero la cuestión no es tan simple. ¿Cómo ocurre el proceso de normalización?

Montessori habla del impulso del niño para hacer el bien o para hacer el mal. Advierte a los maestros de no intervenir con recompensas cuando un niño tiene un impulso para hacer el bien, ya que la alegría de haber hecho algo bien o bueno es la conquista, la verdadera recompensa del niño; el maestro no debe sustituirlo por recompensas externas. Eso se debe a que Montessori reconoce la existencia de un principio activo en el niño, de una motivación interna que le permite actuar sin dependencia a incentivos externos. Es más, los incentivos externos pueden distraer al niño y sustituir una motivación interna más profunda:

> Todas las victorias y todo el progreso humano se deben a la fuerza interior. Así un joven estudiante podrá llegar a ser un gran doctor si se entrega al estudio por vocación; pero si lo hace con la esperanza de alcanzar una herencia, o de realizar un matrimonio o por conseguir cualquier ventaja externa, nunca llegará a ser un verdadero gran maestro y doctor y no contribuirá en lo más mínimo al progreso del mundo.

> Puede ocurrir que a fuerza de premios y castigos un joven llegue a alcanzar el título de doctor, pero sería mejor que no lo llegase a ser.

> Cada hombre tiene una vocación latente, modesta a veces, pero ciertamente útil, el premio puede desviar esa vocación por el

falso camino de la vanidad y así queda perturbada o anulada una preciosa actividad humana. (Montessori, 2015a)

Nuestra autora no estaría de acuerdo con lo que hoy llamamos el 'refuerzo positivo'; rechaza la concepción mecanicista de la educación, como explicaremos más adelante.

Habla del arte de saber intervenir y advierte del riesgo de mal interpretar el principio de no intervención. Respecto a los errores que no se deben a impulsos para hacer el mal, sino a la imperfección en la realización del trabajo con el material, pide no corregir al niño en el momento. Si el niño persiste en el error, entonces el maestro puede realizar el trabajo correctamente delante suyo mediante una demostración, de forma que el niño se da cuenta por sí mismo de su error. En cuanto a los impulsos para hacer el mal, cuando por ejemplo el niño siembra el desorden en el aula, falta al respecto hacia sus compañeros o usa el material de una forma inadecuada, sus instrucciones son tajantes y se encuentran fuera del radar de los prejuicios de naturalismo:

La maestra debe intervenir y reprender a los niños tantas veces como éstos cometan actos torpes o desordenados que no obedezcan a un impulso bueno y que no conduzcan al perfeccionamiento; cuando, por ejemplo:

a. pasan por delante de las personas sin pedir permiso,
b. arrastran las sillas en lugar de llevarlas como es debido,
c. cierran de golpe las puertas,
d. tiran los papeles por el suelo en lugar de arrojarlos en los cestos,
e. dejan el pupitre en desorden después de haber realizado algún trabajo, etc.

La maestra no debe nunca dejar pasar sin observación ninguno de estos actos, sino que debe decir al niño, *inmediatamente, pero de manera que el solo lo* oiga: "Cuando se pasa por delante de una persona se le pide permiso", o "las sillas se llevan así". [...]

La maestra no solo debe intervenir en el desorden, sino evitar que se produzca, y debe reprimir aquellos actos que sin ser desordenados son, sin embargo, inútiles, pues actos de esta clase son los que conducen al desorden. Por ejemplo: dos niños juegan violentamente. Si la maestra no interviene y llama su atención hacia cualquier cosa interesante e inteligente, pronto los demás niños se unirán en el juego a los dos primeros y provocarán de esta manera un gran desorden. Un niño en lugar de lavarse juega con el agua. Si la maestra no lo evita, pronto el niño comenzará a arrojar el agua sobre sus compañeros, que le imitarán en este juego, extendiendo el tumulto a toda la clase. (Montessori, 1935)

Para Montessori y sus seguidores, enseñar y corregir son actos de misericordia:

Uno de estos principios de importancia capital fue el siguiente: "El adulto no ha de estar sentado en la cátedra y emitir juicios y notas. Que se ponga al nivel de los alumnos, humildemente, y les proporcione la ayuda necesaria". [...] Esto me ha recordado que 'enseñar al que no sabe' es una obra de misericordia. La preparación del ambiente y la preparación espiritual de la dirigente son la manera práctica de ayudar. (Maccheroni, 1952, citado en De Giorgi, 2016)

En efecto, Montessori no ve la imposición de una estructura externa compuesta por unas reglas, el maestro, el material —un entorno perfectamente diseñado— como una limitación a la libertad del niño. El material didáctico y el ambiente están diseñados de acuerdo con un fin, no responden al capricho o a la arbitrariedad del niño o del maestro. Sin la disciplina, dice la autora, la educación no podría progresar (Montessori, 1953, TN). En *El manual personal de la Dra. Montessori*, explica que la libertad no es posible sin una guía de trabajo:

La libertad sin organización del trabajo sería inútil. El niño al que se deja libre sin medios de trabajo se echa a perder a sí mismo, así como un bebé recién nacido al que se deja libre sin alimento se muere de hambre. La organización del trabajo, por tanto, es la piedra angular de esta nueva estructura de bondad; pero esa organización sería en vano sin la libertad de hacer uso de ella y sin la libertad para la expansión de todas esas energías que brotan de la satisfacción de las actividades más elevadas del niño. (Montessori, 1914, TN)

Como dice De Giorgi:

Montessori sostenía que el progreso humano debía basarse en la fuerza interior y no podía conseguirse mediante el deseo de un premio o el miedo a un castigo. A la 'disciplina de la inmovilidad' oponía la 'disciplina de la libertad'. No se trataba de una disciplina de la pasividad sino de la actividad, que no debía sofocar la espontaneidad ni imponer acciones por voluntad del maestro, que debía ser más 'paciente' que 'activo': un observador respetuoso. (De Giorgi, 2016)

Para Montessori, disciplina y libertad no van en sentido contrario. Más libertad requiere más disciplina; la disciplina interior nace de la libertad que se despliega a través de la actividad. Cuando un niño está concentrado realizando una actividad que corresponde a lo que reclaman sus periodos sensitivos, aprende a controlar sus impulsos para conseguir los resultados que el material le propone.

Maccheroni, su más cercana colaboradora, explica el principio de libertad en Montessori:

Montessori comprendió el valor de la libertad. Muchas personas no entienden el significado profundo de esta palabra. Para muchos, la libertad significa estar aliviados o estar satisfecho con cualquier exigencia momentánea o incluso ser instintivo. Para Maria

Montessori la libertad es un concepto de valor altísimo. La libertad no está atada al placer o a la satisfacción de deseos momentáneos. Montessori amaba la libertad. (Maccheroni, 1947, TN)

Standing dice: "La libertad Montessori es una libertad disciplinada que conduce a la realidad" (Standing, 1988).

4.2.5 Educación moral y controversia sobre el pecado original

Para Rousseau, la dimensión moral y la obediencia han de ser excluidos de la vida del niño:

> Las palabras obedecer y mandar se proscribirán de su diccionario, y más todavía las de obligación y deber; pero las de fuerza, necesidad, impotencia y limitaciones deben ocupar mucho lugar. Antes de la edad de razón, no se debería tener idea ninguna de los seres morales, ni de las relaciones sociales; por tanto, se ha de evitar, cuanto fuere posible, el uso de las palabras que las expresan no sea que el niño aplique al punto a estas palabras ideas falsas, que luego no sabremos o no podremos destruir. La primera idea falsa que halle entrada en su cabeza es la semilla del error y del vicio; por tanto, es necesario poner mucha atención en este primer paso. (Rousseau, 1762, TN)

Montessori opina lo contrario. Para ella, la obediencia es ley de vida. Requiere una disciplina interior previa que supone una capacidad inhibidora y una gran fuerza de voluntad. Es precisamente a esa disciplina a la que apuntan los ejercicios de su método.

> [H]ay que tener en cuenta que la obediencia solo se alcanza a través de una compleja formación de la personalidad psíquica; para obedecer no basta querer obedecer, es preciso saber obedecer.

> Cuando se manda una cosa, se exige una correspondiente actividad inhibitoria; la obediencia comprende pues una formación de la voluntad y una formación intelectual. (Montessori, 2015a)

Nunn, aliado de Montessori y representante de la escuela aristotélica en el Londres de la época, es especialmente crítico con la concepción naturalista de la libertad que se encuentra en los autores románticos:

> Algunos entusiastas de la 'nueva libertad' tienden a aceptar acríticamente la doctrina de que los niños son buenos por naturaleza, en el sentido de que, si se los abandonara, la belleza moral se desplegaría en sus vidas tal como la belleza se despliega en la flor. En el ámbito de la conducta, pues, como en el ámbito del intelecto, la enseñanza debe tener siempre un lugar definido y funciones esenciales. (Nunn, 1920, TN)

En unas conferencias dadas en 1946 en Londres, Montessori habla explícitamente de la educación religiosa. Según ella, no debería considerarse como un tema más del currículum:

> [La] religión es más que una mera materia de estudio. Es mucho más grande que eso, y también muy distinto. [...] La religión está dentro del alma. Uno puede perder la razón, pero no puede perder lo que está dentro del corazón. Esta es una gran cuestión. Si carecemos de religión carecemos de algo fundamental para el desarrollo del hombre. [...] Entonces llegamos a la extraña conclusión de que debemos enseñar religión a niños muy pequeños, creo que debemos enseñarla desde el nacimiento [...]. (Montessori, 2015d)

Para Montessori, es preciso que los niños puedan distinguir entre el bien y el mal: "La primera verdad que los niños deben hacer suya antes de poder aspirar a la disciplina activa es la diferencia entre el bien y el mal [...]" (Montessori, 1948c, TN).

Cuando Montessori llega a Barcelona, desarrolla una catequesis para los niños de entre tres y seis años que llama 'Catequesis del Buen Pastor'. Consiste en la formación en la fe —los sacramentos, la liturgia y las Sagradas Escrituras— a través de experiencias sensoriales (Standing, 1965). En la edición americana de su primer libro, Montessori hace una crítica a la mentalidad europea respecto a la laicidad y al concepto de libertad influido por la Ilustración.

> Nosotros los europeos estamos todavía llenos de prejuicios y rodeados de ideas preconcebidas sobre estos asuntos. Somos muy esclavos del pensamiento. Creemos que la libertad de conciencia y de pensamiento consiste en negar ciertas creencias sentimentales, sin tener en cuenta que la libertad no existe nunca allí donde se lucha por sofocar alguna cosa, sino donde se deja que la vida se expansione sin límite y sin trabas. (Montessori, 1912, TN)

Hace una dura crítica al movimiento a favor de la imposición del laicismo en todas las escuelas: "El que no cree, no teme a lo que no cree y no combate lo que para él no existe. Si cree y combate, entonces se convierte en enemigo de la libertad." (Montessori, 1912, TN).

Como hemos mencionado anteriormente, algunos autores del sector antimodernista asociaron a Montessori con la postura naturalista rousseauniana. Para esos autores, los conceptos montessorianos de 'autoeducación' y de 'espontaneidad' presuponen una bondad innata que negaría la existencia del pecado original[19]. El optimismo respecto a lo que algunos llamaban 'el milagro de San Lorenzo' podía llevar a asociar la autora con el pelagianismo, según el cual la persona puede

---

19. La doctrina del pecado original considera que la naturaleza humana está herida. Si bien es cierto que se considera una verdad de fe dentro de la Iglesia católica, esa doctrina es sujeta a cierto debate en cuanto al alcance de sus consecuencias en los niños. Agustín tiene una interpretación más pesimista, mientras que Tomás de Aquino parece tener una visión más optimista.

por la sola fuerza natural de su voluntad obrar bien sin la ayuda de la gracia. El pelagianismo había sido condenado por la Iglesia católica en el año 529 por el Concilio de Orange. La cuestión pertenece al ámbito de la teología, por lo que quedaría fuera del alcance de nuestro análisis, pero apuntaría una futura línea de investigación. En cualquier caso, es bueno entender cuáles fueron las posturas explícitas respectivas de ambos autores sobre ese tema, citando algunos de los textos sobre los que podría realizarse esa investigación.

En Rousseau, no hay duda sobre su postura acerca del pecado original. Rousseau afirma con claridad: "Todo está bien al salir de manos del Autor de la naturaleza; todo degenera en manos del hombre." (Rousseau, 1762, TN). Según Rousseau, el verdadero pecado original que corrompe al hombre surge de la desigualdad social que despierta el deseo de compararse:

> El primer hombre a quien, cercando un terreno, se lo ocurrió decir 'esto es mío' y halló gentes bastante simples para creerle fue el verdadero fundador de la sociedad civil. ¡Cuántos crímenes, guerras, asesinatos; cuántas miserias y horrores habría evitado al género humano aquel que hubiese gritado a sus semejantes, arrancando las estacas de la cerca o cubriendo el foso: '¡Guardaos de escuchar a este impostor; estáis perdidos si olvidáis que los frutos son de todos y la tierra de nadie!' (Rousseau, 2018)

Como bien señala Rosenberg (Rosenberg, 2006), Rousseau está de alguna manera deseoso de reescribir el texto del Génesis con una 'educación negativa' que sería lo equivalente a no ofrecer nunca la manzana del conocimiento del bien y del mal.

Avanzini explica que la controversia del pecado original no estaba presente entre los pedagogos de la Educación Nueva, que atribuían la tesis de Rousseau a una consideración de orden meramente psicológico:

> En definitiva, la Educación Nueva careció de una reflexión teológica lo suficiente profunda. Muchos, de hecho, han entendido

mal la tesis de Rousseau sobre la 'bondad natural' del niño y la han reducido a una observación banal de orden psicológico, mientras que para él se trataba de la negación del dogma cristiano del pecado original. (Avanzini, 2003, TN)

Hasta Claparède, uno de los principales representantes del movimiento de la Educación Nueva, ve en el debate acerca del pecado original una pelea dialéctica de poca importancia (*chicane oiseuse*) (citado en Avanzini, 2003).

Por otro lado, Montessori hace numerosas referencias a la doctrina del pecado original en varios de sus libros. En 1916, se refiere al mismo entendiéndolo como el deseo de sustituir a Dios, a través de una imaginación productiva que obra al margen de la verdad (Montessori, 1917a).

El 10 de junio 1921, Montessori da una conferencia en Londres, titulada *La Storia—La Libertà—Il Peccato Originale* [La historia—La libertad—El pecado original], en la que explicita su postura respecto a la cuestión del pecado original: rechaza explícitamente el naturalismo (o el pelagianismo) y el protestantismo y suscribe enteramente a la doctrina católica. Unos días antes, escribe al Padre Mario Barbera, quien había iniciado en 1919 la controversia de las sospechas naturalistas hacia su método en una serie de artículos publicados en la revista jesuita *La Civiltà Cattolica*. En su carta, Montessori le explica que ella no puede asumir la responsabilidad de todas las aplicaciones que se hacen de su método por parte de personas que no están autorizadas por ella; le hace llegar el texto de su conferencia.

En esa conferencia, pide que no se juzgue el Método comparándolo con otros que parten de formas distintas de entender la libertad.

Para juzgar un método de educación que surge de nuevas fuentes, deberíamos contemplarlo como a un niño pequeño; es decir, como un ser completamente nuevo. El nuevo método no debería compararse como equivalente a métodos ya existentes, sus méritos y defectos no deberían juzgarse bajo el mismo estándar. [...]

> Entre los principios más discutidos en relación con mi método está el de la libertad. Es evidente que esa discusión podría alargarse indefinidamente, [...] ya que una variedad innumerable de interpretaciones en cada época y en todos los ámbitos de la vida se ha acumulado en torno a la palabra libertad. Sin embargo, esos significados se agrupan en dos polos opuestos, uno ve la libertad en términos de eliminación de ciertas restricciones externas, el otro considera que la libertad consiste en la reconstrucción más perfecta de la vida. (Citado en De Giorgi, 2019, TN)

Hace una clara distinción entre abandono y libertad, en relación con el Método.

> La expresión 'dejar a los niños que hagan lo que quieran' indica abandono y no libertad. La libertad del niño requiere prudencia y conocimiento, los cuales representan una verdadera construcción educativa. En mi método, se deja al niño libre en un ambiente donde todo está preparado y medido de forma que pueda servir como medio de su educación. Es cierto que no existe esa intervención continua de una persona adulta que dirige al niño, pero hay un ambiente estudiado experimentalmente, tanto en términos de calidad como de límites, que es capaz tanto de proteger como de satisfacerle. (Citado en De Giorgi, 2019, TN)

Habla del entorno preparado que corrige el error y del rol del maestro:

> A pesar de su gran sencillez, ese hecho es uno de los secretos de nuestro método: enseñar el uso exacto de las cosas y luego dar la libertad de actuar. La enseñanza es solo una iniciación a la libertad. [...] De esa forma, la mente del niño no está abandonada a sí misma en un entorno demasiado amplio y complicado en el

que no existe nada que sea realmente apropiado para sus energías. Al contrario, se le deja libre para elegir objetos preparados a propósito para él y dispuestos en orden, de manera que pueda encontrar fácilmente su camino entre ellos, desarrollando sus energías, ejercitándose con ellos. [...]

No solo es el entorno preparado que produce estos resultados. Existen otros principios que no deben pasarse por alto. Uno de ellos es el 'control del error' que se encuentra en el material y que desarrolla una sensibilidad cada vez más clara hacia el error y, por tanto, una distinción primordial entre lo que es correcto y lo que no. (Citado en De Giorgi, 2019, TN)

Destaca la importancia de alcanzar la perfección humana para poder abonar el terreno del 'trabajo de la gracia divina':

Por último, se dan todos los medios para desarrollar lo que es correcto y bueno, y al bien se le concede el libre desarrollo, mientras que por el contrario no solo se combate el mal, sino también la imperfección.

Los errores que combatimos y nos esforzamos por eliminar no son a menudo ni siquiera pecados veniales, sino sólo pequeños impedimentos para el completo desarrollo de las buenas tendencias. La idea es que las cualidades buenas innatas de la naturaleza humana puedan desarrollarse plenamente, de modo que, como en la parábola del evangelio, los talentos se multipliquen en la mayor medida posible y se prepare el terreno para las obras de la gracia divina. (Citado en De Giorgi, 2019, TN)

Explica que el material no es un fin, sino un medio al servicio de un fin más amplio: proporcionar los medios para que el niño pueda ejercer una libertad que encuentra su verdadero sentido en la actividad perfectiva.

Aludiendo a las críticas recibidas sobre la cuestión del pecado original, explica que no se encuentra ni de parte de los naturalistas, ni de parte de la interpretación protestante a esa doctrina[20]:

> Soy consciente que los resultados obtenidos con nuestra educación han llevado a la idea de un optimismo exagerado. Ese optimismo, por un lado, lanzó a los partidarios del concepto de que el bien es innato en el hombre a un estado de exaltación; por otro lado, suscitó críticas por parte de los que sostienen que el pecado original es una carga que llevamos en el alma y que tiende continuamente a hundirnos en la miseria de la debilidad y de la pasión. (Citado en De Giorgi, 2019, TN)

Años después, en *La formación del hombre*, vuelve a manifestar claramente su discrepancia con el naturalismo rousseauniano, así con la doctrina protestante sobre la cuestión.

> Algunos me consideraban discípula de Rousseau. Para ellos, estaba claro que había decidido estar de acuerdo con él en que 'en el hombre todo es bueno, pero todo degenera en manos del hombre'. Se suponía que había creado en mis escuelas, como lo había hecho Rousseau en uno de sus libros, una especie de historia romántica.

> [...] Según los religiosos, casi iba en contra de la Fe y muchos de ellos se agolparon a mi alrededor para explicarme la realidad del 'pecado original'. Es fácil imaginar lo que los calvinistas y los protestantes en general pensaban al respecto, ¡convencidos

---

20. Para Lutero, y en general para los protestantes, la naturaleza humana está corrompida por el pecado original. En consecuencia, todo lodo lo que proviene de la naturaleza, al margen de la gracia, es pecado. Según la doctrina de la Iglesia católica, aunque no es posible llevar a cabo actos meritorios sin la gracia, no todo lo que hace el hombre caído es malo; es más, la naturaleza por sí misma está orientada al bien y las buenas obras pueden acercar a la gracia.

como están de la maldad innata y total de la naturaleza humana! (Montessori, 2007b, TN)

En su conferencia de 1921, explica que su método no es una aplicación de las teorías desarrolladas por las posturas opuestas del naturalismo y del protestantismo.

Pero en lugar de permanecer en medio de la solemnidad de juicios tan opuestos, nuestro método de educación nos permite adentrarnos en un campo práctico mucho más modesto pero capaz de arrojar luz incluso en la profundidad de los problemas morales.

Recurrimos demasiado rápidamente a los juicios olvidando la advertencia de Aquel que dijo 'No juzguéis'.

Realmente no se trata aquí de principios absolutos sino de corregir un error que, aunque muy superficial, es portador de las más grandes consecuencias, a un grave malentendido que existe entre el adulto y el niño.

Solemos decir que el niño está haciendo mal cuando hace algo que nos molesta o que cambia la rutina de esos hábitos en los que descansamos y encontramos nuestro bienestar.

¿Alguna vez nos hemos preguntado cuáles son las buenas y las malas acciones en un niño pequeño? ¿Nunca hemos cometido el error de juzgar al niño desde nuestra propia perspectiva adultocéntrica, en lugar de hacerlo desde la perspectiva del plan divino? (Citado en De Giorgi, 2019, TN)

Acaba hablando del papel de la educación en relación con la 'gracia redentora', haciendo suya la doctrina de la Iglesia católica.

En numerosas ocasiones en sus obras, Montessori explica que muchos de los 'males de la infancia' (caprichos, apegos inseguros, lloros, inatención, etc.) bien podrían ser gritos de la naturaleza o desviaciones que surgen cuando el adulto no es lo suficiente sensible como para entender y atender las necesidades básicas del niño (Standing, 1965). Montessori vio que cuando se atendían las necesidades que están relacionadas con sus periodos sensitivos, el niño respondía positivamente. Por ejemplo, puede que el niño rompa el juguete porque quiere entender lo que hay dentro, no porque esté enfadado. Ofreciéndole retos que se ajusten a sus necesidades sensoriales e intelectuales, el niño se concentra en esos retos y pierde interés en el juguete. Montessori cuenta como los niños que están mimados y sobreestimulados necesitan más tiempo para normalizarse, porque se ha fomentado en ellos motivaciones extrínsecas, de las que han de desaprender a depender. Explica también que el niño pequeño al que se castiga por decir la verdad acabará diciendo mentiras por miedo, no por maldad. Y comenta que un adulto puede llegar a la conclusión de que el niño 'se porta mal', por el mero hecho de que 'se mueva demasiado' y que 'lo toque todo'; en realidad no es malo, pero 'molesta' al adulto. A veces, juzgamos al niño con nuestros estándares adultos porque no entendemos lo distinto que es del adulto. Además, para entrar a valorar algunas afirmaciones de Montessori sobre esos aspectos, hay que tener en cuenta que el niño del que habla Montessori en sus primeras obras ni siquiera tiene edad de razón, por lo tanto, no está en condiciones de cometer faltas personales desde un punto de vista moral.

Según la autora, si damos al niño una educación que responda a sus periodos sensitivos, entonces canalizamos su energía sensorial e intelectual y, como consecuencia, el niño se 'normalizará'. En su conferencia de 1921, Montessori explica esa idea; descarta que tenga unas implicaciones respecto a la doctrina del pecado original. Insiste en que el niño que está normalizado no es necesariamente 'bueno' en comparación con el niño que no lo está, porque la bondad no depende de las predisposiciones o del entorno, depende del corazón:

La violencia y el capricho como también la timidez y la mentira son deformaciones del alma del niño, incomprendida y reprimida, que no pudo desarrollarse con normalidad.

Sin embargo, esto no toca directamente la cuestión intrínseca de la bondad real; el niño que ha recibido la atención espiritual ofrecida por nuestro método ha encontrado un ambiente mejor adaptado a su desarrollo, sin embargo, no es (mejor) bueno por ello, desde el punto de vista de la justicia. De la misma manera se podría decir que un hombre que no está intoxicado es más tranquilo, más sereno y mejor que uno que está borracho. Sin embargo, esta diferencia está relacionada con el alcohol y no con el corazón del hombre. Dos hombres que están hambrientos pueden insultarse y herirse entre sí al intentar conseguir el mismo trozo de pan, mientras que dos hombres que no tienen hambre se saludarán con una sonrisa. Sin embargo, esta diferencia está relacionada con el pan y no con el corazón. Se trata de individuos más o menos buenos. Y si las condiciones del bienestar físico pueden producir diferencias tan distintas, será aún más cierto en el caso de las condiciones del bienestar psíquico. (Citado en De Giorgi, 2019, TN)

En definitiva, Montessori habla del entorno preparado como de un medio de 'higiene moral', una especie de preámbulo que favorece una vida moral recta.

Su alma se vigoriza, su mente se desarrolla con mayor claridad y equilibrio. Muchas nubes espirituales, mucha bajeza debido a la debilidad moral desaparecen y así el alma que se fortalece tendrá mayor poder de resistencia contra las enfermedades morales que pueda encontrar en el mundo, así como un cuerpo bien alimentado resiste mejor a las epidemias. (Citado en De Giorgi, 2019, TN)

La autora concluye, especificando claramente que el acto moral no es el mero resultado de haber estado rodeado de un entorno adecuado. El acto moral meritorio requiere de un acto de voluntad hacia el bien, de un sacrificio amoroso acompañado de la 'gracia divina'; no puede ser mera 'consecuencia natural' de un método educativo:

> Sin embargo, existe algo por encima de todo ello. Tender voluntariamente hacia el bien, sacrificarse por amor, el heroísmo, la santidad, nada de eso puede lograrse mediante un tratamiento psíquico racional; sin embargo, un hombre fuerte y limpio estará más dispuesto a recibir la gracia divina y hacerla fructificar. El cristianismo mismo nos enseña que la dignidad humana debe ser ayudada, respetada y reconocida en su grandeza. (Citado en De Giorgi, 2019, TN)

De ese modo, Montessori se aleja, por lo menos explícitamente, del conductismo sensorial que se intuye de vez en cuando en sus obras por el papel crucial que da al ambiente que puede dar al lector cierta sensación de que la simple aplicación de su método sería suficiente para convertir a cualquier niño en un ser culto y virtuoso.

En *La formación del hombre*, Montessori insiste que no hay que confundir 'bondad natural' con 'orden establecido por la naturaleza'. Usa la metáfora de las estrellas.

> Cuando miramos las estrellas que brillan en el firmamento, tan fieles siguiendo su curso, tan misteriosas en su manera de seguirlo, no exclamamos '¡qué buenas son las estrellas!' Decimos que las estrellas obedecen las leyes que gobiernan el universo; exclamamos cuán maravilloso es el orden de la creación. En la conducta de nuestros hijos se manifiesta una forma de orden de la naturaleza.

> Orden no implica necesariamente bondad. Tampoco demuestra que un hombre haya nacido bueno o malo. Solo demuestra

que la naturaleza, en el proceso de construcción del hombre, pasa por un orden establecido.

El orden no es bondad; pero quizás sea el camino indispensable para llegar a él. [...] El orden que se revela en estos niños proviene de la directriz interior misteriosa, oculta, que sólo puede revelarse a través de la libertad [...].

Antes de llegar a la bondad real (es decir, en el sentido sobrenatural), es necesario entrar primero en el orden de las leyes de la naturaleza. Es desde este plano que sirve de fundamento que uno puede entonces elevarse y ascender a un orden sobrenatural en el que la cooperación de la conciencia es necesaria.

Lo mismo se aplica a la 'maldad', es necesario también distinguir el desorden en el orden de la naturaleza, del descenso deliberado a planos moralmente inferiores. Ser 'desordenado' con respecto a las leyes naturales que rigen el desarrollo normal de los niños no es necesariamente 'malo'. (Montessori, 2007b, TN)

Standing, el biógrafo de Montessori que fue su más ardiente defensor, explica la postura de la autora desde el punto de vista de la teología. Explica que para entrar en el orden moral, es preciso respetar el orden de la naturaleza: "El máximo desarrollo de las virtudes naturales es la mejor preparación para el desarrollo de las sobrenaturales, ya que la Gracia no destruye la naturaleza sino que la eleva" (Standing, 1957, TN). En definitiva, hablar de la importancia de entrar en el orden de la naturaleza como un preámbulo para la educación moral difícilmente puede interpretarse como un aval de la tesis naturalista de Rousseau.

En cualquier caso, una cosa es la doctrina sobre el pecado original y otra las aplicaciones que se dan de ella a la educación. Maritain rompe los esquemas de los defensores de la educación "a la baguette" (la vara con la que se castigaba al alumno se usa aquí como una metáfora de la 'vieja educación', con la que Maritain también discrepa) diciendo:

> La educación a palos es positivamente una mala educación. [...] [L]a vara y la palmeta son malos instrumentos de educación y toda educación que considera al maestro como el agente principal, pervierte la naturaleza misma de la obra educativa [...].

> [L]a primera regla consiste en alentar y favorecer las disposiciones fundamentales que permiten al agente principal —al niño— progresar en la vida del espíritu. Desde este punto de vista es claro que la tarea del maestro es primordialmente una tarea de liberación. Liberar las buenas energías es el mejor medio para reprimir las malas, aunque la represión misma sea necesaria también, pero solamente como medio secundario [...]. Una simple prohibición de lo indebido es menos eficaz que la luz mediante la cual ilumina el espíritu del niño acerca del bien que se dañaría con esa mala acción. El verdadero arte consiste en hacer que el niño se dé cuenta de sus propios recursos y capacidades para alcanzar la belleza del obrar bien. (Maritain, 1969, TN)

4.3 Empirismo

La educación sensorial es la base de la educación intelectual y moral en Montessori. ¿Pero existe una diferencia entre esa postura y el empirismo de Rousseau? Y si la hay, ¿cuál es?

4.3.1 Dualidad mente y cuerpo

Con Descartes y los pensadores de la Ilustración se había establecido una distinción ontológica entre el cuerpo como extensión y la mente como puro pensamiento. En búsqueda de la certidumbre, esos pensadores crearon, paradójicamente, un estado de incertidumbre radical frente a la realidad. Los sentidos dejaron de ser un medio a través del cual se podía alcanzar el conocimiento. Ese dualismo introdujo una fisura entre el cuerpo, sus sentidos, y la capacidad intelectual; entre la realidad, la posibilidad de 'sentirla' y el conocimiento. Esa dualidad influyó, y sigue influyendo hoy, en las teorías educativas.

El movimiento del Romanticismo es un intento de reconciliar esa dualidad, introduciendo de nuevo la importancia de las experiencias sensoriales para el aprendizaje.

Percy Nunn, cuya afinidad de pensamiento con Montessori destacamos antes, rechaza claramente el dualismo:

> El hombre no es como Descartes lo concibió, es decir, un autómata al que se le añade alma, o, en las palabras de Epicteto, 'un alma que sustenta un cadáver'. Es, de principio a fin, un organismo único, un 'cuerpo-mente', la culminación de un proceso evolutivo en el que el ser vivo ha desarrollado funciones cada vez más elevadas y sutiles. Esta visión se aleja completamente del materialismo; pues, aunque invita al fisiólogo a impulsar hasta donde pueda su análisis fisicoquímico, se niega a considerar la percepción y el pensamiento, el sentimiento y la voluntad, como adiciones superfluas a una máquina que estaría completa sin ellos. Atribuye a la psique todo lo que viene de la ética y de la religión. Espiritualiza el cuerpo; no materializa el alma. (Nunn, 1920, TN)

Descartando las tesis dualista y materialista, Nunn prefiere la expresión 'espiritualizar el cuerpo', a 'materializar el alma', siguiendo la tradición aristotélica que ve el alma como "el acto primero del cuerpo físico-orgánico que tiene la vida en potencia" (Aristóteles, 1978).

Montessori rechaza también la separación entre el movimiento y la sensación por un lado y la vida intelectual por otro lado. Tampoco concibe un dualismo entre la actividad física y la actividad mental.

No podemos separar dos cosas que la naturaleza ha unido. Si consideramos la vida física por un lado y la vida mental por el otro, rompemos el ciclo de relación y las acciones del hombre quedan separadas del cerebro. Las acciones motoras del hombre se utilizan para ayudar a comer y respirar mejor, pero el propósito real es que el movimiento sea el servidor de toda la vida y de la economía espiritual universal del mundo. (Montessori, 1949, TN)

En Montessori (1937, 1949) encontramos referencias a un proceso metafórico de 'encarnación' progresiva del embrión, cuya alma debe 'encarnarse' en el cuerpo mediante las experiencias sensoriales y el movimiento.

Según ella, es el proceso hórmico consciente o inconsciente que se concreta en la actividad espontánea actualizando el potencial del niño mediante el desarrollo de su personalidad (Montessori, 1949) gracias a su capacidad para comprometerse en lo que descubre como verdadero.

4.3.2 Cultivo de la sensibilidad

Ambos Rousseau y Montessori dan una gran importancia al entorno y a la educación sensorial en el proceso educativo. Pero una lectura reposada indica que las premisas que les mueven son distintas.

Por ejemplo, Rousseau anima a presentar al niño insectos repelentes o a escuchar los ruidos de las escopetas, de forma que el niño se acostumbre a no tener miedo por todo ello (Rousseau, 1762). Rousseau propone también exponer al niño, durante sus primeros ocho años, a las intemperies, al hambre y al cansancio, para que no se acostumbre a las comodidades que le alejan de su estado natural salvaje.

Ejercitadlos por tanto a lo que tendrán que aguantar un día; endureced sus cuerpos a la inclemencia de las estaciones, de los climas y los elementos; bañadlos en las aguas estigias. Antes que el cuerpo haya contraído hábitos, se les dan sin riesgo los que se quieren; pero una vez que ha tomado consistencia, toda alteración se hace peligrosa. (Rousseau, 1762, TN)

Rousseau suena espartano cuando dice que lo primero que debe padecer y saber un niño es el sufrimiento. Para él, el niño ha de ser fuerte y esa fortaleza es insensibilidad ante ciertos estímulos. Se trata de una vuelta al estado primitivo que proporciona el contacto con la naturaleza salvaje.

Montessori prefiere educar en la templanza desde el silencio y la belleza. Cuando habla de la importancia de la naturaleza, por ejemplo, habla de su importancia para vivificar la vida física y para poner al alma en contacto directo con la Creación. Cuando habla de trabajos de agricultura, del cuidado de las plantas y de los animales, se refiere a una "contemplación inteligente de la naturaleza" (Montessori, 1912b), una propuesta diametralmente opuesta a la de Rousseau para quien el ser humano es incapaz de asombro. Para nuestra autora, la educación sensorial está íntimamente ligada a la educación estética y moral.

> La misma educación estética y la educación moral están también relacionadas con la educación de los sentidos. Multiplicando las sensaciones y desarrollo de la capacidad de apreciar las pequeñas diferencias de los estímulos, se afina la sensibilidad y se multiplican los goces. (Montessori, 2015a)

Montessori insiste en el cultivo de la finura en la sensibilidad, porque la insensibilidad lleva a la incapacidad de percibir la armonía y la belleza. El insensible tiene un umbral de sentir tan alto que no percibe estímulos discretos; busca sensaciones fuertes, éstas siendo las únicas que puede percibir (L'Ecuyer, 2014).

> La armonía de la naturaleza y del arte pasa desapercibida para el que tiene los sentidos groseros. El mundo aparece entonces como algo pobre y lleno de asperezas. Existen en el ambiente

que nos rodea fuentes inagotables de goces estéticos al lado de las cuales los hombres pasan como unos insensatos sin darse cuenta de ella, buscando el placer en las sensaciones groseras e inferiores porque son las únicas que son capaces de sentir. (Montessori, 2015a)

Como afirma Aristóteles, existe en la sensibilidad un término medio, umbral por debajo del cual no se percibe y por encima del cual los sentidos están demasiado alborotados para poder discriminar los matices de la sensación. Cada sensación se da en el marco del margen de la sensibilidad.

Esta es la razón por la cual no percibimos lo que está igual de caliente, frío, duro o blando que el órgano y sí los objetos que lo están más que él: es que el sentido es a manera de un término medio, entre los contrarios sensibles. Por eso mismo discierne los objetos sensibles, porque el término medio es capaz de discernir, ya que respecto de cada extremo viene a ser el contrario. (Aristóteles, 1978)

Por lo tanto, una sensación extremadamente fuerte puede destruir la sensibilidad.

A partir de estas explicaciones queda claro además por qué los excesos de los sensibles destruyen los órganos de la sensación: en efecto, si el movimiento del órgano resulta demasiado fuerte, desaparece la proporción idónea —y esto es el sentido— al igual que desaparecen la armonía y el tono si se pulsan violentamente las cuerdas. (Aristóteles, 1978)

Es posible que nuestra autora haya encontrado eco a esos principios en el informe que escribió Itard sobre Victor. Montessori comenta ese informe en muchos de sus escritos como uno de los grandes experimentos que se hizo en el ámbito de la psicología; sabemos que fue determinante en la elaboración de su propuesta educativa. Itard explica que Victor era insensible, brusco, incapaz de moderar sus impulsos, a pesar del intento de educar su sensibilidad. Por ejemplo, andaba en la nieve sin sentir dolor; estaba tan acostumbrado a las condiciones extremas de intemperie que apenas sentía el frío (Itard, 1801).

Itard intenta educar su sensibilidad, pero los resultados no son buenos y concluye que una carencia extrema en la educación sensorial durante el periodo de la infancia podría haber sido la causa de esa insensibilidad.

Montessori interpreta esa conclusión como la confirmación de la existencia de un 'periodo sensitivo de la sensibilidad' durante la infancia. Cuando los sentidos están alborotados, estimulados por encima del umbral de la sensibilidad, el niño deja de sentir y no consigue salir del caos interior y del estado salvaje que caracterizan a la infancia.

De hecho, la autora explica que los niños que viven en la pobreza suelen interesarse antes que los niños que viven en la abundancia por el material. Estos últimos están saturados de objetos y juguetes que alborotan pasivamente sus sentidos. Por lo tanto, los niños de clase alta tardan más tiempo en 'normalizarse': "Si son niños acomodados, ya saciados por la variedad de sus posesiones y por los juguetes más costosos, rara vez se sienten atraídos al principio por los estímulos que se les presentan" (Montessori, 1917a, TN).

El término medio en las sensaciones requiere templanza y esa falta de templanza en la apreciación de los estímulos sensibles tiene implicaciones en el ámbito moral. Para Montessori, el niño que no tiene finura sensorial no percibe lo menos ruidoso y busca entonces sensaciones extravagantes y fuertes que despertarán en él los vicios y la dependencia a estímulos cada vez más fuertes (Montessori, 1912b).

La diferencia entre Rousseau y Montessori es radical. Ella saca al niño de su estado salvaje para dotarle de voluntad y de la sensibilidad que le permitan, a través de la actividad perfectiva, encontrar el término medio en el ámbito sensorial, intelectual y moral. En cambio, Rousseau devuelve al niño a su estado primitivo. Para nuestra autora, el estado salvaje es el punto de partida, para él se trata del punto de llegada.

Por ello, no se puede asimilar el principio montessoriano de 'autoeducación' al de Rousseau sin antes haber entendido esos matices. Rousseau propone un cierto 'abandono' del niño a sus instintos más primitivos —que para él siempre son buenos—, mientras Montessori propone un método que ayude al niño a salir de ese estado para alcanzar otro superior.

De Giorgi lo resume:

> No era de ningún modo un criterio de abandono. Había que ofrecer al niño alimento, no solo para el cuerpo sino también para el espíritu: el alimento de la alegría espiritual. Si se proporcionaba al niño un ambiente adecuado, que incluyera los medios para la autoeducación, se desarrollaba en él esa vida activa, que era revelación de la vida espiritual, o sea, de esa 'tendencia interior' que empujaba al niño a desarrollar libremente su vida y a construir, con su genio creador, el 'hombre nuevo'. En definitiva, era el amor a la libertad del niño lo que alimentaba el alma del propio niño, como si fuera un amamantamiento espiritual, pero basado en las observaciones de la psicología y de la pedagogía experimentales, que inducían a la actividad, y no en las especulaciones de la pedagogía tradicional, que atendían a la receptividad pasiva del niño. (De Giorgi, 2016)

4.3.3 ¿Sentir es pensar?

En 1916, Montessori explicita su postura epistemológica respecto al papel de los sentidos y del intelecto en el modo de conocer.

> Este es el principio general resumido en el antiguo axioma: *Nihil est in intellectu quod prius non fuerit in sensu* (no hay nada en el intelecto que no haya existido primero en los sentidos). Somos incapaces de 'imaginar' cosas que en realidad no se presenten a nuestros sentidos; nos faltaría incluso el lenguaje para explicar las cosas que están más allá de esos límites habituales

por los que está limitada nuestra conciencia. La imaginación de Miguel Ángel era incapaz de representar a Dios de otra manera que no fuera como un anciano venerable de barba blanca. (Montessori, 1917a, TN)

El adagio *Nihil est in intellectu quod prius non fuerit in sensu* se puede atribuir tanto a la escuela empirista (Locke, 2015) como a la escuela peripatética, que fue posteriormente retomada por Tomás de Aquino (1953). ¿Cuál es el sentido que Montessori atribuye a ese adagio? Algunos autores ubican a Montessori en la tradición empirista sin ni siquiera plantearse la posibilidad de que fuera realista (Boyd, 1914; Frierson, 2014). ¿Es Montessori empirista o realista? La respuesta a esa duda se encuentra en la cita misma; refiere al axioma como 'antiguo' (*ancient axiom*), y no como moderno. Una vez más, queda patente que nuestra autora se inspira en la filosofía realista-clásica.

Montessori afirma que la educación sensorial es la base de la educación intelectual, pero no por lo tanto apoya la idea romántica de que la inteligencia se identifica con los sentidos ('sentir es pensar'). Habla del hombre espiritual, del 'hombre interior' (*inner-man*), cuya purificación es necesaria para preservar la salud y la integridad de la inteligencia (Montessori, 1917a). Para ella, la inteligencia es una facultad que caracteriza a la persona y la hace capaz de escapar a la tiranía de los instintos.

El hijo del hombre se caracteriza por su inteligencia. Esto muestra la diferencia de más importancia que existe entre las personas y los animales. Los animales solo obedecen a sus instintos. Su vida psíquica se limita a esto. En la persona, existe otro hecho: la creación de la inteligencia humana. (Montessori, 1949, TN)

El pensamiento de Montessori sigue alineado, en ese aspecto como en otros, con el pensamiento aristotélico. Para Aristóteles, si bien es cierto que existe una gran afinidad entre la percepción y el acto de pensar, pensar y percibir no es lo mismo. Para él, asimilar una cosa a la otra es un gran error; los animales sienten, pero no piensan.

El inteligir y el pensar, por su parte, presentan una gran afinidad con la percepción sensible: en uno y otro caso, en efecto, el alma discierne y reconoce alguna realidad. De ahí que los antiguos lleguen a afirmar que pensar y percibir sensiblemente son lo mismo [...]. Y es que todos ellos suponen que el inteligir —al igual que percibir sensiblemente— es algo corporal y que se percibe y piensa lo semejante con lo semejante, como ya hemos explicado al comienzo de este estudio. En todo caso deberían haber ofrecido además y simultáneamente una explicación satisfactoria acerca del error, puesto que éste es más frecuente aún en los animales y el alma permanece en él más tiempo (que en la verdad). [...]

Pues bien, es evidente que percibir sensiblemente y pensar no son lo mismo ya que de aquello participan todos los animales y de esto muy pocos. Pero es que tampoco el inteligir —me refiero a aquel en que caben tanto el inteligir con rectitud como el inteligir sin rectitud; el inteligir con rectitud está constituido por la prudencia, la ciencia y la opinión verdadera, y el inteligir sin rectitud por lo contrario de ellas— tampoco inteligir, digo, es lo mismo que percibir sensiblemente: prueba de ello es que la percepción de los sensibles propios es siempre verdadera y se da en todos los animales, mientras que el razonar puede ser también falso y no se da en ningún animal que no esté dotado además de razón. (Aristóteles, 1978, el énfasis es nuestro)

En cambio, Rousseau se inspira en el empirismo de Locke, para quien la educación se reduce a la impresión que el entorno natural deja en nosotros y a la reflexión que se hace, partiendo de esas sensaciones.

Todas las ideas vienen de la sensación o de la reflexión. Supongamos, entonces, que la mente es, como suele decirse, un papel en blanco, limpio de toda inscripción, sin ninguna idea. ¿Cómo llega a amueblarse? ¿De dónde se hace la mente con ese prodigioso cúmulo, que la activa e ilimitada imaginación del hombre ha pintado en ella, en una variedad casi infinita? ¿De dónde saca todo ese material de la razón y del conocimiento? A esto contesto con una sola palabra: de la experiencia; he allí el fundamento de todo nuestro conocimiento, y de allí es de donde en última instancia se deriva. Las observaciones que hacemos acerca de los objetos sensibles externos o acerca de las operaciones internas de nuestra mente, que percibimos, y sobre las cuales reflexionamos nosotros mismos, es lo que proporciona materiales de pensar a nuestro entendimiento. Estas son las dos fuentes del conocimiento de donde brotan todas las ideas que tenemos o que podamos naturalmente tener. (Locke, 2015, TN)

Hemos visto que Rousseau recomienda que el aprendiz se limite al ámbito de las sensaciones, puesto que el ejercicio del juicio puede crear necesidades que frustran sus deseos. Rousseau dice que, en cierto sentido, sentir ya es pensar: "En ciertos aspectos, las ideas son sentimientos y los sentimientos son ideas" (Rousseau, 1762, TN). Rousseau hace la distinción entre la idea simple que da la sensación (proceso pasivo) y la idea en la que el juicio es el fruto de la reflexión (proceso activo):

Las ideas sencillas no son más que sensaciones comparadas. Hay juicios en las sensaciones simples, tanto como en las sensaciones complejas, que llamo yo ideas simples. En la sensación, el juicio es meramente pasivo, afirma que se siente lo que se siente. En la percepción o idea, el juicio es activo; aproxima, compara, determina relaciones que no determina el sentido. (Rousseau, 1762, TN)

En definitiva, para Rousseau, *sentir ya es pensar, en cuanto a ideas simples.* Esas ideas son la consecuencia de la huella de las impresiones que dejan pasivamente las experiencias sensoriales en el sujeto.

Todos los animales tienen ideas, puesto que tienen sentidos, y aun combinan sus ideas hasta cierto punto; el hombre no se distingue a este respecto del animal más que del más al menos; incluso ciertos filósofos han aventurado que hay algunas veces más diferencia entre dos hombres que entre un hombre y una bestia. (Rousseau, 2018, TN)

Rousseau afirma que la facultad intelectual no es espiritual. Para él tanto las sensaciones como las ideas pertenecen al mundo de las leyes mecánicas: "La física explica en cierto modo el mecanismo de los sentidos y la formación de las ideas" (Rousseau, 2018, TN).
Para Rousseau la única facultad espiritual de la persona es la libertad de someter o de resistirse a las leyes de su estado natural.

No es, pues, tanto el entendimiento como su cualidad de agente libre lo que constituye la distinción específica entre el hombre y el animal. La naturaleza manda a todos los animales y la bestia obedece. El hombre experimenta la misma sensación, pero se reconoce libre de someterse o de resistir, y es sobre todo en la conciencia de esta libertad donde se manifiesta la espiritualidad de su alma. (Rousseau, 2018, TN)

Esa postura le lleva a proponer la ignorancia del estado primitivo como una meta que permita al ser humano alcanzar la felicidad, motivo por el que Voltaire le dice irónicamente que la lectura de *Emilio* lleva a uno a desear gatear como un animal (Voltaire, 2018).

4.3.4 Saber e ignorancia

Para Rousseau, el conocimiento consiste en prejuicios serviles: "Toda nuestra sabiduría consiste en prejuicios serviles; todas nuestras costumbres no son otra cosa que sujeción, impedimentos y coerción. El hombre civilizado nace, vive y muere en esclavitud" (Rousseau, 1762, TN).

Rousseau declara explícitamente su aversión a los libros: "Odio los libros; sólo nos enseñan a hablar de cosas de las que no sabemos nada" (Rousseau, 1762, TN). Insiste también en una educación diferenciada: Emilio y Sofía, la alumna femenina que aparece en la novela de Rousseau, están educados separadamente. Para Rousseau, la mujer debe saber menos que el varón: "El arte de pensar no es extraño en las mujeres, pero no deben hacer otra cosa que quedarse en la superficie del raciocinio" (Rousseau, 1762, TN).

Por lo contrario, Montessori da importancia al saber y a la cultura. Enseña a los niños a reconocer las letras y a leer desde la edad preescolar. Mide el éxito de su método *también* en términos de conocimiento adquirido: "Los resultados fueron aún mejor que en el primer caso con niños más pequeños porque eran más ricos en evidencia práctica, tanto en la formación del carácter como en la adquisición de conocimientos" (Montessori, 1915b, TN).

Hace nuevamente hincapié en la importancia del conocimiento en *La Educación de las potencialidades humanas*:

> El niño de seis años que ha estudiado en una escuela Montessori tiene la ventaja de tener más conocimientos que el que no ha vivido esta experiencia. Sabe leer y escribir, se interesa por las matemáticas, la ciencia, la geografía y la historia, y entonces resulta más fácil iniciarlo en otros conocimientos, por vastos que estos sean.

> El educador se encuentra frente a un individuo que ya ha adquirido la base de la cultura y está deseoso de edificar sobre es-

tos cimientos, de aprender y penetrar hasta lo más profundo de cualquier tópico. ¡Qué llano se le presenta entonces el camino al educador! ¡Hasta parecería que no tuviera que hacer nada! Pero no, la labor del educador no es nada fácil, ni pequeña.

Tiene que contar con una cantidad colosal de conocimientos para saciar el hambre mental del niño y, a diferencia de un maestro tradicional, no cuenta con ningún programa que le limite y le diga qué es lo que debe enseñar de cada materia, sin excederse jamás en una determinada cantidad de tiempo. Está claro que las necesidades del niño son más difíciles de satisfacer y cada vez se hace más inaceptable que el educador se refugie en la rutina de los programas y los horarios [...]. (Montessori, 2005)

La importancia que se le da a la dimensión sensorial en Rousseau y en Montessori es radicalmente distinta. Para Rousseau el hombre debe aspirar a una naturaleza primitiva mientras que, para nuestra autora, el ser humano está dotado de una naturaleza racional.

La base alrededor de la cual actúan interiormente los periodos sensitivos es la razón. Los razonamientos germinan poco a poco como algo vivo que crece y se concentra, gracias a las imágenes tomadas del ambiente.

[...] [E]n sus orígenes, el niño surge de la nada, creando lo que caracteriza la superioridad del hombre, es decir, la razón. [...]

Por medio de esta labor interior y oculta se construye la razón, es decir, lo que, en última instancia caracteriza al hombre, ser racional, individuo que, razonando y juzgando, puede mandar, y cuando lo manda se pone en movimiento. (Montessori, 2015b)

En Montessori, la educación sensorial es base y preparación para la educación intelectual. En Rousseau, la percepción sensorial es excelente porque nunca se equivoca, mientras que la facultad intelectual es fuente del error y corrompe al hombre. Si, como dice Rousseau, el hombre no es tan diferente del animal y la ignorancia le proporciona la felicidad, entonces es preciso alejarle del mundo de la reflexión. Es preferible que se limite al ámbito de las sensaciones y que renuncie a hacer juicios sobre ellas:

> Puesto que todos nuestros errores proceden de nuestros juicios, claro es que, si nunca tuviéramos necesidad de juzgar, tampoco la tendríamos de aprender; nunca nos hallaríamos en caso de equivocarnos; seríamos más felices con nuestra ignorancia que podemos serlo con nuestro saber. ¿Quién niega que los sabios conocen mil cosas verdaderas, que nunca sabrán los ignorantes? ¿Están por eso aquellos más cerca de la verdad? Muy al contrario, más se desvían cuanto más adelantan, porque como hace todavía más progresos la vanidad de juzgar que las luces, cada verdad que aprenden se presenta en unión de cien juicios erróneos. Es evidente que las empresas doctas de Europa no son otra cosa que escuelas públicas de mentira; seguramente hay más errores acreditados en la Academia de Ciencias, que en todo un pueblo de Hurones.

> Puesto que cuanto más saben los hombres más se equivocan, la ignorancia es el único medio de evitar el error. No juzguéis, y nunca os equivocaréis. Esa es la lección que nos da tanto la naturaleza como la razón. [...] '¿Qué me importa?' es la expresión más común del ignorante y la que más conviene al sabio. (Rousseau, 1762, TN)

En definitiva, Rousseau sospecha de la posibilidad de acertar en los juicios y afirma, con la lógica contradictoria que le caracteriza:

"mi norma de entregarme al sentimiento más que a la razón queda confirmada por la razón misma" (Rousseau, 1762, TN).

Ahora bien, si la educación debe reducirse a la mera percepción sensorial o a las impresiones que recibimos pasivamente a través de los sentidos, y si la percepción y la formación de las ideas es un proceso fundamentalmente mecánico, entonces podemos llegar a la conclusión de que el educador puede controlar perfectamente el proceso educativo mediante el control que ejerce sobre el entorno. No se trata de una influencia, sino de una especie de conductismo sensorial disfrazado de libertad (bajo la etiqueta de 'educación negativa'), en el que la verdadera libertad es una ilusión, una construcción ficticia. De hecho, esa paradoja es la que vertebra todas las obras de Rousseau: forzar el disidente a ser 'libre', exigiendo su adhesión a la 'voluntad general', suponiendo que esté necesariamente siendo gobernado por leyes que se dio a sí mismo.

4.3.5 Conductismo sensorial

Podemos preguntarnos si el hecho de dar tanto protagonismo al entorno convierte a Montessori en una pedagoga conductista. Por conductismo, entendemos el condicionamiento operante a base de premios y castigos. Por conductismo sensorial, entendemos el condicionamiento operante mediante los estímulos externos. Para responder a la pregunta, podemos contrastar la propuesta montessoriana con la de Locke.

Locke considera que la sensación recibida por el sujeto es el motor del interés, lo que activa la voluntad. Algo parecido a lo que propone Herbart, para quien el alma es pasiva. Para ellos, la fuerza irresistible que manda sobre la voluntad es el conjunto de sensaciones, por lo tanto, es algo exterior al sujeto.

En la introducción de *The Conduct of the Understanding* (*La conducta del entendimiento*), Locke hace una declaración de conductismo sensorial. Para él, la voluntad tiende obligatoriamente a hacer suyo lo que existe en el entendimiento y el entendimiento es el resultado de las sensaciones. Esa postura lleva a una especie de negación del libre albedrío. En efecto, según Locke, la voluntad nunca puede dejar de obedecer a la inteligencia:

> Podemos pensar en la voluntad en términos de una facultad absoluta e incontrolable, pero en realidad nunca deja de obedecer a los dictados del entendimiento. Los templos tienen sus imágenes sagradas, y vemos la influencia que han tenido siempre sobre gran parte de la humanidad. Pero, en realidad, las ideas e imágenes en la mente de los hombres son los poderes invisibles que constantemente los gobiernan, y aquello a lo que todos en general otorgan una sumisión inmediata. (Locke, 1801, TN)

Esa postura explica la contradicción interna que existe en *Emilio*. Por un lado, está la libertad entendida como indeterminación; por otro lado, Emilio está continuamente siendo manipulado por su maestro y la libertad de sus decisiones es cuestionable. Algunos autores (Karier, 2006; Rosenberg, 2006) hablan incluso de 'hilos invisibles' que llevan al alumno como si de una marioneta se tratara, engañándole al pensar que es libre, mientras que su tutor está manipulando sus decisiones a través del entorno. Es el legado del conductismo sensorial de Locke.

Montessori da mucha importancia al entorno, pero conviene entender el motivo por el que se le da tanto peso. Explica que Itard estaría de acuerdo con la famosa frase de Helvétius (1776): "La educación es todopoderosa". Lo hace para explicar que Itard no está de acuerdo con la visión negativa que aporta Rousseau de la educación y para dejar claro que la propuesta de Itard no brota de la de Rousseau.

> Itard seguía el principio de Helvecius: 'el hombre no es nada sin la influencia del hombre', esto es, creía en la omnipotencia de la educación; todo lo contrario del principio de Rousseau: 'Todo está bien al salir de las manos del Autor de todas las cosas, todo

degenera en las manos del hombre'; esto es: la obra de la educación es mala y perjudica al hombre. (Montessori, 2015a)

De hecho, Helvétius dedica gran parte de su libro a rechazar lo que denomina cínicamente "los elogios y las apologías que Rousseau hace de la ignorancia". Pero las otras ideas de Helvétius no se encuentran citadas o comentadas en ninguno de sus escritos. A pesar del peso que da a la educación y al entorno, ella insiste como lo hemos visto anteriormente, en que el entorno no educa de por sí, sino que es un medio a disposición del niño para su propio desarrollo. El niño es agente activo, no pasivo.

Montessori critica explícitamente el enfoque mecanicista del empirismo:

El niño nos ha demostrado que la inteligencia no se construye lentamente, desde el exterior, como la concebía la psicología mecánica, esa que todavía influye en la educación y, por tanto, en la forma de tratar al niño. Según esta concepción, los objetos externos se imponen, por así decirlo, a los sentidos, mediante un estímulo externo. Estos objetos se infiltran en el campo psíquico, se asocian los unos con los otros y, poco a poco, organizándose, contribuyen a la construcción de la inteligencia. [...] A esto hay que añadir otro postulado generalizado: el niño no solo sería psíquicamente pasivo, sino que sería parecido a un recipiente vacío, por lo tanto, susceptible de ser llenado y modelado. (Montessori, 1936c, TN)

El entorno es central en su propuesta pedagógica, sin embargo, este está mediado por la actividad espontánea —esa fuerza irresistible, esa energía primordial— que corresponde a cada uno de los periodos sensitivos.

Pero la fuerza interior no es solo un tema meramente biológico para Montessori, ya que para ella el alma no es un principio pasivo y dependiente exclusivamente de los sentidos, como puede serlo para Locke, Rousseau y hasta cierto punto para Herbart.

4.4 Papel del Estado y de la familia en la educación

Hemos visto anteriormente que Rousseau da al Estado un papel prioritario, no subsidiario, en el ámbito de la educación de los hijos. Históricamente, los herederos de Rousseau suelen hacer hincapié en la educación pública, mixta, laica y universal. La influencia del ámbito doméstico debe de limitarse a los primeros momentos de la vida del niño, ya que éste necesita aprender a vivir en sociedad, encontrarse con el mundo real, cuanto antes.

¿Cuál es la postura montessoriana frente a ese asunto? No es sencillo responder a esa pregunta, pues existe mucha controversia sobre ese tema.

4.4.1 *La Casa dei Bambini: obra social y hogar*

La *Casa dei Bambini* nace en barrios muy deprimidos de Roma, en los que las madres deben trabajar largas horas para sobrevivir, dejando a sus hijos pequeños vagabundear en las calles a falta de otra alternativa. El trabajo de Montessori es profundamente social, ya que rescata literalmente a esos niños de la calle para darles una educación sensorial, intelectual y moral. Por otro lado, permite a esas madres trabajar: "En la 'Casa dei Bambini', reservada únicamente a los niños del edificio que no han alcanzado la edad escolar, las madres obreras pueden dejar a sus hijos. Allí quedan éstos bien cuidados y educados, descargando así a las madres de un trabajo suplementario y de preocupaciones" (Montessori, 1912b, TN).

Pero no es suficiente permitirles trabajar, pueden hacerlo con la tranquilidad de proporcionar a sus hijos un hogar (Montessori hace hincapié en que se trata de un hogar, más que de una institución educativa). De hecho, Canfield Fisher (1912, TN) especifica: "La expresión

Casa dei Bambini se traduce ahora en inglés como 'la casa de la infancia', pero su significado original, tanto desde un punto de vista lingüístico como espiritual, es 'el hogar del niño'".

4.4.2 Relación entre colegio y familias

Si nos fijamos en los primeros momentos de la *Casa dei Bambini*, vemos cuál es la visión de Montessori respecto a la relación entre las familias y la *Casa dei Bambini*:

Sin embargo, esta obra no puede llevarse a cabo sin que los padres contribuyan con sus cuidados y su buena voluntad; así el Reglamento expuesto en las paredes del edificio dice:

'Las madres tienen la obligación de mandar sus hijos a clase muy limpios y de cooperar a la obra educativa de la directora.'

[...] Y para esto basta la buena voluntad, pues así lo dice el Reglamento; las madres deberían ir por lo menos una vez por semana a hablar con la Directora para darle cuenta de la conducta de sus hijos y al mismo tiempo recoger los consejos que la Directora les dará. Estos consejos se referirán no sólo a la educación del niño, sino también a su salud, pues cada 'Casa dei Bambini' tiene un médico que obra de acuerdo con la maestra.

La Directora está siempre a la disposición de las madres, y su vida de persona culta y educada sirve de constante ejemplo a los habitantes de la casa, porque hay que advertir que tiene la 'obligación imprescindible' de alojarse en el mismo edificio y estar en constante contacto con las familias y con sus discípulos. (Montessori, 2015a)

Montessori define mejor la relación entre el colegio y la familia cuando habla de la *Casa dei Bambini* como un lugar en el que se consigue, por primera vez, lograr la buena armonía entre el colegio y la familia:

> Lo que nos importa aquí exponer son los progresos pedagógicos realizados en las 'Case dei Bambini'. Todo el que conoce las escuelas y los principales problemas pedagógicos que entraña, sabe que se viene considerando como un gran principio, principio ideal y casi irrealizable, la armonía entre la familia y la escuela en lo referente a la educación de los niños. La familia es generalmente algo lejano a lo que no alcanza la escuela y que muchas veces se rebela contra la misma escuela. La familia está generalmente cerrada a todo progreso pedagógico, así como lo está a los progresos del ambiente social. Ésta es la primera vez que se ve la posibilidad práctica de realizar el tan decantado principio pedagógico. Aquí se introduce la escuela en la casa misma, como propiedad colectiva, y se desenvuelve a los ojos de los padres toda entera la vida de la maestra en el cumplimiento de su alta misión.

> Los padres saben que la 'Casa dei bambini' les pertenece y este sentimiento de propiedad es dulce y nuevo para ellos y profundamente educativo. (Montessori, 2015a)

En *La mente absorbente del niño*, Montessori habla de la educación en clave social. Pero especifica el carácter subsidiario de la educación estatal: "Si la familia no tiene los medios suficientes, la sociedad debe proporcionar no solo conocimientos, sino medios suficientes para educar a los niños." (Montessori, 1949).

Montessori nunca ha defendido que la escuela fuera obligatoriamente estatal. En varias ocasiones, tuvo que renunciar a la ayuda del Estado (tanto del Gobierno fascista en Italia como del Gobierno de la República en Catalunya) para poder mantener un criterio educativo propio.

Si bien es cierto que Montessori abogaba genéricamente a favor de una relación armoniosa entre los colegios y las familias e hizo una breve alusión al papel subsidiario del Estado en la educación, también es cierto que se aprecia a lo largo de sus obras una idea muy pobre del papel de los padres en la educación de sus hijos. Recordemos que ella misma no fue madre a tiempo completo, descubrió los 'secretos de la infancia' en el aula, no en su hogar con su propio hijo. Según ella, las madres cometen muchos errores respecto a la crianza de sus hijos por carecer de los conocimientos suficientes sobre la medicina y la psicología para cuidarlos adecuadamente (Montessori, 1915c). Habla muy poco de la influencia de los progenitores en la educación de sus hijos y, cuando lo hace, suele ser para dar ejemplos de los errores que cometen.

En realidad, la relación entre su método y la familia no es una relación sencilla. En su primer libro sobre la educación Montessori, Canfield Fisher (1912, TN) insinúa que el Método puede usarse en el hogar "de maneras que no se le habían ocurrido [a Montessori]". Poco después, su segundo libro sobre la tema, *The Montessori Manual: In which Dr. Montessori's Teachings and Educational Occupations are Arranged in Practical Exercises or Lessons for the Mother or the Teacher* (que es posteriormente retitulado *The Montessori Manual for Teachers and Parents)* (Canfield Fisher, 1966) [El Manual Montessori para maestros y padres] describe el material y explica como los padres pueden utilizarlo en hogar. Montessori no reacciona muy bien a esa obra y publica en 1914 *El manual personal de la Dra. Montessori*, especificando que lo hace para llenar el hueco que Canfield Fisher tuvo la pretensión de querer llenar (Kramer, 2019).

Montessori no lleva muy bien el mercado libre de las ideas. Pretende controlar la integridad de sus ideas, pero nunca tiene las herramientas para poder hacerlo, ya que las leyes de propiedad intelectual no protegen las ideas, solo protegen el soporte sobre el que están plasmadas. En cualquier caso, el incidente con Canfield Fisher indica que no ve con buenos ojos la utilización del Método en el hogar. En cierta manera, su indignación no es del todo descabellada: ¿qué hace un niño en su hogar con una torre rosa y un alfabeto de madera si no hay una persona formada en el Método para explicar al niño como usarlos y si no está disponible todo el material previsto para cada etapa? Hay una lógica, un orden secuencial y un propósito inteligente en relación con cada material. La torre rosa aislada del resto del material puede entenderse por parte de una persona que ignora las premisas de la pedagogía montessoriana como un material 'mágico' que produce efectos positivos por el mero hecho de ser usado. En realidad, ese uso parcial y mecánico del material carece totalmente de sentido. Además, es evidente que hacerse con todo el material y formarse en ello representa una inversión de tiempo y de dinero que no está al alcance de todas las familias.

4.4.3 *Casa dei Bambini: extensión del hogar o activismo social*

En *The educational legacy of Romanticism* [El legado educativo del Romanticismo], Jane Roland Martin firma un capítulo titulado *Romanticism domesticated: Maria Montessori and the Casa dei Bambini* (Martin, 2006) [El Romanticismo domesticado: Maria Montessori y la *Casa dei Bambini*] en el que explica la complejidad alrededor de la relación entre Montessori y el movimiento del Romanticismo. Analiza lo que Montessori entiende acerca de la relación entre el hogar, la escuela y el ámbito sociopolítico.

Por un lado, Montessori cumple en apariencia con las asunciones del movimiento del Romanticismo:

> Al rastrear el linaje intelectual de Maria Montessori hacia 'el grupo Rousseau-Pestalozzi-Froebel', tanto sus críticos como sus admiradores la ubican de lleno en la tradición educativa romántica (Kilpatrick; cf. Rusk). Esta caracterización parece de entrada adecuada dado el énfasis que Montessori da al niño, su fe en sus capacidades inherentes, su creencia de que el proceso educativo debe seguir el desarrollo natural del niño, su compromiso con la libertad y la autoexpresión del niño,

y su insistencia en la importancia de una educación sensorial de primera mano. Cuando uno lee las alusiones a Wordsworth en sus obras, esa categorización parece ser la más adecuada. (Martin, 2006, TN)

Por otro lado, la visión que la autora tiene de la relación entre la *Casa dei Bambini* y las familias no está alineada con la visión educativa del Romanticismo.

Desde el momento en que se tiene en cuenta la realidad de la *Casa dei Bambini*, considerar a Montessori como una pedagoga romántica empieza, sin embargo, a ser problemático.

En su discurso inaugural de una *Casa dei Bambini* en Roma en 1907, Montessori dijo: 'Los italianos hemos elevado nuestra palabra 'casa' al significado casi sagrado de la palabra inglesa 'hogar', el templo cerrado del afecto doméstico, accesible solo para queridos'. [...]

Al imaginar la escuela como una extensión del hogar y un medio para fortalecer ese 'templo del afecto doméstico', Montessori le asigna una función social muy diferente a la que casi todos sus intérpretes y críticos han dado por sentado. El sistema educativo que Kilpatrick describía como 'nada nuevo' es, por lo tanto, nada menos que revolucionario. No es que Montessori fuera la primera persona en la historia del pensamiento educativo occidental en negar una separación radical entre la escuela y el hogar. Pero es la primera, sin embargo, en insistir en que el ambiente y los afectos asociados con el hogar tengan un lugar privilegiado en la escuela. (Martin, 2006, TN)

Además, según Martin, su actitud y su propuesta no cuadran en general con la cultura de activismo social del Romanticismo.

En un libro que intenta reconciliar el romanticismo y el pensamiento liberal, Nancy Rosenblum distingue, dentro de 'la sensibilidad romántica', la 'oposición militarista a la paz prosaica y la oposición de la ley del corazón al legalismo'. El significado que Montessori da al término 'hogar' —la forma de vida doméstica que encarna la *Casa dei Bambini*—, está fundamentalmente en desacuerdo con estos dos aspectos del romanticismo.

'El militarismo romántico', dice Rosenblum refiriéndose a la 'Convención de Cintra' de Wordsworth, 'es la invención de sensibilidades que normalmente no están inclinadas a la agresión real, pero que imaginan la guerra como la primera ocasión para la libertad y la autoexpresión perfectas'. Montessori no imaginó nada de eso. En su opinión, la serenidad y el amor, no la agresión y la guerra, son las condiciones en las que florecen la libertad y la autoexpresión del niño que tanto defiende. Mientras que en el pensamiento liberal la libertad es inseparable de la seguridad jurídica y de la paz, el carácter militante del romanticismo se opone a 'las prosaicas promesas de la sociedad civil', continúa Rosenblum. Montessori nunca hizo de la sociedad civil, que en el pensamiento liberal se opone al hogar, el modelo a seguir para la escuela. (Martin, 2006, TN)

Montessori considera el aula como un claustro —un ambiente preparado— que debe proteger al niño de lo que no conviene a su desarrollo. Las causas y los debates sociales no tienen lugar en el aula durante la infancia, pues la mejor preparación para la vida en sociedad es, en esta etapa, el desarrollo de una personalidad autodisciplinada, fuerte y sensible.

Es más, la importancia que Montessori da a las actividades diarias banales y ordinarias —que son precisamente las que sirven para el desarrollo de esa personalidad— es incompatible con el Romanticismo militante que busca la acción extraordinaria y la expresión sin límites:

Lavarse y vestirse, quitar el polvo y barrer, poner la mesa y servir la comida: estas tareas cotidianas son el material con el que se construyeron los ejercicios prácticos realizados por los niños de la *Casa dei Bambini*. Al equiparar la domesticidad con la banalidad y lo banal con lo aburrido, el carácter militante del romanticismo se opondría a cualquier sistema de educación que concediera a esas actividades un lugar central. Un amor desinteresado y desprendido, purgado de pasión y que no sea transitorio: esta es la relación de aprendizaje que debe mantener la Directora de una *Casa dei Bambini* con los niños. [...] Al glorificar la expresión desenfrenada y la acción extraordinaria, el carácter militante del romanticismo consideraría intolerable la serenidad y el afecto templado que se dirige hacia los niños en una escuela Montessori. (Martin, 2006, TN)

Martin (Martin, 2006) explica cómo el papel que Montessori concede al 'hogar' es problemático desde el punto de vista del Romanticismo. Para el Romanticismo, no puede haber trabas y mediadores entre el niño y la naturaleza; las aulas deben ser un fiel reflejo 'del mundo', 'de la sociedad', no 'una continuación del hogar' o 'de la familia'. Ella, al contrario de la prédica romántica inspirada en Rousseau, no forma al niño para ser un ciudadano que se conforme con un modelo sociopolítico definido de antemano. Quizás ese es el motivo por el que no encontramos en la pedagogía montessoriana la idea muy difundida en la Educación Nueva de que el aula debe ser reflejo del mundo. Para ella, el aula es un ambiente preparado, una especie de claustro hecho a medida de los periodos sensitivos de las etapas de la infancia, en el que el niño aprende y desarrolla su personalidad. Para Montessori, la socialización del niño es una consecuencia lógica del desarrollo adecuado de la personalidad, no una meta en sí.

Para Montessori, el aula debe ser un poco como un claustro, un entorno óptimo para el proceso de 'normalización', aislado de un mundo exterior hecho por y para los adultos. Para Montessori, lo que acontece fuera del aula no se ajusta siempre a la naturaleza del niño y no le proporciona necesariamente lo que reclaman sus periodos sensibles.

Martin propone tímidamente incluir a Montessori en una nueva categoría: el 'Romanticismo doméstico'. Concluye: "Una relectura de la *Casa dei Bambini* arroja dudas, pues, sobre las credenciales de Montessori como pedagoga romántica" (Martin, 2006, TN).

5. Críticas a su método

Montessori es una de las pedagogas más controvertidas de la historia. Resulta curioso que todos le reprochasen tantos aspectos tan contradictorios. Los naturalistas, la rigidez y la artificialidad de su método, así como su rechazo a la imaginación productiva y a la fantasía; los progresistas, la individualidad y el carácter coercitivo del Método; los modernistas, su religiosidad; algunos la criticaban por adelantar los aprendizajes o por no respetar la libertad del alumno, otros, por lo contrario; los cristianos la tildaron de laicista, naturalista, positivista y teósofa, mientras que los teósofos la definieron como 'católica'.

Esas críticas tan paradójicas se deben, entre otras razones, al contexto de persecución antimodernista en el que desarrolló su método, a su red de amistades en los ambientes masones, a los numerosos matices de su método, a su resistencia a encajar en las corrientes educativas existentes, a la instrumentalización de su método por intereses ajenos, a la instrumentalización de su método por intereses ajenos, a su lenguaje a veces enredado y poco divulgativo y al desconocimiento de su método en acción.

Si algo caracteriza a Montessori y a su método, es la cantidad de alabanzas y de críticas que ha recibido sobre las mismas cuestiones. Pocas obras han sido tan elogiadas y mistificadas como las suyas (Sanchidrián Blanco, 2015). Sin embargo, se sabe más sobre su fama que sobre las constantes dificultades, críticas y controversias que la acompañaron.

Para poder valorar la postura de Montessori respecto a la tradición educativa romántica, es preciso entender el contexto y los motivos de las críticas hacia su persona, así como las respuestas que dio a esas críticas. Ahora que hemos contrastado el Método, las publicaciones y los escritos de Montessori con los principales rasgos del legado pedagógico del Romanticismo de Rousseau, nos será más fácil entender el trasfondo de esas críticas.

En primer lugar, explicaremos cuál fue el contexto histórico cultural y religioso de la Italia en la que nacieron Montessori y su método. Hablaremos, sobre todo, del ambiente antimodernista que existía en Roma en esa época, y cómo ese contexto puede haber influido en las críticas que recibió. Explicaremos cuál fue su relación con la teosofía, hablaremos de las sospechas de positivismo por la dimensión 'científica' de su método y del apoyo que recibió por parte de miembros de la masonería y de los ambientes católicos modernistas. Por último, hablaremos de las principales críticas que recibió en los Estados Unidos, en Inglaterra y en Irlanda. Finalmente, propondremos algunas explicaciones por las numerosas críticas recibidas.

5.1 Contexto cultural, religioso y filosófico del Método

5.1.1 El antimodernismo

El racionalismo, el idealismo, el empirismo, el positivismo y todas las consecuencias derivadas de las corrientes filosóficas de la Ilustración, como por ejemplo el panteísmo, el naturalismo, el agnosticismo o el Romanticismo, fueron llegando progresivamente a Italia a partir de la segunda mitad del s. XVII. Montessori nace en el año 1870, año en el que se termina el proceso de unificación de Italia. El *Resurgimiento* fue un terreno fértil para la difusión y el avance de varias corrientes filosóficas que derivaron de la Ilustración.

El modernismo teológico es una corriente de pensamiento que surge a fines del s. XIX y continúa en el s. XX, unido a la filosofía moderna y a la teología protestante, en la que adquiere especial importancia el subjetivismo de la experiencia religiosa. Sus principales autores subrayan la importancia de la relación íntima divina, manteniendo que las verdades de la fe son relativas. En respuesta a ese conjunto de corrientes filosóficas, la Iglesia católica inicia, seis años antes del nacimiento de Montessori, la publicación de varios documentos que tienen como objetivo contrarrestar la influencia del modernismo en su seno.

- En 1864, Pío IX (papado: 1846-78) publica la Carta encíclica *Quanta cura* junto con el *Syllabus errorum* (Pío IX, 1864), en la que condena 80 proposiciones que reflejan la influencia de un conjunto de propuestas filosóficas 'modernas' en el ámbito de la teología.
- En 1879, León XIII (papado: 1878-1903) publica la Epístola encíclica *Aeterni Patris* (León XIII, 1879), en la que insiste en la restauración de la filosofía cristiana conforme a la doctrina de Tomás de Aquino para contrarrestar la corriente del modernismo.
- En 1907, el Santo Oficio publica el Decreto *Lamentabili sane exitu* con la aprobación de Pío X (Pío X, 1907a), condenando 65 proposiciones del modernismo. El documento afirma que "el hecho de que muchos autores católicos vayan también más allá de los límites marcados por los Padres y la propia Iglesia es extremadamente lamentable".
- El mismo año, Pío X (papado: 1903-14) publica la Carta encíclica *Pascendi dominici gregis* (Pío X, 1907b) sobre la doctrina de los modernistas en la que define al modernismo como el "conjunto de todas las herejías".
- En 1910, Pío X promulga el *Motu propio Sacrorum antistitum* (Pío X, 1910), conocido como Juramento antimodernista, que debe pronunciar cualquiera que quiere conservar o acceder a un oficio eclesiástico, incluida la docencia en teología.

Desde la jerarquía de la Iglesia católica, el método Montessori genera reacciones encontradas. Por un lado, ni Pío X, ni Pío XI son especialmente receptivos; por otro lado, Benedicto XV está en sintonía con él y tanto Pío XII como Pablo VI lo alaban. De hecho, en una audiencia privada que tiene con Benedicto XV, el Papa pide a Montessori que prepare un juego completo de sus publicaciones para la biblioteca del Vaticano (Schwegman, 1999). Esas incongruencias pueden, a primera vista, resultar insólitas, pero no lo son.

El contexto socio-religioso de la Italia en la que nace Montessori es de luchas en el plano intelectual entre varias corrientes filosóficas, lo que da lugar a una sociedad dividida en dos bandos. Por un lado, están los católicos modernistas, los masones, los idealistas, los positivistas, los románticos, los racionalistas, etc. Por otro, los católicos ortodoxos, preocupados por el avance del modernismo, buscan cualquier signo de heterodoxia. En 1909 se crea la red de información secreta *Sodalitium pianum* que tiene como objetivo identificar y denunciar ante las autoridades eclesiásticas a los teólogos sospechosos de adscribirse a las tesis modernistas (Cárcel Ortí, 1999). Debido a esa situación, existe una tendencia a hacer una segunda lectura sistemática de toda 'nueva' propuesta a la luz de las sospechas antimodernistas[21].

Hay varios puntos sobre los cuales las ideas de Montessori pueden estar bajo la lupa de la corriente antimodernista: el positivismo (por su insistencia en su 'método científico'), el naturalismo (por la importancia que da a la 'autoeducación') y el Romanticismo (por sus referencias a Pestalozzi y Froebel).

Por otro lado, se apunta a la red de contactos en la que Montessori se ve envuelta. Primero, está su incipiente interés por la teosofía alrededor del año 1898, luego su implicación en el movimiento feminista de la época y finalmente su introducción en las redes sociales

---

21. Un ejemplo de ello es el caso de Antonio Rosmini (1797-1855), cuyas obras son duramente criticadas por los jesuitas, incluidas en el Índice y condenadas en 1887 —cuando Montessori tiene diecisiete años— a través del decreto doctrinal, denominado *Post obitum* de la *Sagrada Congregación del Santo Oficio*. Sin embargo, en 1999 Juan Pablo II cita elogiosamente a Rosmini en *Fides et ratio* (Juan Pablo II, 1999). En 2001 la Congregación para la Doctrina de la Fe emite una *Nota sobre el valor de los decretos doctrinales con respecto al pensamiento y las obras de Antonio Rosmini* (Congregación para la Doctrina de la Fe, 2001) y, en 2007, Rosmini es beatificado. Es un ejemplo, de tantos otros, que indica la oportunidad de hacer una relectura serena y sin prejuicio de las obras de Montessori.

masonas y modernistas para difundir su método entre 1898 y 1912. Analizaremos las circunstancias y el desenlace de cada hecho.

5.1.2 La teosofía

La teosofía es fundada por Helena Petrovna Blavatsky (1831-91) en el 1875. Se resume en un intento de fusionar religión, ciencia y filosofía. La teosofía tiene gran acogida por parte del modernismo católico, especialmente en ambientes femeninos cultos de la época, a los que pertenece Montessori. Para la teosofía, existe una realidad espiritual, más allá de lo que puede percibirse a través de los sentidos. De Giorgi (2016) explica que la adhesión de esos ambientes a la teosofía puede explicarse por el clima post-positivista y neo-espiritualista de la época. Para Montessori, que busca un enfoque científico que no fuera positivista, la teosofía puede tener algún tipo de interés inicialmente y explicar el motivo por el cual solicita su inscripción en la sección europea de la Sociedad Teosófica en el 1898.

Algunos consideran que la teosofía tuvo un papel importante en la constitución de la pedagogía Montessori, debido a la adhesión inicial de la pedagoga a este movimiento (Wagnon, 2017), otros dan por sentado que Montessori es teósofa (Van Gorp, et al, 2017).

Por un lado, es cierto que Montessori tiene trato con la teosofía. Da varias conferencias a petición del sector de la teosofía y algunos de sus libros publicados en el periodo de siete años durante el que reside en India lo son por la editorial de la Sociedad Teosófica, *The Theosophical Publishing House*.

Por otro lado, un análisis cuidadoso de sus escritos demuestra que, más allá de algunas ideas generales (el enfoque científico no positivista, la unión de los saberes de la ciencia, de la religión y de la filosofía, la existencia de unas leyes de la naturaleza, etc.), no hay afinidad profunda entre la teosofía y la pedagogía montessoriana (la teosofía defiende la trasmigración de las almas, la reencarnación y el ocultismo, por ejemplo). En dos ocasiones distintas, dos presidentes de la Sociedad Teosófica afirman explícitamente por escrito que

Montessori no es teósofa, sino católica. De Giorgi especifica que su membresía inicial de un año en 1899 luego no se renueva (De Giorgi, 2016). La tesis de su afinidad se desmonta por la vía de los hechos (L'Ecuyer, 2020, De Giorgi, 2016).

En realidad, sería más bien el método montessoriano el que tiene influencia en la teosofía. Por ejemplo, Annie Besant (1847-1933), presidente de la teosofía, funda en 1909 en París una iniciativa educativa inspirada en el método montessoriano y manda a Roma en 1910 a una maestra para formarse en el Método (De Giorgi, 2016). En 1911, esa maestra dice que "todo el sistema educativo estaba basado en la concepción teosófica de la que también nosotros habíamos partido" (De Giorgi, 2016). En 1919, Besant afirma que el método Montessori es el método educativo teosófico por excelencia. De Giorgi atribuye esas afirmaciones a una especie de intento por parte de la teosofía de apropiarse de la aplicación técnica del Método, ya que la teosofía había perdido poco antes el apoyo de Rudolf Steiner (1861-1925) —el fundador de lo que hoy se conocen como el método Waldorf—. Por lo tanto, la teosofía se quedaba sin aplicación educativa de sus principios. Por otro lado, Montessori nunca avala ni elogia a la teosofía. En 1947, cuando le preguntan públicamente si ella es teósofa, responde cordialmente "soy montessoriana". Es la teosofía la que se interesa en aspectos instrumentales o superficiales de su método. En una carta escrita en 1949 a una amiga religiosa italiana, Montessori deplora: "Me entristece mucho que mi obra aquí en la India esté en manos de hindúes, de teósofos y de musulmanes, y que por desgracia los católicos apenas se interesan por ella" (Montessori, 2016). La expresión "en manos de" denota una cierta preocupación por la instrumentalización de su método.

5.1.3 El positivismo

Coincidiendo con el desarrollo del método montessoriano, una de las propuestas del modernismo es el positivismo aplicado a la teología, que consiste en acercarse científicamente a los textos bíblicos con métodos histórico-críticos. Es una continuación lógica del racionalismo o del empirismo: solo existe aquello que podemos abarcar mediante la razón o los sentidos. En esa corriente se pone en cuestión el contenido de la fe, a través de la aplicación a la teología de métodos de las ciencias modernas. El movimiento antimodernista no rechaza la ciencia, pero insiste en que la teología no puede desarrollarse con metodologías propias a las ciencias experimentales (Pío X, 1907b) y rechaza el positivismo, por ser un movimiento esencialmente agnóstico. El positivismo influye en la educación a través de la importancia que se le da a la psicología experimental; insiste en el contacto directo o indirecto con la realidad mediante los sentidos y en el rechazo de todo aquello que no se puede percibir mediante ellos. Esa corriente está ilustrada en una de las obras de Charles Dickens publicada en 1854, a través del personaje del inspector educativo Thomas Gradgrind que está dispuesto a medir "cualquier partícula de la naturaleza humana":

> No les enseñéis a estos muchachos y muchachas otra cosa que realidades. En la vida solo son necesarias las realidades. No plantéis otra cosa y arrancad de raíz todo lo demás. Las inteligencias de los animales racionales se moldean a base de realidades; todo lo que no sea esto no les servirá jamás de nada. (Dickens, 1982)

Montessori defiende su método como científico y hace continuamente hincapié en la importancia de la mentalidad científica en el ámbito educativo. No en vano su principal obra se titula *El método de la pedagogía científica* (Montessori, 2015). Podemos entender que su insistencia en aplicar el método científico a la educación pueda encontrase en el radar de las sospechas antimodernistas. Entonces, ¿es Montessori cientificista? ¿positivista?

Montessori se introduce en la senda de la defensa de la mentalidad científica cuando hace suyas las conclusiones a las que había llegado Itard observando a Victor, el niño Salvaje de Aveyron. Traslada las conclusiones de Itard al ámbito de la educación, tomándolas en cuenta en la elaboración de su teoría educativa. Hasta llega a decir que los primeros pasos de la pedagogía positiva, o científica, se deben a este niño (Montessori, 1917).

Defiende también la importancia de la 'mentalidad científica' en el frente del movimiento feminista al animar a las mujeres a estudiar y a hacer suyo el razonamiento científico, en vez de argumentar desde los 'sentimientos de la caridad moderna'. Dice que es más adecuado prevenir las miserias con las herramientas científicas disponibles —los últimos hallazgos en el ámbito de la importancia de la higiene por ejemplo—, que conformarse aliviándolas temporalmente con dinero (Kramer, 2019). En ese sentido, Montessori se aleja decididamente del sentimentalismo.

Para entender el prejuicio que existe alrededor de su propuesta, es importante contextualizar su propuesta en la mentalidad de la época. Estamos en plena crisis antimodernista, unas décadas tras la publicación de las conocidas obras de Charles Darwin (1859, 1871). El positivismo de Auguste Comte (1798-1857) había sido un intento de barrer la cultura espiritualista del idealismo y del Romanticismo, con el fin de llegar a un estado de madurez mediante la ciencia y la razón, que se consideraban como las únicas verdaderas guías de la humanidad. La compatibilidad entre la fe y a la religión se entendía como imposible. Naturalmente, la insistencia de Montessori en la mentalidad científica es objeto de sospechas y se la incluye en el cajón de sastre del modernismo.

Otro factor que puede suscitar sospecha es la teoría de la recapitulación. Rusk (1918) asocia la propuesta montessoriana con la teoría de la recapitulación[22], una teoría materialista derivada de la teoría de la evolución. Según esa teoría, la ontogenia (el desarrollo orgánico de cada individuo) recapitula la filogenia (la historia evolutiva de la

---

22. La teoría de la recapitulación sigue encontrando su cauce en el ámbito educativo a fecha de hoy, en los métodos pseudocientíficos de 'Brain Gym' y en 'la estimulación temprana' de Glenn Doman. Esos métodos han sido desautorizados en varias ocasiones por asociaciones pediátricas de diversos países (L'Ecuyer, 2015b).

especie en cuestión). Por lo tanto, el ser humano nacía reptil, luego mamífero, y después humano. Y sin haber pasado por una fase, le es imposible organizarse neurológicamente para alcanzar las siguientes. Un examen cuidadoso indica que Montessori no suscribe esa teoría.

De hecho, Montessori afirma, antes de la publicación del libro de Rusk, que se trata de una teoría obsoleta y desacreditada por la comunidad científica (Montessori, 1917a). Vuelve a decirlo explícitamente años después en 1949: "Hoy, se trata de una teoría abandonada" (Montessori, 1949, TN). Según la teoría de la recapitulación, un niño debe necesariamente pasar por una etapa para poder alcanzar las siguientes, pues el estadio humano es fruto de la organización neurológica. Si bien es cierto que Montessori defiende la adecuación del material a la edad del niño, no pretende que el niño dé marcha atrás para 'cumplir con los hitos previos'.

> La maestra debe tener siempre en la memoria y ante los ojos la edad de los niños y los materiales apropiados a las diversas edades, para suministrar a cada uno el trabajo que pueda verdaderamente interesarle; debe conocer el orden preciso de la progresión del material, pero no siempre debe seguirlo. Si, por ejemplo, un niño entra tarde en la escuela, la maestra debe darle el material apropiado a su edad, y no los precedentes, aunque el alumno no los haya ejecutado nunca. (Montessori, 1935)

En realidad, Montessori es crítica con la teoría de Darwin. En 1916, habla del positivismo como la teoría de "los que no podían creer sin tocar" (Montessori, 1917, TN); critica el intento de instrumentalizar la teoría de Darwin para aniquilar la dimensión moral del hombre, deplorando que "los estudiantes se poyen en ella, ansiosos por construir una moral y una conciencia nuevas" (Montessori, 1917, TN).

Por otro lado, Montessori es consciente de que su lenguaje metafórico y su formación como bióloga pueden dar sensación errónea de un cierto positivismo:

Y si algunas palabras, algunas expresiones pueden llevarnos a creer lo contrario, es mi error personal, un error de exposición debido al lenguaje científico en el que fui educada y capacitada. (Estudié en la época más aguda del materialismo, mi mente se formó con las doctrinas de Darwin, estudié fisiología con el famoso materialista Moleschott). Ese lenguaje científico es como mi lengua materna, y todavía tengo un acento involuntario. ¿Pero quién quiere ahuyentar a un buen sirviente porque silba cuando pronuncia su s? Además, ¡todavía no he escrito nada sobre asuntos religiosos! (Citado en De Giorgi, 2018)

Algunos autores han destacado la contradicción de una autora que posiciona su método como 'científico', mientras que su obra no cumple con las exigencias de la ciencia: omite los criterios y condiciones que permitieran verificar y reproducir sus experimentos (Böhm, 1994, citado en Sanchidrián Blanco, 2015), no trabaja con un grupo de control, la forma en que desarrolla su argumentación carece a menudo de lógica y casi nunca cita sus fuentes. Es preciso, sin embargo, ubicarnos en el contexto y la mentalidad científica del inicio del s. XX. En esa época, las exigencias metodológicas eran otras y las publicaciones científicas eran distintas a las que hoy conocemos.

Fuera como fuese, la insistencia de Herbart y de Montessori en la importancia del rigor y a favor de una pedagogía 'científica' que incorpore los hallazgos de otros ámbitos al de la pedagogía y que mida los resultados de los métodos que se emplean se ha vuelto de una curiosa vigencia hoy en día. Numerosos son los estudios haciendo hincapié en la importancia de un mayor rigor científico y de un mínimo de alfabetización científica en el ámbito educativo; cada vez se oyen más voces reclamando una educación basada en las evidencias, no en las ocurrencias (Goswami, 2006; Howard-Jones, 2007, 2014; Hyatt, 2007; L'Ecuyer, 2015a).

Jerome Bruner habla del método Montessori como de una "mezcla curiosa de misticismo y de pragmatismo" (Bruner, 1966). Algunos autores hicieron hincapié en la aparente contradicción de una autora que apoya todo su trabajo en principios científicos, mientras considera la infancia como una continuación del acto de la Creación. Röhrs (1994) llega a considerar esa combinación como "un aspecto verdaderamente fascinante" de su pensamiento. Por un lado, dice Röhrs, Montessori tiene la mentalidad científica del que observa y experimenta; por otro lado, considera la fe, la esperanza y la confianza como caminos por excelencia en la educación.

De Giorgi logra explicar esa combinación y explica por qué el enfoque montessoriano no es contradictorio en ese aspecto.

> [Montessori] valoraba positivamente los estudios antropológicos de sello positivista, pero condenaba algunas de sus expresiones excesivamente esquemáticas y escolásticas, que confundían el estudio experimental del niño con su educación y la antropología pedagógica con la pedagogía científica. Se abría así una nueva línea "racional" en la educación de la primera infancia: distinta del froebelismo, que el positivismo pedagógico había "adoptado" y plasmado de nuevo. (De Giorgi, 2016)

Montessori es conocida por su especial religiosidad, que empapa todos sus escritos. En *El niño* (Montessori, 1937), la autora describe rigurosamente un proceso biológico, para luego hablar del mismo proceder biológico como de "la orden divina que transmite un soplo mágico a las cosas inertes y las anima de espíritu". Montessori distingue entre el espíritu del científico y el mecanismo del científico, haciendo hincapié en la importancia de preparar y formar a los maestros más en el espíritu que en el mecanismo (Standing, 1988). En Montessori, ese espíritu se compara con el del monje o del asceta, como si el científico fuese un 'religioso de la naturaleza' (Montessori, 1912). Para Montessori, esa preparación del espíritu 'ascético' del científico no es suficiente si no se completa con la preparación debida humanística.

Vuelve a discrepar públicamente con el positivismo en 1948: "Mis experiencias, sin embargo, estuvieron lejos de ser conclusiones rígidas y lógicas correspondientes a la aplicación de un método exacto y positivo" (Montessori, 1948c, TN).

Por 'método científico', Montessori se refiere esencialmente a cuatro cuestiones:

1) *La mentalidad científica debe partir de la observación racional de la realidad.*

Por ejemplo, los conceptos pilares (L'Ecuyer y Murillo, 2020; L'Ecuyer, et al., 2020) que encontramos en su propuesta pedagógica vienen de sus observaciones en el aula. La *falsa fatiga* y las *condiciones favorables* para la concentración vienen de las gráficas que dibuja en base a la observación y los conceptos de periodo sensitivo y de normalización derivan de ello.

En *La formación del hombre*, Montessori se pregunta por qué no se emplea en la educación la reflexión y la inteligencia como se emplean también en otros ámbitos del saber (Montessori, 1953). Insiste en la importancia de acercarse a la educación con rigor y seriedad, haciendo observaciones numerosas, exactas y racionales (Montessori, 1912b).

2) *La teoría debe basarse en una observación sin prejuicios.*
Según ella, una de las características de las ciencias experimentales consiste en acercarse a un experimento con la mente abierta, sin prejuicios en cuanto al resultado del mismo (Montessori, 1912b).
3) *La práctica educativa debe estar informada por los otros saberes.*
Defiende la universalidad, la unidad de los saberes.
4) *Es necesario abarcar los problemas desde los hechos, no desde el sentimentalismo o la subjetividad.*

Para Montessori, la práctica debe estructurarse y basarse en la teoría, que a su vez está fundamentada en las evidencias.

En definitiva, podemos afirmar que el cientifismo no es el fundamento epistemológico de su propuesta educativa. Insiste en que la ciencia experimental no está en condiciones de dar explicaciones antropológicas de la persona; existen realidades que la ciencia experimental no puede medir, tal y como, por ejemplo, la libertad y la justicia. Montessori expresa su incredulidad hacia quienes consideran que sea adecuado "resolver un problema de libertad con máquinas e intentar acercarse a un problema de justicia desde el punto de vista químico" (Montessori, 1917, TN). Insiste en que sin tener en cuenta factores internos —por ejemplo, la libertad—, o valores absolutos que guían la acción, la verdadera educación no es posible. Esa visión de la educación es compatible con el matiz que aporta Jacques Maritain en un libro escrito con la intención de valorar ciertos aspectos de la propuesta de la Educación Nueva a la luz de la propuesta clásica:

> Es evidente que la idea meramente científica del hombre puede proporcionarnos informaciones valiosas y siempre renovadas respecto a los medios e instrumentos de la educación; pero no puede suministrar ni los fundamentos primeros ni las direcciones primordiales de la educación, pues la educación necesita primero y primordialmente conocer lo que el hombre es, cuál es su naturaleza y qué escala de valores implica esencialmente. Y la idea puramente científica del hombre no conoce estas cosas, por cuanto ignora 'el ser como tal': sólo conoce lo que emerge del ser humano en el campo de lo que puede ser observado sensorialmente y de lo que puede ser medido. (Maritain, 1969, TN)

Maritain advierte de la tentación empírica de fundar la propuesta educativa en una idea exclusivamente científica de la persona, haciendo alusión al proyecto rousseauniano:

> Es preciso explicar que, si tratamos de fundar la educación y llevar a buen término su realización sobre la base única de la idea científica del hombre, deformaríamos y falsearíamos esa misma idea. En efecto, estaríamos obligados, a plantear la cuestión de la naturaleza y del destino del hombre y, para obtener una respuesta, nos sería necesario recurrir a la única idea de que disponemos, a saber, la idea científica. Trataríamos de obtener de ella una especie de metafísica. El resultado, desde el punto de vista lógico, sería una metafísica bastarda, disfrazada de ciencia y desprovista de toda luz realmente filosófica; y desde un punto de vista práctico, un rechazo o una concepción errónea de aquellas realidades y valores sin los cuales la educación pierde todo significado humano para convertirse en el adiestramiento de un animal en provecho del Estado. (Maritain, 1969, TN)

Los escritos de nuestra autora están repletos de explicaciones científicas sobre los fenómenos naturales, pero insiste continuamente en la existencia de realidades antropológicas que son anteriores a la ciencia, como por ejemplo la libertad, o el misterio: "Ni los descubrimientos ni las teorías que surgen de los descubrimientos modernos explican plenamente el misterio de la vida y de su desarrollo" (Montessori, 1949, TN).

Montessori propone una investigación científica empírica, realizada de forma directa y rigurosa, pero con un fundamento pedagógico, con referencias espirituales y éticas que van más allá de los límites del conocimiento científico. En *El método de la Pedagogía científica*, Montessori responde a la pregunta '¿qué es un científico?' y explica la primacía del espíritu científico sobre las habilidades mecánicas del investigador.

> Pero ¿qué es un científico? Un científico no es aquel que sabe manejar todos los instrumentos de física de un laboratorio, o aquel que en un laboratorio de química maneja con seguridad todos los reactivos; o aquel que en biología sabe preparar todas

las muestras microscópicas. [...] Llamamos científico a aquel que ve en el experimento un medio que le conduce a indagar las profundas verdades de la vida y a levantar una parte del velo que nos oculta sus fascinantes secretos. Llamamos sabio al que en estos estudios llega a sentir un amor apasionado por los misterios de la naturaleza, que llega a olvidarse a sí mismo. El sabio no es un manipulador de instrumentos, sino el espíritu que contempla la naturaleza [...]. (Montessori, 1912, TN)

Afirma que el maestro es el "intérprete del espíritu de la naturaleza". Para Montessori es imprescindible que la mentalidad científica del maestro —la observación y la capacidad de abnegación para el descubrimiento de la verdad— esté acompañada del amor y de un afán de perfección espiritual personal.

Montessori discrepa del enfoque materialista o mecanicista en la educación. En sus textos, utiliza en numerosas ocasiones las palabras 'alma' y 'espiritual' y se reafirma en la importancia de esa dimensión. Llega incluso a decir que la dimensión espiritual es 'la llave secreta' que le ha permitido descubrir su Método (Montessori, 1917a, TN).

Hace también hincapié en la importancia de la religión en la educación, que considera incompatible con la fantasía, pero compatible con la mentalidad científica. Para ella, "la religión no es un mero producto de la imaginación, es la más grande las realidades" (Montessori, 1917a, TN). Para Montessori, no existe contradicción entre ciencia y misterio. Sus escritos están repletos de explicaciones científicas sobre los fenómenos naturales, pero insiste continuamente en la existencia del misterio: "Ni los descubrimientos ni las teorías que surgen de los descubrimientos modernos explican plenamente el misterio de la vida y de su desarrollo" (Montessori, 1949, TN).

La compatibilidad y la unidad que ve la autora entre los distintos saberes viene de su visión 'cósmica' del mundo. Esa idea está muy en la línea de Antonio Stoppani, que insistía en que el orden natural de la naturaleza viene de Dios; por lo tanto, no puede haber contradicción u oposición entre religión y ciencia, entre Dios y naturaleza, porque esa última es obra de Su creación. De hecho, para ella, el punto culminante de la obra científica que actúa siguiendo el camino que le traza la naturaleza del ser humano, es la educación moral, una idea parecida a la de John Henry Newman: "La verdad no puede ser contraria a la verdad" (Ker, 2010). Recordemos la frase de Stoppani: "El hombre nunca debería desaparecer de la naturaleza, tampoco deberá nunca desaparecer la naturaleza del hombre" (Stoppani, 1915).

5.1.4 La masonería y el ambiente católico modernista

En sus primeros años de éxito profesional, Montessori recibe apoyo de varias personas que pertenecen a la masonería. Baccelli, un ministro que pertenece a esa organización, la escoge como representante de la delegación italiana en dos congresos feministas (De Giorgi, 2016).

En 1905, Credaro, profesor de pedagogía de la Universidad de Roma, masón positivista y defensor de la laicidad en las escuelas, nombra a Montessori profesora de Antropología Pedagógica de la Escuela Pedagógica (*Scuola pedagogica*) de 1905 a 1906. Montessori le dedica el discurso de inauguración de la segunda *Casa dei Bambini*.

Su amistad con Olga Ossani la acerca aún más al círculo modernista de Roma. Ossani está casada con Luigi Lodi, el dueño de *La Vita*, una publicación atenta a las demandas del modernismo católico, fundada por destacados masones y cuyo presidente en esa época es también masón (De Giorgi, 2016). En 1906, Montessori empieza a colaborar con ese diario.

La apertura de la primera *Casa dei Bambini* se debe también a la ayuda de personas relacionadas con la masonería. Eduardo Talamo, también vinculado al círculo masón, pide a Montessori que organice con criterios modernos una escuela infantil para los hijos de los obreros del barrio de San Lorenzo. El nombre *Casa dei Bambini* es sugerido por Ossani.

La gota que colma el vaso en los medios católicos es su intervención en el primer congreso *Di Donne Italiane* [De mujeres italianas], en 1908, en el que defiende la importancia de la higiene sexual. En *La Civiltà Cattolica*, una revista jesuita de prestigio en los ambientes católicos de la época, se le reprocha su falta de pudor y ser "apóstol en Italia de una nueva moral sexual" (Cattolica, 1908, TN). En ese mismo congreso, hay un debate alrededor de la laicización de las escuelas en el que Montessori no participa. Tras el congreso, la revista *L'Unità Cattolica* escribe que el congreso había sido "concebido e impulsado por algunas católicas modernistas que habían llevado con ellas a mujeres de todas las tendencias y principios" (De Giorgi, 2016).

El primer libro de Montessori también es una iniciativa apoyada desde el sector católico-modernista. Es Alice Hallgarten (1874-1911), pedagoga, que conoce a Montessori en un congreso feminista, quien le sugiere dejar por escrito su método, pues un retraso permitiría a otros robarle la idea. Alice es esposa de un conocido filántropo, Leopoldo Franchetti, que se ofrece a financiar la publicación de la obra. Ambos ofrecen a Montessori pasar el verano del 1909 en su segunda residencia para redactar la obra.

Beneficiarse de los enlaces proporcionados por el sector de la masonería para difundir sus ideas, participar en un congreso feminista que debate la laicización de las escuelas, vivir en el epicentro del movimiento antimodernista y aceptar la ayuda de una familia católica conocida por sus ideas modernistas —Montessori les dedicó su primer libro—, no es la mejor forma de ganarse al sector católico en el contexto de sospecha y de inquietud antimodernista que existe como resultado de las numerosas advertencias realizadas por parte de Pío X.

5.1.5 *Desenlace de las sospechas: la definición de las posturas*

En 1909, con objeto de albergar a muchos niños huérfanos tras un terremoto en Roma, se abre una cuarta *Casa dei Bambini* en esa ciudad en la Casa General de las Misioneras Franciscanas. En noviembre de 1910, Montessori acaba la redacción de un Proyecto de unión

(Montessori, 2016). El documento detalla los objetivos y las reglas de dicha asociación religiosa, que quiere ser una familia espiritual —formada inicialmente por Montessori y cinco de sus seguidoras[23]— dedicada a la causa de la educación de los niños. Como parte de la formación de las aspirantes, propone un programa de dos años que incluye, entre otras cuestiones, una crítica a las teorías psicológicas modernas ("psicología infantil y teoría psicológica modernas (críticas)") y una formación en filosofía tomista ("Filosofía tomista. Nociones de historia de la filosofía"). El Proyecto describe el horario, las normas de piedad y la forma concreta en la que se han de vivir cada una de las tres virtudes religiosas: pobreza, castidad y obediencia. No se sabe cuáles fueron los motivos por los que no se materializó la iniciativa. Sin duda, el ambiente eclesiástico antimodernista no era favorable a su aprobación.

En cualquier caso, la apertura de un centro en la Casa General de las Franciscanas permite a Montessori definir su postura respecto a las sospechas que venían de sus enlaces con los ambientes laicistas. Para entender el efecto que tiene ese acontecimiento, hemos de entender que Talamo, quién había proporcionado a Montessori la oportunidad de abrir su primera *Casa dei Bambini*, no era solamente un empresario interesado en solucionar la delincuencia en el barrio de sus edificios, sino que tenía un proyecto socio-ideológico más amplio vinculado con la masonería a la que pertenecía, llamado *Case Popolari*, para el que considerada a Montessori como su instrumento. De hecho, consideraba a Montessori en algunos artículos de *La Vita* como su "ilustre colaboradora" (De Giorgi, 2016). Talamo había encargado a su mujer involucrarse en algunos aspectos de la *Casa dei Bambini*, cuenta Montessori en su primer libro (Montessori, 1912).

Por lo tanto, es lógico que la apertura de una *Casa dei Bambini* en la Casa General de las Franciscanas provocara un conflicto entre

---

23. Anna Maria Maccheroni, Anna Fedeli, Elisabetta Ballerini, Lina Olivero Traversa, Adele Costa Gnocchi. Las cinco mujeres estaban inmersas en las escuelas montessorianas y se dirigían a Montessori llamándola 'madre'.

Talamo y Montessori, el cual acaba en 1911 con una ruptura de la relación. Montessori reacciona diciendo que solo reconoce la escuela abierta en la Casa General de las Franciscanas como auténticamente 'montessoriana'. Con ochenta años, Montessori recordará el episodio de verse negada la entrada a la *Casa dei Bambini*; considerará que esas puertas cerradas fueron 'providenciales', abriendo paso al progreso (Kramer, 2019).

De Giorgi y Foschi citan una carta (sin fecha) escrita por Talamo a Olga Ossani, en la que encontramos información muy valiosa para poder entender el trasfondo de las respectivas posturas.

> Con Montessori estamos en posturas muy distanciadas; me escribe rechazando mis propuestas, dando a entender que existen desavenencias (?) y amenazando con impedir la utilización de su método en nuestras escuelas. Me parece que está absolutamente equivocada y muy mal aconsejada. En cuanto a retirar los métodos, que haga lo que quiera, pierde más ella cuando dice que los 'Beni Stabili' los han excluido de sus 'Casas de los niños'; aunque no sé cómo se pueden retirar los métodos, cuando los materiales para la enseñanza se venden en la 'Umanitaria' [...]. En el caso de M. es peor todavía porque yo le digo: tú enseña, pero de la cuestión de la disciplina me encargo yo, y ella responde (tal como me escribe) que no se puede separar la parte disciplinaria de la enseñanza, y protesto y me marcho y nos peleamos. Los locos están locos, y más cuando se exaltan, no los aguanta ni Dios. (De Giorgi, 2016; Foschi, 2014)

En esa carta, se ve que Montessori no tiene compromiso con Talamo o con su proyecto, sino con su propio método, al que nunca trata como un medio para conseguir favores de gente influyente. Se intuye la intención de Talamo de instrumentalizar el método montessoriano. Además, éste confunde el Método con el material físico utilizado en las aulas, un error que sigue perdurando a fecha de hoy. Solo el material, de por sí, no permite entender el trasfondo del Método. Esa carta indica que Talamo no había captado el trasfondo filosófico del Método y que la afinidad que Talamo veía en el método montessoriano no era en el plano teórico, sino más bien en el plano instrumental.

En 1911 recibe la Bendición apostólica del Papa Pío X:

> 'A los queridos niños de la Escuela Montessori, al aceptar con verdadera gratitud sus cordiales felicitaciones para la santa Pascua, con el voto de que sigan siendo siempre buenos; a su querida Maestra, con las más sinceras congratulaciones y a las Religiosas Franciscanas Misioneras de María, con particular benevolencia, auspicio de la gracia divina, concedemos de corazón la Bendición apostólica. Dado en el Vaticano el Domingo de Pascua de 1911.' Pío PP.X. (Montessori, 1958)

Como consecuencia de todo ello, Montessori pierde las amistades y los favores que había recibido por parte de personas vinculadas con la masonería, empiezan las críticas y el sector laico la crítica por "predicar el amor ultrafranciscano", por dar demasiada importancia a la educación religiosa y por ser "ferviente católica" (De Giorgi, 2016).

Paradójicamente, las Franciscanas llevan tiempo recibiendo presiones para romper su alianza con Montessori desde la prensa católica (*Sentinella Antimodernista* en 1912 y *La Civiltà Cattolica* en 1910 y 1911). Entre 1915 y 1918, mientras está en Barcelona, un conocido pedagogo español, Ramón Ruiz Amado, la acusa de "modernismo pedagógico" en la revista *La Educación Hispano-Americana* (De Giorgi, 2018a).

En 1917, Montessori escribe una carta a un obispo americano en la que recuerda haber contemplado la vocación religiosa en 1904. Explica haber encontrado su vocación en la misión que le encargó Dios, mediante su director espiritual, que le habría dicho:

> "Este método es el trabajo que el Señor quiere de usted". Y así fue como lo encontré [el método], lo amé, lo defendí y traté de

entenderlo y de desarrollarlo. El origen del método es suficiente para entender que yo nunca podría hacer nada contrario a los principios de la Iglesia, ¡siendo precisamente su fruto! (De Giorgi, 2018, TN).[24]

En 1916, Montessori define su postura respecto a una serie de temas educativo-filosóficos. De Giorgi resume esos temas, algunos de los cuales comentaremos con más detalle más adelante:

[E]n este libro la perspectiva montessoriana de la pedagogía científica, esbozada ya en su obra sobre el Método como pedagogía de la libertad, se inscribía en una visión espiritual y religiosa más general y compleja, integrada por muchos de los anhelos típicos de la "crisis modernista", que en muchos aspectos ya había quedado atrás: una interpretación crítica del evolucionismo darwiniano; una clara distinción entre religión y superstición; el anuncio de una relación profunda y armónica entre ciencia y fe; una presentación de la conversión y de la experiencia religiosa como vivas realidades interiores más que como adhesiones a dogmas y participación en ritos; la apelación a las experiencias íntimas de los místicos (los éxtasis: con referencias a santa Teresa y a Raimundo de Capua), pero sin que estas constituyeran el aspecto específico de su santidad

---

24. Montessori está convencida de tener una misión divina entre manos, para la que cuenta con el apoyo de la Providencia. De hecho, cuando recibe noticias de la enfermedad de su padre durante su segunda estancia en los Estados Unidos en 1914, no vuelve en Italia para estar con su padre, sino que le pide permiso para seguir con su misión en América. Ella y su compañera de viaje dejan de llevar sus joyas y las lleva al altar, como ofrenda para pedir por la recuperación de su padre (Montessori, 2015). Y en alguna carta que manda a su padre enfermo en 1915, al enterarse del Proyecto en Argentina para empezar 1000 escuelas Montessori, dice: "Es absurdo. Una locura. Pensemos bien y no perdemos control, por favor. Las rosas florecerán, pero entre la semilla y la flor, está el dedo de Dios [...] Parece que todo está en las manos de Dios y estoy esperando atentamente" (Montessori, 2015c). En un diario personal, se pregunta a sí mismo: "¿Qué es lo que me espera? Todo es desconocido. Lo que me guía y me apoya es la lógica de la Providencia, que reúne el futuro y el pasado" (Montessori, 2013a).

(que venía dado por el combate espiritual); una clara oposición entre paganismo y cristianismo, con una revalorización del perdón cristiano; por último, una nueva y más trascendente representación de los ángeles y una perspectiva espiritual global centrada en el amor, personal y social. (De Giorgi, 2016)

A pesar de recibir en 1918 la Bendición apostólica de Benedicto XV, para ella y "para la fecundidad de su método" (De Giorgi, 2018a), *La Civiltà Cattolica* (1919) vuelve en 1919 a hablar de "teorías filosóficas equivocadas" y de "modernismo filosófico". La palabra 'autoeducación' no gusta. Para esos autores, Montessori es naturalista.

En 1929, Pío XI publica la Encíclica *Divini Illius Magistri*, una reprimenda al naturalismo educativo. Uno de sus pasajes puede considerarse como un toque de atención para el método Montessori (De Giorgi, 2016):

Pretensión equivocada y lamentable la de estos innovadores, porque, en lugar de liberar, como ellos dicen, al niño, lo hacen en definitivo esclavo de su loco orgullo y de sus desordenadas pasiones, las cuales, por lógica consecuencia de los falsos sistemas pedagógicos, quedan justificadas como legítimas exigencias de una naturaleza que se proclama autónoma. (Pío XI, 1929)

En 1930, Montessori es denunciada ante el Santo Oficio, pero este último no da curso a la denuncia (Congregazione per la Dottrina della Fede, 1930; De Giorgi, 2016). En 1931, como hemos comentado anteriormente, Montessori anuncia la publicación de varias obras sobre la cuestión de la educación religiosa. *La Vita in Cristo* es publicado en 1931 con el *Imprimatur* del Vicariado de Roma y *La Santa Misa vivida por los niños* es publicado en inglés en 1932. Como la denuncia ante el Santo Oficio había sido sobre un tema relacionado con la celebración de la Misa, es posible que la autora decida publicar la obra inicialmente fuera de Italia, para evitar las críticas propiciadas por el ambiente antimodernista de la época. El mismo año, escribe *Las siete palabras de Cristo crucificado* en el que hace referencia explícita al pecado original. Pero esa obra nunca llega a publicarse en vida de la autora; se publica por primera vez en 2013 en el libro comentado por Fulvio de Giorgi (Montessori, 2016), con varias otras obras religiosas, como una obra de teatro representando la misa (llamada *El drama místico*), *La guía* y *El libro abierto* (el misal), entre otras.

5.2 Principales críticas por parte del sector de la educación

5.2.1 Estados Unidos: William H. Kilpatrick y John Dewey

En 1914, William H. Kilpatrick (1871-1965), de la Universidad de Columbia y discípulo de John Dewey (1859-1952), publica, tras una escueta visita a la *Casa dei Bambini*, *The Montessori system examined* (Kilpatrick, 1914) [El sistema Montessori analizado].

En su informe, Heard califica el Método de mecánico, formal, restrictivo, carente de oportunidades de juego creativo y de cooperación. Lo considera obsoleto en cuanto a la importancia que se le da a la educación de los sentidos. A pesar de las duras críticas explícitas de fondo realizadas por Montessori al naturalismo de Rousseau (Montessori, 1912), Kilpatrick afirma: "La señora Montessori pertenece a la tradición del grupo educativo de Rousseau-Pestalozzi-Froebel" (Kilpatrick, 1914).

Heard atribuye a Montessori las creencias de que 1) la naturaleza del niño es esencialmente buena y 2) el proceso educativo es fundamentalmente un despliegue de todo lo que se tiene en el momento del nacimiento; recurre a la metáfora del jardinero y de la flor propuesta por el *kindergarten* de Froebel (jardín de niños) (Kilpatrick, 1914).

De nuevo, a pesar de las cuatro referencias que hace Montessori a Wundt (Montessori, 1912), Kilpatrick reprocha a Montessori su desconocimiento de la contribución de Wundt a la psicología, y la reprende por centrar su propuesta en una experiencia demasiado local. Ahora bien, no solo Montessori cita a Wundt en sus obras, sino que discrepa de él. Es sorprendente que Kilpatrick no hubiera leído con atención la primera obra de Montessori antes de publicar su crítica. Y, más sorprendente aún, es que Dewey tampoco se diera cuenta de esos errores al revisar esa crítica antes de su publicación

Dos detalles llaman la atención en el informe de Kilpatrick. Primero, se refiere a Montessori como la 'señora', en vez de la 'doctora'. Luego, su análisis toma como estándar comparativo al método de Dewey: "Si comparamos el trabajo de la señora Montessori con el de un escritor y pensador de la talla del profesor Dewey, podemos obtener una estimación de su valor desde otro punto de vista" (Kilpatrick, 1914, TN). En definitiva, llegar a la conclusión de que lo incorrecto de su método, lo es porque se aleja del método de Dewey; y lo bueno que tiene el Método, no es nada nuevo porque ya lo tiene Dewey.

Queda patente que el escrito es un análisis a la defensiva de un método que podría eventualmente considerarse 'rival' del método que Dewey había conseguido establecer como el estándar en América.

Existe un dato curioso en relación con la publicación de la descripción del método Montessori en el *McClure's Magazine* del que hablamos anteriormente. En su autobiografía publicada en 1914, McClure explica que los artículos fueron sometidos a pedagogos americanos expertos en educación infantil antes de su publicación —sin duda debía hablar de Dewey o de personas cercanas a él o a sus tesis—, y que estos no manifestaron entusiasmo. Según ellos, Montessori reconoce el valor de educadores anteriores a ella, por lo que su método no trae nada nuevo. Aquel episodio es ilustrativo de lo que fueron las críticas y las incomprensiones hacia el Método, que aún perduran hoy en día, como consecuencia de intentar encajar a Montessori en todo tipo de corriente pedagógica, en las que ella nunca quiso encajar.

Dewey no tarda en expresar sus críticas a Montessori. Siguiendo la prédica romántica de Rousseau acerca de la superioridad de lo natural sobre lo artificial, existe una creencia entre los educadores de la Educación Nueva y de la educación progresista, según la cual la verdadera educación no puede tener lugar en un aula, sino en el 'mundo real'. Esas ideas coinciden con la llegada a los Estados Unidos, tras la Primera Guerra Mundial, de millones de inmigrantes europeos, lo que hace necesario un trabajo de integración social, mediante el trabajo de grupo en las aulas:

> Los pragmáticos tendían a considerar que cualquier educación que dirigiera al estudiante hacia la búsqueda del conocimiento entraba en conflicto con el tema básico de la sociedad americana. A principios del siglo XIX, éramos una nación de inmigrantes y nuestras escuelas eran un 'crisol de culturas'. La clave del éxito de las escuelas era la socialización que proporcionaba la experiencia escolar. A través de las actividades en grupo, los estudiantes descubrían las bases del orden, de la disciplina y de la libertad. [...] Los pragmáticos no veían al alumno Montessori como un estudiante libre, porque para ellos la libertad se manifestaba a través de la interacción imaginativa, no a través del compromiso metodológico. (Stoops, 1987, TN)

Por lo tanto, para los educadores progresistas, si la escuela quiere educar de verdad, ha de procurar ser 'como el mundo' y educar 'para el mundo'. La escuela tiene una función principalmente social y ha de ser representativa de la realidad de la sociedad, diversa e inclusiva.

Recordemos que una de las principales propuestas que hace Montessori en el congreso nacional pedagógico de Turín en el 1898 es la de separar los alumnos que describe como 'degenerados' de los alumnos que no lo son. Hemos explicado anteriormente que su método habla de 'normalizar' los alumnos. Según ella, los alumnos disruptivos deben ser apartados de los demás, para que los alumnos normalizados puedan aprender sin tener que sufrir la interrupción constante generada por los alumnos que dan problemas de disciplina, y para que los que van a un ritmo más lento puedan, en una clase especial, recibir también más atención adaptada a su situación. Si hablar de separar alumnos 'degenerados' de los que no lo son y clasificar alumnos 'normalizados' o 'no normalizados' puede sonar impolíticamente correcto hoy en día, tampoco está en sintonía con la propuesta de Dewey.

En *Schools of tomorrow* (Dewey y Dewey, 1915) [*Las escuelas de mañana*], Dewey critica a Montessori por no dar la libertad de 'crear' a sus alumnos. En *Democracy and education* (Dewey, 1916) [*Democracia y educación*] critica que su espacio educativo fuese demasiado 'preparado', restrictivo y técnico. Dewey opina que el control del error que se encuentra en el material montessoriano y el objetivo *a priori* marcado por el Método no permiten una experiencia educativa verdadera, ya que esta solo se encuentra en la transformación por parte del sujeto de una materia prima en una materia acabada. Para él, la escuela debe ser un laboratorio como la vida misma, en el que los científicos construyen y experimentan con objetos desconocidos (Dewey, 1916) en vez de con materiales preparados para enseñar algo ideado de antemano.

En cambio, Montessori ve el aula como un ambiente preparado —algo parecido a un claustro— diseñado en función de las necesidades del niño, donde reina el silencio y el trabajo contemplativo individual del niño. Para ella, solo el alumno capaz de disciplina personal es capaz de convivir en sociedad.

Son esas críticas, también reflejadas en la prensa, —y la coyuntura de la participación de los Estados Unidos en la Primera Guerra Mundial—, las que hacen decaer el interés inicial por las ideas de Montessori en los Estados Unidos a partir de 1917 hasta el año 1947.

En 1957, un histórico acontecimiento provoca una puesta en cuestión de las ideas progresistas de Dewey y una reforma educativa de fondo en los Estados Unidos: el lanzamiento del satélite Sputnik. Ese año, contra todo pronóstico, Rusia lanza el primer satélite artificial al espacio, adelantándose a los Estados Unidos, un país que se consideraba en la época como una potencia mundial líder en tecnología espacial. Ese acontecimiento provoca una respuesta que hoy se conoce como 'la crisis del Sputnik'. La reacción de vergüenza y de pánico ante una posible amenaza soviética convierte a la educación americana en "el problema nacional" que hay que resolver (Powell, 2007). En 1959, la conocida revista *Life* publica una carta firmada por el Presidente americano Eisenhower que hace una crítica abierta a la influencia progresista que Dewey había tenido en la educación y realiza una llamada a un retorno a lo básico, destacando la importancia de los conocimientos y de la instrucción más directa (Berube, 1994). Hannah Arendt (1977) describe el sentimiento de rechazo que existe en la clase intelectual durante los años post-Sputnik —en 1959— en los Estados Unidos. Habla de las "más graves consecuencias" de la educación progresista, producidas por "la ilusión que surge del pathos de lo nuevo". Se refiere a la influencia del Romanticismo.

> Lo primero de todo, permitió a toda una serie de teorías educativas modernas, de origen centroeuropeo y que consistían en un pasmoso revoltijo de sensateces e insensateces, realizar la más radical revolución en el sistema educativo entero, bajo la bandera de una educación progresista. Lo que en Europa ha quedado como un experimento, probado aquí y allá en alguna que otra escuela y en instituciones educativas aisladas, y extendiéndose gradualmente luego su influencia a ciertos sectores, en América hace unos veinticinco años que ha desbaratado —como quien dice de un día para otro— todas las tradiciones y métodos establecidos de enseñanza y aprendizaje. [...]

> En cualquier caso, la respuesta a la pregunta de por qué Fulanito no sabe leer, o a otra más general de por qué el nivel de la escuela americana media está realmente tan retrasado respecto de los niveles medios de todos los países de Europa, su respuesta no es, por desgracia, que simplemente este país es joven y aún no se ha puesto al día con los niveles del Viejo Mundo; sino que, muy al contrario, este país, en ese campo en particular, es el más avanzado y el más moderno del mundo. Y esto es verdad en un doble sentido: en ninguna parte los problemas educativos de una sociedad de masas se han hecho tan agudos,

y en ninguna parte además las modernas teorías en el terreno de la pedagogía han sido aceptadas tan acrítica y servilmente. De este modo, la crisis de la educación americana por un lado anuncia la ruina de la educación progresista y, por otro lado, presenta un problema de dificultad inmensa, porque ha surgido en el seno de una sociedad de masas y como respuesta a sus exigencias. (Arendt, 1977)

A raíz de esa reforma, una década después del fallecimiento de Montessori, los americanos empiezan a releer a quien había sido tan duramente criticada por Dewey y a interesarse por ella. Ese hecho nos indica que los americanos nunca incluyeron a Montessori en la corriente de la educación progresista.

5.2.2 *Inglaterra: Edmond Holmes y William Boyd*

Recordemos que Edmond Holmes (1850—1936) llevó a cabo en 1912 una amable crítica del Método (Holmes, 1912), encargada por la Junta de Educación de Inglaterra. A pesar de ser positiva, esa publicación acabó perjudicando a Montessori en los ambientes religiosos ingleses, sobre todo entre los protestantes, debido a una declaración que Holmes había publicado un año antes sobre la necesidad de erradicar el dogma del pecado original en la educación:

Es la doctrina del pecado original, de la depravación congénita de la naturaleza humana, la que bloquea el camino a la reforma de la educación, bloquea el camino hacia ella al conferir a la educación el papel de ángel destructor en lugar de corresponderle el papel de alimentar la expansión de la vida del niño. [...]

Ya he sostenido que, si se va a reformar la educación, la doctrina del pecado original debe desaparecer; y ahora sostengo que, si queremos reformar nuestra filosofía de la vida, debemos abandonar, no sólo esa doctrina, sino toda la filosofía dualista que se centra en la oposición de la Naturaleza a lo Sobrenatural. (Holmes, 1911, TN)

Debido a la coyuntura de ambas publicaciones, se asoció a Montessori con la visión progresista y teósofa de Holmes (De Giorgi, 2019).

Dos años después, William Boyd (1874-1962), profesor de Educación de la Universidad de Glasgow, escribe un libro, *From Locke to Montessori: A critical account of the Montessori point of view* (Boyd, 1914) [De Locke a Montessori: una crítica del punto de vista montessoriano]. El libro contiene un sinfín de críticas sobre temas dispares; el documento no tiene hilo, no explicita su postura y los criterios en base a los cuales se basan las críticas.

El libro arranca con la cita de una nota realizada por los fabricantes americanos del material montessoriano que advierte de la importancia de no modificar el orden del material y de no sacarlo del contexto para el que fue diseñado:

'El aparato didáctico Montessori no es un conjunto de juguetes separables. Es un sistema para el entrenamiento de los sentidos y, aunque la secuencia no es dogmática, debe presentársele al niño en un cierto orden... Estos materiales no deben ser comprados por nadie que no tenga la intención de hacer de ellos un uso cuidadoso e inteligente de acuerdo con los principios del método Montessori.' (Boyd, 1914, TN)

Boyd interpreta esa advertencia como una prueba de que se trata de un método instrumental, en el que no existe intención, ni espíritu.

[En] educación, no existen los métodos de orden puramente objetivo que produzcan sus efectos al margen de las convicciones personales de quienes los administran. Puede haber dispositivos especiales separables de su contexto que sean de aplicación general, pero solo aquellos que enseñan dentro del espíritu de un sistema son capaces de demostrar adecuadamente sus posibilidades. (Boyd, 1914, TN)

En realidad, Montessori es la primera en preocuparse por la instrumentalización de su método, por insistir en el propósito inteligente del material y en la prevalencia del espíritu sobre le material.

Luego le reprocha haber recibido financiación para difundir un método cuyo experimento nunca concluyó, ya que se interrumpió abruptamente el proyecto de San Lorenzo en 1911. Boyd no hace ninguna referencia a la *Casa dei Bambini* que Montessori dirige desde hace años en Roma.

En su libro, Montessori dice que sus aulas permiten a las madres trabajar sabiendo que sus hijos están en buenas manos. Boyd la acusa de colaborar a la explotación de las mujeres en las fábricas.

Boyd reprocha a Montessori no definirse claramente. Dice que su método solo es la agregación de partes de métodos ajenos sin coherencia o esquema unificador. Considera que su método es una oportunista improvisación de ideas ya existentes.

Cabe destacar que esas críticas surgen antes de *Spontaneous activity in education* (Montessori, 1917) [Actividad espontánea en la educación], un libro ordenado por temas, más claro y divulgativo —dentro de lo que cabe— que sus primeros dos libros. Es posible que esas críticas le permiten definirse mejor a medida que ella escribe sobre su método.

Cuatro años después de la crítica de Boyd, Robert Rusk (1879-1972), profesor de educación de la Universidad de Edimburgo en Escocia, publica *The doctrine of great educators* (Rusk, 1918) [Doctrina de los grandes educadores], un compendio de las doce principales figuras cuyas teorías más influyeron a lo largo de la historia de la educación: Platón, Quintiliano, Elyot, Loyola, Comenio, Milton, Locke, Rousseau, Pestalozzi, Herbart, Froebel y Montessori. El hecho de que John Dewey no estuviese incluido en el listado de Rusk llama la atención, siendo Dewey una de las principales autoridades educativas en los Estados Unidos en el momento de la publicación del tratado.

En su tratado, Rusk describe extensamente el método montessoriano. Su estilo es principalmente descriptivo. Rusk critica escuetamente a Montessori sobre el tema de la fantasía y asimila el Método a la educación negativa de Rousseau. Rusk describe la importancia de la educación sensorial en Montessori y explica que el origen de esa dimensión se remonta a Séguin.

Rusk ubica a Montessori como uno de los destacados pedagogos de la historia de la educación y puntualiza las críticas a su método argumentando que se trata de un trabajo en progreso sobre el que aún no se puede emitir un juicio definitivo.

5.2.3 Irlanda: Timothy Corcoran

En 1924, Timothy Corcoran (1871-1943), un profesor de la Universidad de Dublín, escribe una serie de artículos en la revista irlandesa jesuita *Irish Monthly* (Corcoran, 1924e, 1924b, 1924d, 1924c, 1924a, 1924f), en los que critica enérgicamente a Montessori y le reprocha sus principios educativos no ortodoxos desde el punto de vista del catolicismo. Le parece inaceptable que el rol del maestro no sea activo en el aula y su método le parece peligroso. Es más, la acusa de blasfemia por hablar de Lombroso a la vez que cita a fuentes cristianas en sus textos.

El mismo año, Gerald Dease, que había sido Comisario Nacional de Educación en Irlanda y que era familiar de una religiosa que había acogido el Método en su comunidad religiosa, publica un artículo en la misma revista (Dease, 1924, citado en De Giorgi, 2018). Hace hincapié en que las criticas jesuitas están desfasadas, habla de las dos bendiciones apostólicas de Pío X y Benedicto XV y del voto a favor del Método por parte de destacados teólogos que se encuentra en consonancia con la tradición tomista.

El profesor Robert Fynne, del Trinity College de Dublin, zanja la discusión en un libro que ubica a Montessori en un linaje completamente distinto al de Rousseau, junto con Pereire, Itard y Séguin.

Según Fynne, Montessori es una gran educadora, dotada de una intuición extraordinaria (Fynne, 1924, citado en De Giorgi, 2018).

5.3 ¿Por qué tantas críticas?

5.3.1 Una nueva vía que no quiere encajar en las previas

Montessori no se deja etiquetar tan fácilmente. En ese punto Boyd tiene razón, no se define con claridad. Montessori tiene ideas de filosofía educativa a las que podemos llegar a través de los principios de su método, pero no usa las citas de manera que la puedan vincular explícitamente con una u otra postura respecto al movimiento antimodernista de la época.

5.3.2 Unas amistades más allá de las discrepancias ideológicas

Montessori nunca deja de tratar y de cultivar amistades con unos o con otros por sus ideas filosóficas, religiosas o políticas. Y tampoco rechaza ayuda para la difusión de su método de personas que tienen posturas distintas a la suya. Es precisamente esa forma de obrar la que le ayuda a llegar a todos los ambientes, pero que le merece también sospechas sistemáticas por parte de unos y de otros.

No deja de ser interesante el hecho de que se le reproche haber apoyado el régimen de Mussolini por mantener con él correspondencia, mientras Mussolini la expulsa de sus propias escuelas por no avenirse a su régimen. Puede también resultar contradictorio que Montessori haya estado durante muchos años en contacto con miembros de la masonería, pero luego son esos mismos miembros los que la echan de la *Casa dei Bambini* que ella misma había fundado. Puede también resultar incomprensible que tanto Pío X como Pío XI no fuesen receptivos a su método, mientras Benedicto XV y Pablo VI lo aprecian e incluso lo alaban. Otro ejemplo de esas contradicciones se encuentra en la importante discrepancia que tiene con la feminista laica Anna Maria Mozzoni. Mientras esta última habla de la "Eva Moderna", Montessori contrasta sin complejos esa figura a la maternidad de María de Nazaret. A pesar de sus diferencias con Mozzoni sobre ese tema concreto, Montessori firma el mismo año junto con ella una petición ante el Parlamento para la aprobación del voto para las mujeres (De Giorgi, 2016). Visto ese episodio con perspectiva, podemos llegar a la conclusión de que ella no actúa para complacer a nadie, hace lo que le parece correcto en cada momento, y se alía con quienes suscriben a sus ideas.

Por mucho que ella se mueve entre personas que tienen posturas concretas, no renuncia al espíritu de su método. Rechaza la oferta del millonario McClure por no perder el control sobre el espíritu de su método y se aleja del régimen de Mussolini cuando se da cuenta del intento de instrumentalizar sus trabajos. Acepta invitaciones de la Sociedad Teosófica en varias ocasiones para dar cursos y conferencias, pero luego cuando ellos se hacen con el Método, deplora que lo instrumentalicen sin entenderlo. Su actitud conciliadora tiene límites concretos precisamente porque tiene ideas claras de lo que quiere y de lo que no. Cuando intuye que alguien quiere hacerse con su prestigio o con su método, da la amistad o la colaboración por terminada. Por lo tanto, es en su método y en su correspondencia personal donde podemos encontrar las respuestas a esas contradicciones, no en las personas que la apoyan, ni en las personas con las que tiene trato, sencillamente porque no es nada fácil influir en Montessori.

En definitiva, se niega a convertirse en el instrumento puntual de unos o de otros en medio de los conflictos que existen entre positivistas y espiritualistas, entre teósofos y católicos, entre masones y cristianos, entre fascistas y antifascistas, etc. Un ejemplo claro de ello es Rabindranath Tagore, quien colabora en sus escuelas en la India. Ella siempre está dispuesta a colaborar, aunque no está dispuesta a ceder en el fondo. Para dejar bien claro el papel de Tagore en sus escuelas y su influencia en su método, habla de Tagore como de quien "añadió sus ideas poéticas a mis esfuerzos prácticos" (Montessori, 1948c, TN).

Ella se declara en varias ocasiones católica, pero no quiere convertir su obra educativa en profesiones de fe, aunque considera que está inspirada en el humanismo cristiano.

> Aunque estos padres no me conocían y por tanto ignoraban que yo era católica, y aunque en mi libro no hacía ninguna profesión de fe, les pareció que mi método era sustancialmente católico. La humildad y paciencia del maestro, el hecho de valorar las acciones más que las palabras, el ambiente sensorial como inicio de la vida psíquica, el silencio y el recogimiento de los niños pequeños, la libertad del alma infantil para perfeccionarse, la paciente atención a la prevención y corrección de todo mal, o incluso el simple error o la tenue imperfección, el control del error mediante el material de desarrollo y el respeto a la vida interior de los niños manifestado en el culto a la caridad eran principios de pedagogía que le parecían emanados e inspirados directamente del catolicismo. (Montessori, 2016)

El hecho de no querer convertir sus libros en profesiones de fe está, de hecho, muy en la línea de su entendimiento del concepto mismo de libertad. Montessori no es 'clerical', no busca las etiquetas. Está convencida de que muchas de las creencias que tienen las personas son por desgracia superficiales, debido a que la educación mecánica que ella tanto critica llevaba, en su opinión, a "una especie de compromiso entre el subconsciente rebelde y la conciencia". "Esto se debe", dice en una carta dirigida a una amiga, "no al contenido de la religión, sino a un concepto educativo erróneo, que ignora las leyes que rigen la formación psíquica y ocasiona conflictos que conducen a un resultado superficial más que a una construcción que tenga raíces profundas" (Montessori, 2016). Por lo tanto, se aleja de las etiquetas —que son superficiales— y procura actuar en el plano de las raíces profundas.

En definitiva, Montessori tiene su agenda educativa y nada ni nadie es capaz de hacer que se detenga en el camino.

5.3.3 Un método con características propias en cada etapa

A menudo, las críticas vienen por parte de pedagogos que no matizan sus críticas en función de la etapa educativa.

En su primer libro, Montessori habla de sus observaciones en niños de entre tres y siete años. Unos años después, publica un libro que trata de la etapa de educación elemental. Montessori siempre hace hincapié en las características propias a cada etapa, por lo que no se puede tomar frases suyas fuera de contexto para luego aplicarlas a niños de otras etapas.

Por ejemplo, Boyd critica a Montessori por no corregir al niño cuando se equivoca. No tiene en cuenta que el maestro montessoriano dirige al alumno a través del material que corrige el error; el maestro tiene mucho más protagonismo en etapas posteriores a la etapa infantil: "Anteriormente, la maestra perfecta era la que, apartándose, dejaba actuar al niño. El mismo proceso ya no será aplicable a partir de ahora [después de los seis años]" (Montessori, 1948b, TN).

Otro ejemplo es la escasa importancia que Montessori da a juegos que involucran la imaginación en la etapa infantil (dibujo, teatro, cuentos, etc.). Montessori introduce esas dimensiones en las clases de educación primaria, porque considera que los niños de menos de seis años han de educarse sensorialmente desde la realidad antes de adentrarse en el mundo de la abstracción. Dice que la imaginación solo debe fomentarse a partir de los siete años, puesto que no es bueno fomentar la credulidad en una mente inmadura (Montessori, 1936c).

De hecho, muchas de las críticas que recibe por parte de pedagogos de la época llegan antes del año 1916. En 1916, publica un libro sobre su método para la etapa de la educación primaria y matiza su postura en función de la edad. Sin embargo, sigue habiendo autores hoy en día que no hacen esos matices en función del periodo de educación. Cabe destacar que ese error no solo existe en la literatura de análisis del sistema montessoriano, sino que está muy generalizado en el debate de la pedagogía en general. Es muy común que, por un lado, se apliquen equivocadamente ideas propias de la educación infantil a otras etapas de educación o que, por otro lado, se apliquen ideas propias de la educación formal al ámbito de la educación infantil. Todo ello lleva a un debate estéril y mal enfocado.

Montessori es consciente de que la confusión de las etapas puede llevar a un debate estéril y mal enfocado: "Pensar en el Liceo usando el método de Froebel sería claramente un sinsentido. Defender los métodos propios de la atención a la primera infancia en la Universidad sería también un error" (Montessori, 2007b, TN).

5.3.4 *La instrumentalización del Método por intereses ajenos*

Montessori es instrumentalizada por parte de personas que quieren apropiarse del prestigio de su método para defender su propia visión de la educación —a veces naturalista, otras veces demasiado rígida—. Un ejemplo de ello es el informe encargado por la Junta de Educación de Inglaterra a Holmes, en el que el autor alaba a Montessori por romper con el orden establecido de la escuela tradicional permitiendo que cada niño sea "libre de hacer lo que le da la gana, cuando le da la gana", en una escuela "sin clase, sin lecciones colectivas y sin horario" (Holmes, 1912). Obviamente, Holmes no había entendido la estructura del programa diseñado por Montessori, ni entiende el sistema de materiales que está diseñado para controlar el error.

Montessori se resiste a lo largo de toda su vida a los intentos de instrumentalizar su método para fines religiosos, económicos o políticos. Rechaza una oferta del millonario McClure que le propone abrir un centro en los Estados Unidos para mantener su libertad respecto a la enseñanza de su método y para protegerlo de las distorsiones que suelen ocurrir en las exploraciones comerciales. Rechaza también una oferta de la hija del presidente americano Wilson para dar una serie de formaciones bajo el patrocinio de la Casa Blanca. Quiere controlar todo lo que se hace en nombre de su método.

Para garantizar la integridad de su método, llega hasta el extremo de solo reconocer como maestros montessorianos los que están formados personalmente por ella. Pero, muy a pesar de sus esfuerzos, no puede controlar todo porque, al fin y al cabo, el mundo de las ideas es un mercado libre. Por lo tanto, no cabe duda de que la instrumentalización de su método tuvo y sigue teniendo lugar, dando continuamente pie a malas interpretaciones[25].

5.3.5 *Una propuesta compleja, matizada y poco divulgativa*

Hay otra explicación a las críticas tan contradictorias que recibe Montessori. Sabe seducir a su público en sus conferencias, pues sabía transmitir conceptos complejos con amenidad y carisma. Sin embargo, su forma de hacerlo por escrito no es demasiado divulgativa. Ese hecho puede explicar por qué pocas personas consiguen captar el espíritu de su método y por qué muchas de las personas que la critican lo hacen con superficialidad. La pedagogía montessoriana es compleja y todo esfuerzo para simplificar su propuesta sobremanera está condenado al fracaso.

Montessori tiene una propuesta muy concreta, matizada y original. Sin embargo, ninguna obra suya integra todo su pensamiento y lo explica de forma amena, estructurada, ordenada y sistemática. Su propuesta está llena de matices que rompen con prejuicios, tanto

---

25. La fundación de la AMI tiene precisamente como objetivo mantener la integridad de la pedagogía montessoriana, contrarrestando interpretaciones incorrectas que dan pie a que el Método fuera invalidado por versiones que "lo hicieran más aceptable o popular" (Grazzini, 2004, TN). Tras el fallecimiento de su madre, Mario Montessori publica un artículo en el que explica el papel de la AMI, preocupado por las malas interpretaciones realizadas por asociaciones montessorianas que no son formalmente reconocidas por dicha asociación.

[Las asociaciones] tendían a enfatizar uno u otro aspecto del enfoque Montessori, perdiendo así la visión completa de una nueva y revolucionaria forma de educación. Por ejemplo, algunos enfatizan más el concepto de libertad en la educación, otros el de actividad, o la utilidad del material para la enseñanza, etc. De acuerdo con estas variadas ideas, la práctica escolar también se modificó, ya sea imponiendo un horario a los niños para las diversas actividades o introduciendo otros materiales junto con el material Montessori, o dando libertad ilimitada a los niños, o por el contrario, sometiéndolos a un sistema rígido de obediencia. (Mario Montessori, 1952, citado en Grazzini, 2004, TN).

en el bando de los defensores de la educación mecanicista como de los de la Educación Nueva. Detrás de su método, hay asunciones filosóficas y una concepción antropológica concreta de la persona, pero hay que descubrirlo leyendo todas sus obras de forma conjunta, sin prejuicios o ideas preconcebidas. Se trata casi de un trabajo de detective. No detalla, como otros autores educativos, su propuesta respecto a la filosofía de la educación. De hecho, ella misma dice que le reprocharon no saber nada de filosofía (Montessori, 1914). Tampoco lo niega. Va desvelándolo poco a poco a lo largo de cinco décadas, respondiendo a las críticas y las dudas; a veces da incluso la sensación de que su tesón responde a una intuición casi irracional que va definiéndose sobre la marcha, extrayendo de diversas teorías elementos que coinciden con sus ideas propias. Sus libros son densos, técnicos, poco divulgativos; pocos de los que opinan sobre el Método tienen una visión global de sus escritos, por lo que es tentador quedarse con los titulares, los prejuicios o con citas tomadas fuera de contexto.

Sus más fieles defensores pueden incluso, sin ser conscientes de ello, convertirse en los peores enemigos de su método. Eso ocurre cuando la leen parcialmente y no la entienden globalmente. Por ejemplo, en el prólogo de la primera edición americana del primer libro de Montessori, el profesor de Harvard Henry Holmes afirma: "El alumno Montessori hace lo que le place, siempre que no cause ningún daño" (Montessori, 1912b). Sabemos que no es exactamente así: solo existe una forma de utilizar el material y el control del error no permite al niño hacer todo lo que le plazca. Los defensores de su método pueden también desvirtuarlo cuando proponen con buena fe fusionarlo con otros. Holmes sugiere combinar el sistema de educación infantil americano con el sistema Montessori con el fin de encontrar un compromiso a medio camino entre dos posturas distintas (sobre el asunto de la fantasía, por ejemplo). Cómo veremos más adelante, Montessori lamenta el eclecticismo educativo (Montessori, 2007), considera que no se puede combinar métodos cuyas premisas son fundamentalmente incompatibles.

El problema fundamental que nos encontramos en los escritos de Montessori es que los motivos y las asunciones del Método requieren una lectura global y reposada, muchas horas de observación y un largo tiempo de reflexión. En *A Montessori Mother*, Canfield Fisher explica la dificultad que experimenta para transmitir a sus compatriotas la esencia del Método que conoce de primera mano en Roma. El lector, dice, anda en búsqueda de respuestas simples a problemas complejos. Según ella, el estilo de vida estresante y frenético hace que la gran mayoría de las madres y los padres están demasiado ocupados para leer los libros de Montessori y para entender los términos técnicos que emplea en ellos (Canfield Fisher, 1912). Concluye:

> La única forma en que podemos mejorar la vida de nuestros hijos mediante la aplicación de este método es meditando sobre él, hasta que hayamos absorbido su esencia, para luego ser capaces de aplicarlo en las diferentes condiciones de nuestras vidas. (Canfield Fisher, 1912, TN)

El estilo escrito de Montessori es metafórico, recargado, con alusiones a teorías obsoletas (ej. la teoría de la recapitulación, el lombrosianismo, la eugenesia) y su propuesta es trasmitida con un lenguaje a veces tortuoso. La autora salta de una idea a otra, trae anécdotas metafóricas complejas para convencer de sus ideas. No suele cerrar el bucle de sus argumentaciones de forma estructurada. Se ve en las ediciones americanas un esfuerzo por estructurar el texto añadiendo títulos en el índice que no estaban en el texto original. Aun así, el texto no fluye. Parece que intenta darnos de golpe todo lo que piensa sobre todas las cuestiones, sin orden o desarrollo argumental estructurado. Quizás su libro *Spontaneous activity in education* (Montessori, 1917a) sea el más ordenado de todos.

Algunos comentaristas de sus obras caen en la hagiografía y se niegan a ver los defectos de la autora o de su obra, lo que da a esa pedagogía aires místicos casi como si de un culto se tratara; otros critican sin haberla leído. Quizás esa sea la razón por la cual encontramos en muchos colegios Montessori intentos de integrar elementos que no están en armonía con lo que ella defendía (ej. la estimulación temprana, el uso de la tecnología en la infancia, la exclusión de la dimensión religiosa, la combinación de su método con métodos de la Educación Nueva, la educación emocional, etc.).

Leer a Montessori a fondo es una empresa ardua. Montessori tiene un tono muy autoritario, a veces incluso dogmático; no admite diálogo. Utiliza la dialéctica aristotélica, explica Stoops, pero no para aprender, sino para convencer.

> Utiliza formas de lógica aristotélica principalmente para explicar, nunca para saber; solo para discutir lo que ella ya sabe. Usa la lógica para persuadir, no para aprender. Tanto sus deducciones como sus inducciones están intercaladas por anécdotas que son a menudo falaces, según criterios estrictos, y a veces de forma flagrante. El recurso a la inducción que se encuentra en algunos de sus discursos puede llegar a ser frustrante para una persona lógica. Pero Montessori está simplemente persuadiendo y, en la persuasión, a menudo es tan efectivo parecer lógico como serlo. (Stoops, 1987, TN)

Otra cuestión digna de mención respecto a los escritos de Montessori es que recurre a citas de autores con los que discrepa en el fondo. Por ejemplo, cita a Wundt sobre la importancia de la pedagogía científica, pero discrepa de su enfoque mecanicista. Cita también a Kant, pero en otro libro clarifica que no es apriorista. Todo ello puede contribuir a despistar a un lector superficial, alimentando todo tipo de prejuicios respecto a su afinidad con corrientes con las que discrepa.

Más allá del lenguaje técnico, Montessori es una mujer con un sentido del humor fino; a menudo escribe con un tono de ironía que solo captan aquellos que conocen ese rasgo de su personalidad y que entienden bien el trasfondo de su método. Por ejemplo, alguna traducción de su obra[26] no capta bien la ironía que la caracteriza, considerando apoyo lo que en realidad es crítica que la autora formula a Claparède por eliminar asignaturas para así aliviar a los alumnos de la fatiga. En realidad, critica a Claparède por querer vaciar de contenido el currículum. Todas esas cuestiones pueden haber contribuido a reforzar los prejuicios respecto a su afinidad con la tradición romántica.

5.3.6 *Desconocimiento del Método en acción*

Para comprender el método Montessori es preciso entender el trasfondo de los principios, así como la relación que tienen con el material. Pero eso tampoco sería suficiente. Montessori insiste en que parte de la formación en el Método consista en la observación de los niños en sus aulas. El Método se basa en el supuesto de que los niños quieren trabajar y disfrutan haciéndolo sin castigo y sin recompensa externa. Debido a una visión pesimista de la naturaleza del niño, dice Standing, algunas personas creen que eso no es posible.

> Para alguien que nunca hubiera visitado una escuela Montessori anteriormente, la primera impresión que causa es la de ser algo casi milagroso. Estamos tan acostumbrados a pensar que los niños son criaturas que prefieren jugar a trabajar, a quienes de hecho sólo se puede hacer trabajar seduciéndolos, lisonjeándolos o por coacción. (Standing, 1988)

---

26. La traducción al español de la Editorial Diana (México), *La formación del hombre* (Montessori, 1986), no capta la ironía del autor, evidente en la versión italiana original: "Bisogna risparmiare la prima infanzia dal penoso lavoro dello studio!" (Montessori, 1953). Si bien la traducción al inglés es más rigurosa, la puntuación se omite en la primera oración del fragmento, esta facilita la detección de la ironía de la autora en la versión original. Por lo tanto, un lector que no esté familiarizado con todas las obras de la autora podría concluir, erróneamente, que Montessori comparte la visión de Claparède, y por lo tanto de la Educación Nueva. Este tipo de mala traducción es común en las obras de Montessori, lo que dificulta la comprensión de los matices de sus diferencias con sus contemporáneos.

Todos los conocedores del Método insisten en que sin los principios Montessori *en acción* es imposible entenderlos y asumirlos. El Método podría incluso parecer una utopía: "Es la falta de conocimiento directo de los principios Montessori en acción lo que explica por qué personas doctas, incluidos algunos pedagogos (que nunca han estado dentro de una escuela Montessori), la interpretan de una manera totalmente equivocada" (Standing, 1988).

La visión de Montessori deriva de la observación y del contacto directo con los niños, proporcionando unos resultados concretos que, en algunos casos, solo pueden entenderse al verlos en acción.

En definitiva, para entender a Montessori, hay que leerla enteramente, estudiarla, meditarla serenamente, sin filtros ni prejuicios. Intentaremos, pues, proceder a ese análisis a continuación, ubicando el Método frente a los principales rasgos del Romanticismo pedagógico.

6. Montessori y el movimiento de la Educación Nueva

El método Montessori nació en plena expansión del movimiento de la Educación Nueva en Europa. Aún que se considera a Montessori una figura clave dentro de ese movimiento, ella se considera a sí misma como *precursora* de este y manifiesta claramente sus divergencias con la forma en que se desarrolla. Si bien es cierto que Montessori usa la dialéctica de la educación 'vieja' y 'nueva' y tiene algunos elementos en común con esa corriente (lo cual puede explicar episodios puntuales de colaboración), se aleja explícitamente de sus postulados en varias ocasiones. Su relación con ese movimiento nos ayuda a entender su postura frente al Romanticismo de Rousseau, una de las principales fuentes de inspiración de esta corriente. Para comprender la relación que existió entre nuestra autora y la Educación Nueva, será necesario tener en cuenta los orígenes y fundamentos de ese movimiento. Hablaremos brevemente de las diversas entidades que lo representaron[27] y explicaremos la relación entre Montessori y los principales protagonistas del movimiento, cómo por ejemplo el Instituto Jean-Jacques Rousseau (*Institut Jean-Jacques Rousseau*), así como con algunos de sus instigadores, como Adolphe Ferrière, Ovide Decroly o Pierre Bovet. A continuación, hablaremos de su participación en los eventos organizados por la Liga Internacional para la Educación Nueva y en la revista *Pour l'*Ère nouvelle, que aglutina a los principales autores que protagonizan esa corriente.

---

27. La explicación de los orígenes y desarrollo de la Educación Nueva está detallada en *Genève: creuset des sciences de l'éducation* (Hofstetter, 2010).

6.1 Resumen de los orígenes y fundamentos de la Educación Nueva

6.1.1 El B.I.E.N. y las 'Escuelas Nuevas'

En 1900, Adolphe Ferrière (1879-1960) funda la Oficina Internacional de las Escuelas Nuevas (*Bureau international des écoles nouvelles*, B.I.E.N.). Ferrière está involucrado en casi todas las iniciativas relacionadas con la Educación Nueva en Europa[28]. Crece muy cerca de las primeras Escuelas Nuevas; un primo y un hermano suyo van a estas escuelas en Inglaterra y en Alemania (Gerber & Czaka, 1989). De hecho, la idea de fundar el B.I.E.N. le es sugerida cuando tiene veintiún años por Edmond Demolins, fundador de la Escuela Nueva *des Roches* en Verneuil-sur-Avre, una iniciativa inspirada en otras Escuelas Nuevas como *Abbotsholme* y *Bedales*. El B.I.E.N. pretende ser un grupo de estudio y experiencias educativas al servicio de las Escuelas Nuevas, que son entonces cada vez más numerosas en Europa y que no cuentan con una entidad que les representa. Ferrière se convierte pronto en un entendido de las Escuelas Nuevas, visitándolas con frecuencia y describiéndolas en una serie de artículos titulados *Les écoles nouvelles*, publicados en la *Revue Illustrée*. Ferrière las describe como "los laboratorios de la escuela del mañana" (Ferrière, 1911c).

La gran mayoría de las Escuelas Nuevas de la época no son públicas; son escuelas privadas elitistas (Stewart, 1972) destinadas, como explica Ferrière, a la formación de la élite política. Ese empeño tiene poco que ver con el rol prioritario que Rousseau da a la educación pública en sus obras (Rousseau, 2002), o con los ideales de la democratización y de la universalidad de la educación que encontramos

---

28. Por ello, el resumen de su *Petit Journal* titulado *Vie et œuvre d'Adolphe Ferrière (1879-1960), Chronologie de son existence*, elaborado por Gerber y Czaka (Gerber & Czaka, 1989), es de gran utilidad para comprender el origen y el contexto del movimiento de la Educación Nueva. Este documento narra los principales acontecimientos de la vida de Ferrière; está elaborado tras una lectura atenta de sus diarios (cuadernos de notas), en particular de su *Petit Journal* escrito a mano.

generalmente entre sus discípulos. Si bien, en estos aspectos específicos, las Escuelas Nuevas se alejan de los ideales de Rousseau, tienen sin embargo algo en común: sus principios se basan en las ideas pedagógicas y políticas de éste, calificándole de 'genial teórico' de la educación moderna [Educación Nueva] (Ferrière, 1911a).

6.1.2 Fundación del Instituto J.-J. Rousseau y del B.I.E.

En 1912, Édouard Claparède (1873-1940), médico y profesor de la Universidad de Ginebra, funda con Adolphe Ferrière y Pierre Bovet (1878-1965) el Instituto Jean-Jacques Rousseau en Ginebra. Los objetivos y las funciones de la organización son: 1) la formación, 2) la investigación, 3) la información y la documentación y 4) la difusión pedagógica (Helmchen, 1995). Aunque la elección del nombre del Instituto está inicialmente controvertida, los principios fundacionales del Instituto forman parte de la tradición pedagógica de Rousseau, cuya autoría intelectual está constantemente reivindicada por Ferrière y Claparède (Bovet, 1932; Helmchen, 1995; Hofstetter, 2012).

En 1925, el Instituto Jean-Jacques Rousseau vota a favor de la creación, con la ayuda de una donación de la Fundación *Rockefeller* (Lawn, 2008), de la Oficina Internacional de la Educación (*Bureau international d'éducation*, B.I.E.), una asociación privada dedicada a la investigación en el ámbito educativo, con sede en Ginebra. En 1929, el B.I.E. se convierte en la primera organización intergubernamental en el ámbito de la educación. En 1969 pasa a formar parte de la UNESCO como centro internacional especializado en educación.

6.1.3 La L.I.E.N., el N.E.F. y su origen teosófico

Mientras se fundan el B.I.E.N. y el Instituto Jean-Jacques Rousseau, Beatrice Ensor (1885-1974) crea el grupo *New Ideals in Education* [Nuevos ideales en educación] en Inglaterra, cuya primera conferencia se celebra en 1914. Uno de los miembros de ese grupo es

Edmond Holmes, autor del informe complaciente con la pedagogía Montessori del que hemos hablado.

Ensor pertenece a la Sociedad Teosófica, movimiento del que hablamos anteriormente. En 1915, funda la Fraternidad Teosófica en Educación (*Theosophical Fraternity in Education*), a la que pertenece también William Boyd, autor de un libro especialmente desfavorable a las ideas de Montessori del que hablamos antes. Como teósofo, Ensor funda la revista *The New Era*. Algunos autores han enfatizado hasta qué punto la educación es clave para llevar a cabo la misión de la teosofía (Brehony, 2004; Lawson, 1981). Sin duda, la ideología de la teosofía influye en la forma que Ensor tiene de entender la educación. Ensor planea la organización de conferencias internacionales que sirven de vehículo a la teosofía. El primer congreso tiene lugar en Calais, en 1921; asisten unas 140 personas.

Ferrière asiste a la conferencia de Calais, junto con Ovide Decroly (1871-1932), con algunos educadores ingleses y con varios miembros de la Sociedad Teosófica que ayudaron a organizar la conferencia. Entre estos últimos, pocos habían estado en contacto directo con la profesión docente (Brehony, 2004). El director de la Escuela Nueva des Roches no asiste al congreso, por considerarlo un vehículo de la teosofía (Boyd & Rawson, 1965).

En Calais se funda la Liga Internacional para la Educación Nueva (*Ligue internationale pour l'Éducation nouvelle*, L.I.E.N.)[29] (que los anglosajones llamaban *New Education Fellowship*, N.E.F.), cuya

---

29. "La 'Liga Internacional para la Educación Nueva' fue creada por iniciativa del *New Education Fellowship* inglesa, representada por la Sra. Beatrice Ensor y por su presidente el Sr. Baillie-Weawer, así como por la Oficina Internacional de las Escuelas Nuevas, representada por su director el Sr. Adolphe Ferrière, de Ginebra. Además de las tres personas mencionadas, las siguientes personas participaron activamente en el desarrollo de los principios de adhesión: Para Francia, las señoritas J. Decrois (Rouen) y M. Bermond (París); para Bélgica, el Dr. O. Decroly; para Suiza, el Sr. Robert Nussbaum; para Alemania, la Srta. Dra. Elisabeth Rotten" (La Rédaction, 1922).

misión es organizar un congreso cada dos años y editar, a partir de 1922, la revista *Pour l'Ère nouvelle* [30].

Durante la década de 1920, el núcleo central de B.I.E. ejerce cierto control dentro de la L.I.E.N. (en lo que respecta a la organización de conferencias, la supervisión de los contenidos de su revista, etc.); a efectos prácticos, las dos instituciones se confunden (Hofstetter, 2010).

A pesar de la gran cantidad de artículos publicados en *Pour l'Ère nouvelle*, la revista no tiene mucho éxito, oscilando de 562 a 804 suscriptores entre los años 1931 y 1936 (Gutierrez, 2011b). Continúa publicando durante la Segunda Guerra Mundial, pero con cada vez menos publicaciones al año. Se publica por última vez en 1947. Los congresos también conocen un éxito tímido, con una asistencia que oscila de 150 a 1400 entre los años 1921 y 1936 (Brehony, 2004).

6.1.4 El eclecticismo del movimiento de la Educación Nueva

Aunque se considera a Rousseau el 'genial teórico' de la Educación Nueva, un cierto grado de eclecticismo caracteriza a este movimiento. Las circunstancias y la historia de la fundación de las entidades que lo representan dan fe de ello. Por un lado, los teósofos toman parte en la configuración de ese movimiento, con el fin de llegar a un modelo educativo que sigue la filosofía de la teosofía. En 1921, Ensor anuncia explícitamente que el propósito del congreso de Calais es "formular principios fundamentales, una filosofía de la educación basada en nuestro conocimiento filosófico" (Ensor, 1921). Los teósofos ven en la Educación Nueva un instrumento global para preparar la próxima generación de la humanidad a la llegada eminente de su mesías (Brehony, 2004).

Por otro lado, el movimiento está formado por representantes de las Escuelas Nuevas y por quienes proponen métodos basados en la

---

30. Los archivos de la revista están disponibles en línea: http://www.unicaen.fr/recherche/mrsh/pen

práctica y abogan por la importancia de la experiencia educativa, sin basarla en una propuesta teórica compartida.

El contenido de las conferencias y de los artículos de la revista *Pour l'Ère* nouvelle ilustra la variedad de propuestas y formas de concebir la educación. Las Escuelas Nuevas son en su gran mayoría privadas y elitistas, por lo tanto, bastante alejadas de los ideales de educación universal y pública defendidos por ciertos autores de *Pour l'*Ère nouvelle. Por ejemplo, algunos defienden tímidamente la educación religiosa, otros como Alice Jouenne, activista socialista y defensor de la escuela secular, habla de un "conflicto entre la razón, el pensamiento libre y un neomisticismo que impregna todos los ámbitos" (Jouenne, 1929, TN). Jouenne encarna la compatibilidad entre la lucha por el secularismo y la espiritualidad promovida por la teosofía, de la que ella misma es miembro (Wagnon, 2017). La "supremacía del espíritu" se había de hecho colocado en el primer lugar entre los principios de adhesión de la L.I.E.N.[31] La cuestión del

---

31. Principios de adhesión de la L.I.E.N.:

1. El fin esencial de toda educación es preparar al niño a querer y a realizar en su vida la supremacía del espíritu; la educación debe, pues —cualquiera que sea el punto de vista del educador—, tender a conservar y a aumentar la energía espiritual del niño.

2. La educación debe respetar la individualidad del niño. Ésta sólo puede desarrollarse mediante una disciplina que conduzca a la liberación de las potencias espirituales del niño.

3. Los estudios y, de una manera general, el aprendizaje de la vida, deben dar libre curso a los intereses innatos del niño, es decir, a los que brotan espontáneamente en él y encuentran su expresión en las diversas actividades de orden manual, intelectual, estético, social y de cualquier otro género.

4. Cada edad tiene su carácter propio. Por tanto, la disciplina personal y la colectiva deben ser organizadas por los mismos niños con la colaboración de los maestros. Ambas disciplinas deben tender a reforzar el sentido de las responsabilidades individuales y sociales.

5. La competencia egoísta debe desaparecer de la educación y ser sustituida por un espíritu de cooperación que enseñe al niño a poner su individualidad al servicio de la colectividad.

6. La coeducación que desea la Liga —coeducación que equivale a instrucción y educación en común— no significa el trato idéntico impuesto a los dos sexos, sino una colaboración que permite a cada uno de ellos ejercer libremente sobre el otro una saludable influencia.

7. La educación nueva preparará en el niño no sólo al futuro ciudadano capaz de cumplir sus deberes para con sus próximos, su nación y la humanidad en su conjunto, sino también al ser humano consciente de su dignidad como hombre.

Los principios de adhesión se encuentran en cada una de las revistas *Pour l'Ère nouvelle*.

laicismo es, además, tema de un debate no resuelto en el congreso de Cheltenham (Lawson, 1981). El anuncio del congreso de Locarno refleja igualmente la variedad de puntos de vista: "Hoy nos encontramos en medio de un laberinto de diferentes métodos e ideas en el ámbito educativo. Durante el congreso, intentaremos descubrir los principios fundamentales que subyacen a estos diversos esfuerzos" (Éditeur, 1926, TN).

Aunque el carácter ecléctico de la L.I.E.N. da lugar a varios momentos de divergencia (Gutierrez, 2011b), los contornos borrosos de términos como 'filosofía', 'libertad' o 'espíritu' dan lugar a una infinidad de interpretaciones. El eclecticismo educativo es el resultado de un enfoque eminentemente práctico que da más importancia a la experiencia educativa que a la teoría educativa[32]. En definitiva, el eclecticismo se convierte en una de las características del movimiento con el que sus discípulos se acostumbran a convivir. De hecho, Decroly habla de "eclecticismo razonable" (Decroly, 1924, TN).

Quizás sea este carácter ecléctico, sumado a las dificultades económicas, la caída del Frente Popular y la Segunda Guerra Mundial, lo que hace que las actividades del movimiento de la Educación Nueva sean menos intensas hacia el final de la década de los treinta, aunque su revista dura hasta el año 1947. En 1966, el N.E.F. se convierte en el *World Education Fellowship International*, una organización no gubernamental de la UNESCO.

---

32. A los treinta años, Ferrière participaba en un concurso en el Instituto de París sobre la filosofía de la educación que nos permite comprender mejor su punto de vista respecto a la teoría de la educación. En su diario personal Ferrière resume su discurso: "La filosofía domina las ciencias; una ciencia teórica domina la ciencia práctica de la educación. No existe una 'filosofía' de la 'educación'" (Gerber & Czaka, 1989, TN). Por lo tanto, no solo es que no exista la filosofía de la educación para Ferrière, sino que para él la filosofía es 'el' principal problema de la educación. Esa conclusión es una continuación lógica de las palabras de Rousseau de un siglo y medio antes: "Y con mucha gravedad nos venden por filosofía los sueños de algunas malas noches" (Rousseau, 1762, TN).

6.2 Relación entre Montessori y el movimiento de la Educación Nueva

6.2.1 En el plano formal

6.2.1.1 Montessori, el B.I.E.N., el B.I.E. y la L.I.E.N.

Montessori no participa en la fundación del B.I.E.N., ni del B.I.E. ni de la L.I.E.N. No aparece ni en el comité ejecutivo, ni en el comité asesor, ni en el comité internacional de la L.I.E.N.; el único corresponsal italiano designado por la L.I.E.N. es el profesor Lombardo-Radice (Haenggeli-Jenni, 2011; La Rédaction, 1930).

Aunque el primer libro que Montessori publica en italiano (Montessori, 1909) está publicado en francés en 1912 por el Instituto Jean-Jacques Rousseau en una versión abreviada (Montessori, 1912a), Montessori acaba distanciándose y la reacción es mutua. Bovet lo explica en 1932:

> La Sra. Montessori no se mostró demasiado agradecida por nuestro interés en su trabajo. Limitó la impresión de la traducción que ella misma había alentado y no permitió una segunda edición.

> En cualquier caso, solo vimos en el método Montessori, en sus preceptos y en su material, una recomendación de objeto de estudio para nuestros alumnos, no unas normas intangibles. Guiados por los principios de la educación funcional, es decir, por las leyes de desarrollo del niño, aprovechamos las intuiciones de esta doctora, sus hallazgos didácticos, igual que lo hicimos con Decroly y Dewey, sin hablar del viejo Froebel, tan a menudo traicionado por sus discípulos. Pero nunca pudimos profesar la ortodoxia montessoriana. (Bovet, 1932, TN)

Montessori no figura, ni entre los profesores, ni entre los conferenciantes del Instituto (Hofstetter, 2010). Teresina Bontempi, una maestra con experiencia práctica en el Método (pero que carecía de conocimientos teóricos) es elegida por el Instituto para dirigir un curso sobre el método Montessori a partir de 1913. Montessori reprocha a Bontempi no ser fiel a su método (Bovet, 1932; Sahlfeld & Vanini, 2018). Este episodio da lugar a una disputa entre Montessori y Bovet, director del Instituto, quien accede finalmente a retirar del curso cualquier referencia montessoriana (Kolly, 2020). En 1913, el Instituto funda la *Maison des Petits* (traducción francesa de *Casa dei Bambini*), con el fin de legitimar su enfoque científico-empírico basado en la experiencia. Aunque se reconoce que esta iniciativa está explícitamente inspirada en la *Casa dei Bambini* (Perregaux et al., 1997), Montessori no interviene en ella. Esa escuela implementa una pedagogía ecléctica que toma ideas prestadas de Froebel, Montessori, Dewey y Decroly (Bovet, 1932; Perregaux et al., 1997).

A partir de 1929, Montessori no puede ser miembro del B.I.E., ya que los primeros estatutos de la organización no permiten la adhesión de una persona física (Grazzini, 2004). Por lo tanto, la situación da pie a que otros hablen de su método en su nombre. Para que Montessori pueda hacer valer su punto de vista dentro del B.I.E., es necesario que el gobierno italiano sea miembro y que la nomine como su representante. Pero entre los años 1929 y 1935, el régimen fascista se abstiene de pedir la adhesión al B.I.E. por razones políticas, muy a pesar de la insistencia de Montessori. La animosidad entre el B.I.E. y el régimen fascista es recíproca. En su diario personal, Ferrière hace alusión a la amenaza del B.I.E. de retirarse del Congreso de Locarno (1927), ante la posibilidad de que un fascista participara en el congreso (Gerber & Czaka, 1989). De hecho, la revista *Pour l'Ère nouvelle* da fe de la oposición pública al régimen fascista por parte de varios representantes del movimiento de la Educación Nueva (Boschetti-Alberti, 1935).

En ese sentido, el reconocimiento del método educativo montessoriano por Benito Mussolini en 1924 después de su acceso al poder puede no haber favorecido la integración de Montessori en el movimiento de la Educación Nueva. No hay consenso en la literatura sobre si Montessori apoya o rechaza el régimen fascista. Algunos autores opinan que el método Montessori fue concebido con la misma finalidad que el régimen fascista (Leenders, 2019). Otros creen más bien que ese anacronismo no resiste el análisis histórico realizado en perspectiva (De Giorgi, 2018b), pues el método Montessori surge varios años antes de que el fascismo exista. Además, Mussolini llega inicialmente al poder democráticamente con el apoyo de varios intelectuales, académicos, además del apoyo inicial del Parlamento italiano, incluyendo el de los socialistas (Kramer, 2019). En definitiva, el Mussolini de 1938 no es comparable al de 1924 (Kolly, 2020). Se habla también de Montessori en términos de "fascista fracasada" (De Giorgi, 2018b): cuando se da cuenta de lo que significa el fascismo y del intento por parte del régimen de instrumentalizar su método para fines que ella no comparte, rompe con Mussolini.

Sobre el tema de la compatibilidad entre las prácticas pedagógicas de Montessori y un proyecto de tipo autoritario, Kolly explica:

> Es difícil considerar que hubiese una contabilidad natural entre esta pedagogía y el régimen fascista: estos dos pilares que son la libertad del niño y el cuestionamiento del rol del adulto y de su poder sobre el niño parecen, en efecto, contradecir cualquier intento de incorporar a los niños a una ideología concreta. (Kolly, 2020, TN)

Otros explican la breve colaboración en términos de una voluntad de instrumentalización mutua oportunista entre el dictador y la pedagoga, situación condenada al fracaso, por las obvias discrepancias de fondo:

> Existía una intención básica común en la que estos dos socios improbables sentían podían confiar para lograr algo mutuamente beneficioso. La idea del orden les atraía a ambos de formas diferentes, y Montessori debió de pensar que podría aprovechar la disposición del régimen a apoyar su sistema

con el fin de aliviar algo los efectos de dicho régimen —una idea cuya inviabilidad nos resulta evidentemente más fácil ver hoy en día de lo que le resultaba entonces a ella— mientras Mussolini veía en el método Montessori no el aspecto de la estimulación del desarrollo individual sino la sustitución del caos por el orden.

Él veía que, para ella, la libertad significaba poder elegir de entre aquello que el alumno tenía a su disposición; lo que él no fue capaz de anticipar es que ella jamás permitiría que nadie salvo ella decidiera qué era eso. (Kramer, 2019)

La hipótesis de un aprovechamiento mutuo oportunista entre el dictador y la pedagoga es coherente con la hipótesis de la estrategia de la 'doble ganancia' según la cual Montessori habría aceptado que sus ideas se difundieran según dos lógicas: una difusión amplia (con el riesgo de una cierta pérdida de control) y otra más controlada (con la desventaja de una difusión más reducida) (Kolly, 2020). Por otro lado, esta hipótesis debe ser matizada por el hecho de que Montessori no estaba preparada para hacer cualquier concesión para conseguir una difusión más amplia. El interés por la difusión siempre tuvo claros límites: la integridad de su método. De hecho, la relación entre Montessori y Mussolini llega a deteriorarse precisamente por ese motivo, hasta el punto en que ella se niega, en 1934, a ser 'embajadora de la infancia' en representación del gobierno fascista, eligiendo hacerlo exclusivamente como representante de la AMI (Kramer, 2019). En represalia a su plantón, Mussolini cierra todas sus escuelas y Montessori se exilia de Italia.

Aunque Italia se adhiera al B.I.E. en 1935, el cierre de las escuelas Montessori en Italia supone una nueva complejidad para ella a la hora de explicar su método y su punto de vista sobre el movimiento de la Educación Nueva. Montessori está además convencida de haber sido pionera del movimiento y lamenta que se aleje de su concepción de la educación. En una carta escrita en 1931, Montessori lamenta no poder explicar ella misma a los representantes de las naciones miembros del B.I.E. "aquellas ideas educativas y sociales que han ejercido una influencia notable sobre la educación nueva y sobre la visión renovadora de la teoría educativa, en lugar de los que hablan [del método] sin la autoridad requerida para hacerlo" (Grazzini, 2004, TN). Así, Montessori se erige a sí misma como precursora del movimiento, deplorando que su método fuese instrumentalizado sin respetar su esencia, y se queja de no ser reconocida en toda justicia como pionera[33].

6.2.1.2 Montessori, la revista Pour l'Ère nouvelle y los congresos de la L.I.E.N.

Un estudio en profundidad de las publicaciones de *Pour l'Ère nouvelle* indica que Montessori no forma parte de su comité editorial o de su comité de redacción, tampoco es una colaboradora habitual de la revista.

Montessori declina la invitación para participar al congreso de Calais. Sin embargo, uno de sus colaboradores, Claude Claremont, es ponente en Calais y habla de su método (Editeur, 1921). Aunque se puede llegar a la conclusión de que Claremont actúa entonces como representante autorizado de la pedagogía Montessori, los colaboradores de Montessori —incluyendo Claremont— bien saben que nadie puede hablar del Método en nombre de Montessori; cuando lo hacen, siempre es a título personal (Claremont, 1920).

En 1923, *Pour l'*Ère nouvelle publica un artículo en el que se le reprocha su falta de interés en el movimiento. Se le reprocha haber declinado una invitación al congreso de Montreux y haber expresado su deseo de publicar una revista suya propia, al margen de *Pour l'*Ère nouvelle:

---

33. Esta visión es compatible con la descripción que se hace del primer laboratorio del Instituto Jean-Jacques Rousseau, la *Maison des Petits*. Se señala que Montessori fue "aunque muy a pesar suyo, una inspiración [de la iniciativa]" (Perregaux et al., 1997).

> La Sra. Montessori dice que no puede ir a Territet. Será una gran decepción para muchos de nosotros. [...] Y ahora la Sra. Montessori habla de crear una nueva revista. ¿Por qué tantas revistas? ¿No sería mejor dejar a la Sra. Montessori y sus colaboradores unas cuantas páginas en cada número de la nuestra? [...] Tendremos que considerarlo a su debido tiempo. Como tal, ¡su presencia en Territet sería muy deseable! (La Rédaction, 1923, TN)

La palabra 'Montessori' aparece en el título de 23 artículos de *Pour l'Ère nouvelle*. Uno puede llevarse la impresión de que Montessori tiene un papel importante en la revista o que es una figura clave del movimiento de la Educación Nueva. Sin embargo, muchos de estos artículos son opiniones sobre su método por parte de quienes lo interpretan a su manera y no están autorizados a hacerlo por ella (Valli, 1922); otros son especialmente críticos con ella y su método.

En 1926, aparece en la revista bajo el título: *Les précurseurs de Mme Montessori* [Los precursores de la Sra. Montessori] (Van Reesema, 1926ª; 1926b; Van Reesema, 1926c, TN), un artículo en tres partes que carga duramente contra su método. Según la autora holandesa, la concepción de la libertad de Montessori (a quien llama 'señora', no 'doctora') limita el trabajo y los juegos del niño al material rígido proporcionado por su método, de manera que el niño no es verdaderamente libre; habla incluso de "adiestramiento". Según ella, la "dictadura Montessori" puede funcionar en barrios italianos pobres como San Lorenzo, pero no funciona en Holanda. Para esta autora, Montessori carece de originalidad, ya que su método es una mera reformulación del de Séguin e Itard.

En el último número de la revista de 1926 que se dedica exclusivamente a la Educación Nueva en Italia, Montessori no tiene voz en él. Es más, es en este último número que encontramos el tercer artículo que critica duramente su método y en el que se anuncia que el próximo congreso de la L.I.E.N. se centrará en el tema de la libertad: "¿Qué debemos entender por libertad en educación?" (Ferrière,

1926a, TN). Montessori no está en la lista de los conferenciantes invitados al congreso.

En el mismo número, Ferrière publica un artículo que resume su visita a Italia: *Une visite aux pionniers de l'École active en Italie* [Una visita a los pioneros de la Escuela Activa en Italia]. Describe su encuentro con Montessori, con sutiles reproches bajo el disfraz de una aparente cortesía:

> Pocas mujeres son tan famosas como la Sra. Montessori. Pero pocas personas llegaron a conocerla. No asiste a los congresos. Dice que le gusta más escuchar que hablar. Que es reacia a la discusión. Que necesita serenidad para estudiar al niño. [...] No excluye el juego libre o el dibujo libre de la vida del niño, como se le reprocha, pero piensa que sirven para el descanso, fuera de la escuela. [...] Muchas leyendas circulan sobre las opiniones de la Sra. Montessori. Encontré en ella un espíritu que solo quiere reconocer a la ciencia como árbitro supremo: la observación del niño pequeño y la experiencia. Pero pienso que cuando dirija su atención a los distintos tipos de niños que existen, hará descubrimientos educativos que bien podrían transformar y enriquecer el potencial y la eficacia de su material. (Ferrière, 1926b, TN)

En junio de 1927, dos meses antes del congreso de Locarno en el que no participaría, responde a los tres artículos publicados por Van Reesema en 1926, rebatiendo las críticas que ésta hace a su método. Lo expone en *Pour l'Ère* nouvelle, en un artículo titulado "Discipline et liberté" [Disciplina y libertad]:

> Se afirma generalmente que la libertad y la disciplina son conceptos opuestos y que, si uno de los dos existe, el otro desaparece automáticamente. Afirmo, por el contrario, que no solo uno proviene del otro, sino que no pueden existir por separa-

do. [...] Si estudiamos el mejor método para establecer la libertad, acabamos naturalmente con una disciplina maravillosa, y si nos proponemos estudiar el mejor método para obtener disciplina, encontramos que no hay otra forma de hacerlo que concediendo libertad a los niños.

La libertad se confunde generalmente con la indisciplina. La indisciplina no es libertad, sino desorden. [...]

La disciplina es algo muy grande. Solo se puede lograr mediante el perfeccionamiento del individuo, igual que se obtiene la armonía perfecta en una orquesta en la medida en que cada músico alcanza la perfección en el uso de su propio instrumento. (Montessori, 1927, TN)

Como hemos expuesto anteriormente, a diferencia de la educación negativa propuesta por Rousseau y que marca la tradición de la Educación Nueva, Montessori no concibe la imposición de reglas, de un material, de una estructura externa —el entorno preparado— como una limitación a la libertad del niño. Para ella, "la libertad sin organización del trabajo sería inútil" (Montessori, 1914, TN).

Los argumentos del artículo que Montessori publica en 1927 en *Pour l'Ère nouvelle* no se discuten en el congreso de Locarno, al menos no se mencionan en los artículos de la revista que resumen los avances del congreso. Las diferencias entre Montessori y el movimiento de Educación Nueva son cada vez más flagrantes.

En 1929, después de cuatro congresos de la L.I.E.N. sin Montessori, los organizadores deciden involucrarla en la preparación del Vº Congreso en Elsinor (Gerber & Czaka, 1989). Unos días antes del congreso, Montessori se reúne con Adolphe Ferrière, Beatrice Ensor, Ovide Decroly y Elisabeth Rotten. Da una conferencia en el congreso. El único congreso de la L.I.E.N. al que asiste Montessori es el que recibe más asistencia en la historia de la L.I.E.N.[34] (Brehony, 2004). Es importante precisar que Beatrice Ensor había pedido a Montessori que hiciera coincidir su Primer Congreso Internacional Montessori, en fechas y en lugar, con el congreso de la L.I.E.N., con el fin de aumentar la asistencia mutua. Es durante ese primer congreso que Montessori toma la decisión de seguir su propio camino y funda la AMI.

La conferencia que Montessori ofrece en el congreso de Elsinor trata de los periodos sensibles y de la construcción de la personalidad del niño (Montessori, 1929). Un resumen del Primer Congreso Internacional Montessori se puede encontrar en un artículo de *Pour l'Ère nouvelle*, firmado en 1929 por una seguidora de Montessori. Compara los dos congresos y explica los puntos en común y las diferencias:

> Una característica común a los dos Congresos ha sido sin duda las cuestiones de la 'investigación' y de la 'mejora'. [...] Sin embargo, hay gran diferencia: mientras en el gran Congreso se discute acerca de una multitud de nuevas vías, encontradas o aún por encontrar, en el Congreso Montessori se trata de profundizar en el conocimiento de las condiciones que son capaces de suscitar el crecimiento espontáneo en el joven ser humano. (Joosten, 1929, TN)

Desde el punto de vista de quien defiende incondicionalmente y sin el menor espíritu crítico el movimiento Montessori, como parece ser el caso de la autora del artículo, el movimiento de la Educación Nueva se encuentra todavía en una fase exploratoria. En cambio, se ve a la pedagogía Montessori como un método experimentado con éxito y en proceso de perfeccionamiento. Esta interpretación casi aduladora del

---

34. 150 personas asisten a Calais en 1921; 300 a Montreux en 1923; 450 a Heidelberg en 1925; 1200 a Locarno en 1927; 2000 a Elsinor en 1929; 1800 a Niza en 1932; 1400 a Cheltenham en 1936. 300 personas asisten al Primer Congreso Montessori Internacional en 1929.

método Montessori contribuye a fortalecer los argumentos de quienes califican el Método de dogmático y ortodoxo. También es interesante notar que los montessorianos hablan de 'dos Congresos', mientras que *Pour l'Ère nouvelle* quiere dar la impresión de que las actividades del congreso Montessori están integradas dentro del congreso de la L.I.E.N. Esa última interpretación es adoptada por varios autores contemporáneos (Van Gorp et al., 2017).

En 1932, los congresos de Montessori y de la L.I.E.N. se celebran de nuevo en la misma ciudad, en Niza. Montessori no participa como tal en ese congreso de la L.I.E.N., pero *Pour l'*Ère nouvelle anuncia el congreso Montessori como si estuviese integrado dentro de las actividades del congreso de la L.I.E.N. (La Rédaction, 1932). Todo indica que es Montessori la que se resiste a participar en las actividades organizadas por la L.I.E.N. Unos meses antes del congreso, Ferrière anota en su diario personal: "Nuestros esfuerzos para llegar a M. Montessori son en vano" (Gerber & Czaka, 1989, TN). Dos días después, Ferrière escribe: "Se espera a M. Montessori, no se presenta". Ferrière se reúne finalmente con Montessori el 24 de abril de 1934; ese día anota en su diario: "Otro día de aburrimiento". Tras este encuentro, una revista dirigida por Montessori publica una conferencia de Ferrière, donde este describe a Montessori como pionera del movimiento de la Educación Nueva: "[Montessori es] la primera que percibió claramente la teoría de la Educación Nueva [...], es necesario reconocerle este gran mérito" (Ferrière, 1935a, TN).

Un análisis detallado de las publicaciones de la revista *Pour l'Ère nouvelle* de los años 1922 a 1947 indica que Montessori estaba lejos de ser considerada colaboradora habitual de la revista. Además de los artículos escritos por los que comentan su método sin estar autorizados a hacerlo en su nombre, se cuentan solo seis textos firmados por ella, de los cuales solo uno es inédito (Montessori, 1932a). Los demás artículos son extractos de sus publicaciones o de sus conferencias (Montessori, 1927, 1929, 1936d, 1936e, 1939a). En su artículo de 1932, aunque rechaza el enfoque conductista y el voluntarismo que caracteriza lo que ella llama la 'vieja escuela', se pueden percibir divergencias de opinión respecto al movimiento de la Educación Nueva sobre numerosos temas. Hace una lista de prácticas educativas que considera reprobables:

> La inestabilidad de la atención, la imposibilidad de un trabajo constante; de ahí la ociosidad, la vana ensoñación que llena de ilusiones la mente joven y tierna y lleva al niño a construir 'el bello mundo de su imaginación', la incapacidad de coordinar sus movimientos para fines útiles, el desperdicio de la preciosa energía vital del niño en el desorden de los movimientos, son hoy, en general, el retrato de la vida inicial del hombre. (Montessori, 1932a, TN)

Uno puede imaginar cómo el círculo de la Educación Nueva recibe estas palabras, dada la importancia que da a la imaginación y la fantasía productivas.

En definitiva, si consideramos el número total de artículos (3628[35]) publicados por la revista *Pour l'Ère nouvelle* entre 1922 y 1940 (Haenggeli-Jenni, 2011), llegamos a la conclusión que Montessori aparece, en el título (23 veces) o como autora (6 veces) en solo el 0,8% de los artículos de la revista. Y en la mayoría de los casos son artículos en los que, o se explica su método sin su permiso, o se la critica duramente, o se aprovecha para destacar las diferencias que existen entre su método y las ideas vehiculadas por el movimiento de la Educación Nueva.

Montessori publica en 1931 su propia revista en italiano, la revista *Montessori* (Kramer, 2019); y en 1935 lo hace en español, la *Revista mensual ilustrada*[36]. Ninguna de las dos está incluida en la lista de las revistas oficialmente afiliadas a la L.I.E.N. que aparecen en la revista *Pour l'Ère nouvelle* (Haenggeli-Jenni, 2011).

---

35. Esta cifra incluye todos los textos, pero excluye la publicidad.

36. Los archivos de esta revista se encuentran en línea: https://arca.bnc.cat/arcabib_pro/ca/consulta/registro.do?id=2132

6.2.2 En el plano informal

Ferrière, editor de la revista *Pour l'Ère* nouvelle y uno de los principales impulsores de las organizaciones que actúan en representación del movimiento de la Educación Nueva en la francofonía europea, tarda —hasta 1924— en visitar una escuela Montessori. Y lo hace en Francia. No es hasta el año 1926, durante un viaje a Roma, que Ferrière visita la primera *Casa dei Bambini*. En 1926, ya hacía quince años que se le había negado la entrada a Montessori y que ella no reconocía como suya oficialmente a esa escuela. Ferrière no está al tanto y su valoración es superficial: "Hay un espíritu bonito aquí, pero veo demasiados juegos y charlas [...]" (Gerber & Czaka, 1989, TN).

Su primer encuentro con Montessori tiene lugar en Milán, cinco días después. Ferrière describe su impresión en su diario:

> La imagen que me había hecho de ella cambió. Parece menos 'mujer' y más 'dama' de lo que me esperaba; la elegancia de una reina sencilla, una sonrisa un poco distante pero enigmática; la posesión de uno mismo que pone un velo a las pasiones. Admite la mayoría de las reservas que he hecho a su método, admite posibles avances y nos informa de ello. (Gerber & Czaka, 1989, TN)

Se puede percibir, en los escritos de uno y otro, que la relación personal entre Montessori y Ferrière era cordial, pero solo en apariencia. En 1931, Ferrière habla en torno a una crítica que se le hace en una de las revistas de Montessori respecto a su falta de entusiasmo por el Método. El tono irónico de Ferrière ayuda a comprender la tensión que existía entre ambos: "Reprendido en la revista Montessori por mi 'falta de entusiasmo hacia la diosa… disculpe: ¡hacia la Doctora Montessori!'" (Gerber & Czaka, 1989, TN).

El hecho de que Montessori reivindicaba la singularidad de su propuesta y un papel destacado —por las diferencias entre su método y los métodos que se encontraban bajo el paraguas del movimiento de la Educación Nueva y por considerarse precursora de este—, se interpretaba en ella como arrogancia. Además, era inusual en esa época que una mujer —cuyos compromisos feministas eran numerosos— se diera tanta importancia, hasta el punto de dar su nombre a su método, a una asociación internacional y a unas revistas y de tener la pretensión de colocar su método al nivel de una teoría educativa. Mientras Montessori buscaba el reconocimiento como pedagoga y teórica de la educación, se la consideraba, como explica Kolly, como una maestra cuyos escritos eran meras "intuiciones" basadas en una pequeña experiencia educativa (Kolly, 2020). No es sorprendente, pues, que Montessori despertara celos, envidia y desconfianza entre sus contemporáneos, especialmente entre aquellos que pertenecen al mundo académico (como es el caso por ejemplo de Bovet y de Dewey), o que habían dedicado su vida a la causa de la educación y que no habían logrado, ni de lejos, su éxito (como es el caso de Ferrière).

De hecho, Ferrière confiesa su decepción en su diario personal, en 1929. Aunque dedica toda su vida a las Escuelas Nuevas, encuentra que estas no le leen:

Observo con cierta amargura que he dedicado mi vida a las Escuelas Nuevas y que ignoran mis esfuerzos y mis escritos. Muchos de los directores a quienes he escrito se han olvidado de que existo. La mayoría de sus colaboradores nunca supieron que existía. Los libros que escribí para ellos son letra muerta. Incluso los pocos que me conocen y profesan admirar la Escuela Activa no han leído mis libros. Tengo prueba de ello en las preguntas que me hacen… […] ni siquiera anuncian mi revista y no se suscriben a ella. No encuentro editoriales para mis libros: o si las encuentro, se las arreglan para hacerse con todas las ganancias; no hay dinero así que no tengo asistente; sin asistente, no hay forma de escribir mis libros. Tengo, creo, unas cualidades básicas, pero estoy desperdiciando mi vida en pequeños servicios que nadie agradece… (Gerber & Czaka, 1989, TN).

En 1935, Ferrière escribe un artículo en *Pour l'Ère* nouvelle (Ferrière, 1935b) lleno de elogios genéricos hacia el método Montessori, a raíz de la publicación de *Psíco-Geometría* (Montessori, 1934b). A pesar del desacuerdo explícito de Montessori con la tesis de Rousseau, Ferrière insiste en que los principios de su método se inspiran en ese autor. De esta manera, Ferrière integra a Montessori dentro del movimiento del que Rousseau es precursor.

6.3 Perspectiva montessoriana frente a la Educación Nueva

6.3.1 Puntos en común

Igual que lo hace el movimiento de la Educación Nueva, Montessori rechaza los enfoques conductistas y voluntaristas encarnados por la 'educación antigua'. Tal como lo hemos explicado antes, denuncia el rígido y pasivo sistema educativo de la época (Montessori, 1917). Rechaza la visión mecanicista de la educación, que impone una disciplina externa centrada en la inmovilidad. Deplora que se confunda el bien con la inmovilidad y el mal con la actividad.

Montessori tiene otra cosa en común con el movimiento de la Educación Nueva: su enfoque 'clínico'. Basa sus conclusiones en la observación de los niños; ese enfoque es la base de su 'método científico'. Claparède y Decroly, médicos cómo ella, comparten ese enfoque. Sabemos que una de las funciones del Instituto Jean-Jacques Rousseau, y luego del B.I.E., es la investigación. La ciencia es, pues, el recurso infalible de la pedagogía de principios del s. XX, mediante la cual se vislumbra una solución para lograr la paz, en medio de dos guerras mundiales. Si Montessori y el movimiento de la Educación Nueva ven en la ciencia un árbitro imparcial que debe en todo momento orientar a la pedagogía, ¿por qué entonces hay tanto eclecticismo dentro del movimiento de la Educación Nueva? ¿Cómo el enfoque científico puede ser compatible con el eclecticismo interno de ese movimiento?

El movimiento de la Educación Nueva ve en la ciencia (más específicamente, en la psicología experimental) un traje de dignidad para la educación. Inspirada por la filosofía romántica, ese movimiento considera el progreso de la ciencia como una confirmación de su fe, sus esperanzas y sus certezas (Helmchen, 1995). La ciencia actúa, en cierto modo, como el elemento legitimador del movimiento (Hofstetter, 2004). Esta situación no deja de ser paradójica, ya que el Romanticismo no es un movimiento que atribuya demasiada importancia a la mentalidad científica. Por tanto, la ciencia es, para la Educación Nueva, una herramienta que le es servil, una herramienta que debe validar sus intuiciones filosóficas románticas, como indica Helmchen.

> En un Claparède, por ejemplo, la nueva pedagogía entra en juego al principio principalmente como un programa de acción; las perspectivas, el conocimiento verificable y la recopilación de datos solo llegarán más tarde, para reforzar el programa. Hasta hoy, la relación 'servil' de la investigación científica con respecto a las intenciones renovadoras, sigue siendo un defecto fundamental, en el sentido propio del término, de toda la Educación Nueva, aunque cabe preguntarse si este defecto no se debe más bien a la educación en sí. (Helmchen, 1995)

En segundo lugar, Helmchen especifica que el enfoque científico de la Educación Nueva ofrece matices en comparación con la mentalidad científica tal como se la entiende generalmente. Según él, esta pedagogía "ofrece contornos suficientemente borrosos, de forma que cada uno puede interpretarla de una manera distinta" (Helmchen, 1995, TN). Esos "contornos suficientemente borrosos" se deben, quizás, al deseo de conciliar eclecticismo y unidad, permitiendo así unir diversos enfoques y pedagogías diferentes bajo el paraguas de un mismo movimiento.

6.3.2 Punto de vista explícito sobre Rousseau y la Educación Nueva

A pesar del eclecticismo interno que siempre ha caracterizado la Educación Nueva, el enfoque de quienes formaron parte del núcleo en ese movimiento se basa en las ideas pedagógicas románticas de Rousseau, considerado como "el héroe indiscutible de la 'nueva' pedagogía" (Hofstetter, 2010). En el plano filosófico, aunque "otros precursores sean mencionados aquí y allá", se considera "por unanimidad" que "la paternidad de la Educación Nueva pertenece a Jean-Jacques Rousseau" (Gutierrez, 2011a). Así, se considera que "las corrientes de la Educación Nueva tienen sus raíces en el s. XVIII con las ideas de libertad, de bondad infantil, de confianza y de conexión con la naturaleza, desarrolladas por Jean-Jacques Rousseau (1712-1778) en *L'Emile*" (Wagnon, 2019).

En el capítulo 4 hemos demostrado que el pensamiento de Montessori tiene poco en común con el de Rousseau. Su noción de la libertad es una respuesta de la naturaleza del niño a sus periodos sensibles guiadas por la adquisición de ciertas características, no es la continuidad de la visión naturalista de Rousseau. De hecho, Montessori cita específicamente a Rousseau para discrepar por él.

El enfoque teleológico que encontramos en sus escritos (del que hablaremos en el capítulo 7.2) responde al deseo del niño de perfeccionarse a sí mismo, no está impulsado por la cultura militante donde el niño debe ajustarse a un proyecto social externo a él. Si Montessori se aleja tanto del eclecticismo pedagógico de la Educación Nueva, es precisamente porque rechaza la definición de 'libertad' propuesta por Rousseau, una libertad que tiene una connotación de 'liberación social' más que de perfeccionamiento personal (Montessori, 1912b). Montessori dice que la forma de entender la libertad que ella defiende y que llama "el verdadero concepto de libertad", "lo desconocen por completo los educadores" (Montessori, 2015a). Demuestra, con esas palabras, que considera su pedagogía como precursora, única y diametralmente opuesta a las ideas que fundamentan la Educación Nueva.

Para los pedagogos inspirados en Rousseau, la educación debe estar ante todo al servicio del proyecto social. Varios autores también han señalado que hacia fines de la década de 1920, el movimiento de la Educación Nueva pasó de una psicología centrada en el individuo a un enfoque decididamente social (Haenggeli-Jenni & Hofstetter, 2011). En 1926, podemos leer una mención a ello en *Pour l'Ère nouvelle*: "Creer que la educación existe para el individuo es un error moderno. La educación existe para el bien de la comunidad y de la raza; existe para subyugar al individuo por el bien del mundo [...]" (M.B., 1926, TN).

Montessori no comparte esta visión, la disciplina es para ella sobre todo personal, y el progreso es fruto de una conquista interior, no colectiva. Se adquiere en un ambiente controlado, repitiendo ejercicios a través de los cuales el niño aprende a dominarse a sí mismo. Para Montessori, el niño que no tiene disciplina no se 'normaliza' y permanece en un estado salvaje, esclavo de sus instintos. La necesidad de un intermediario educativo entre el alumno y el mundo natural, así como la 'normalización' son dos conceptos Montessorianos que chocan frontalmente con los ideales del 'estado natural' y del igualitarismo en Rousseau.

El carácter ecléctico y rousseauniano del movimiento de la Educación Nueva distaba mucho del enfoque concreto e inflexible de Montessori en varios aspectos, como, por ejemplo, el rechazo a la fantasía y a la imaginación productiva en la etapa preescolar, la noción de la disciplina y de la libertad, la enseñanza de la religión, o el enfoque fónico de la lectoescritura.

Estas diferencias no solo son fuente de múltiples conflictos entre Montessori y los representantes de la L.I.E.N., sino que también causan grietas irreparables dentro de algunas asociaciones de educadores Montessori (Van Gorp et al., 2017). En una carta personal escrita en 1932, Montessori deplora: "Algunas asociaciones Montessori no autorizadas se han apropiado de nuestro método; lo modificaron utilizando algunas ideas de los psicólogos locales, combinándolas con otros métodos, como los de Froebel, Decroly, Cousinet, etc." (Grazzini, 2004, TN).

Como lo explicamos antes, Montessori enseña mediante el método fonético y discrepa abiertamente con el enfoque global del aprendizaje de la lectoescritura defendido por Decroly; lo compara con el sistema de los jeroglíficos del Antiguo Egipto (Grazzini, 2004; Montessori, 1963).

En 1949, Montessori deplora el intento de forzar la compatibilidad de su método con otros métodos, de la Educación Nueva:

[S]e están haciendo constantes comparaciones y analogías. Por ejemplo, se están comparando las escuelas infantiles inglesas con las escuelas Montessori. Los juguetes utilizados y el trato con los niños en las escuelas infantiles inglesas se están comparando con los objetos empleados y el procedimiento adoptado en las escuelas Montessori, con el fin de llegar a un acuerdo entre las dos y fusionarlas. En los Estados Unidos se han hecho paralelismos entre algunas características del jardín de infancia froebeliano y nuestras *Case di Bambini*. Al comparar los dones de Froebel y nuestro material, se ha señalado que ambos son eficientes y se recomienda el uso conjunto de ambos. Solo hay desacuerdos, por ejemplo, sobre la cuestión de los cuentos de hadas, de los juegos con arena, del uso del material y sobre algunos otros detalles de los que se sigue discutiendo. En las escuelas primarias, se continúa debatiendo acerca de los métodos de enseñanza de la lectoescritura y de la aritmética. Existe mucha controversia acerca de nuestra insistencia en enseñar geometría y otras materias que se consideran avanzadas para la etapa preescolar. (Montessori, 2007b, TN).

La pedagogía activa, punto de partida y unión de la mayoría de los pedagogos de la Educación Nueva, tiene un prejuicio negativo hacia el material pedagógico diseñado *a priori*, con una finalidad propia. Es el caso del método Montessori, que se tacha por ello de rígido y dogmático. Decroly lo explica en *Pour l'Ère nouvelle*:

> [D]a la impresión de que [Montessori] no es plenamente consciente de la realidad. La experiencia muestra que algunos niños tienen intereses que van en direcciones mucho más variadas de las que puede satisfacer el material ortodoxo. (Decroly, 1924, TN)

Montessori no quiere que su material conduzca a cualquier actividad, sin propósito; la finalidad, *a priori*, es una de las características centrales de su método: "Para que el proceso educativo sea de autoeducación, no es suficiente que el estímulo provoque la actividad, debe dirigirla. El niño [...] debe perseverar sin cometer errores" (Montessori, 1917a, TN).

Por lo tanto, Montessori no es representativa de la pedagogía activa en el sentido estricto. Defiende la actividad espontánea, pero por razones ajenas a las de los educadores de pedagogía activa. Según ella, los métodos tradicionales que no se basan en la actividad espontánea del niño crean caos en su mente, ya que no hay orden ni dirección que lo guíe. En lugar de diseñar *a priori* un material que corrija el error, 'inculcamos' al niño lo que debe hacer en cada momento, sin dejarle descubrir el orden por sí solo. El resultado, dice Montessori, es "la creación, en el ser pasivo, de un caos artificial" (Montessori, 1917a, TN).

Aunque lo hace discretamente, su material dirige al niño. Y desde el punto de vista de la pedagogía activa, un material que dirige y que contiene el fin *a priori* es un obstáculo para que el niño pueda construir por sí mismo, y por tanto aprender activamente. Esta es sin duda la principal crítica que los pedagogos de la Educación Nueva formularon a Montessori. Esa crítica se debe a que esos pedagogos conciben al niño como una semilla, que lo tiene todo en sí mismo para poder desarrollarse 'naturalmente'. Como hemos explicado antes, Montessori no comparte el naturalismo de Rousseau ilustrado por la metáfora botánica (el niño es como una flor o una planta que crece sola).

Montessori lamenta que el movimiento de la Educación Nueva niegue la importancia del esfuerzo y trate de vaciar el currículo escolar de su contenido:

> Hay demasiados prejuicios e intereses prácticos en lo que respecta a los niños: me refiero sobre todo al interés que se ha creado en proteger a los niños del 'esfuerzo mental', de la 'actividad intelectual precoz', etc. A los ojos de todos, los niños son seres vacíos que solo sirven para jugar, dormir y dedicarse al pasatiempo de los cuentos fantasiosos. El trabajo mental serio en niños tan pequeños parece un sacrilegio. (Montessori, 2007b, TN)

La cuestión del 'agotamiento por exceso de trabajo' (*surmenage*) interesa a Claparède desde 1905 en su libro *Psychologie de l'enfant et Pédagogie expérimentale* (Claparède, 1905) [*Psicología del niño y pedagogía experimental*]. Sin embargo, Montessori no está de acuerdo con el enfoque de Claparède, que marca la tendencia del movimiento de la Educación Nueva a rebajar las exigencias en relación con el aprendizaje, con el pretexto de reducir la fatiga de los estudiantes. El enfoque de Montessori es todo lo contrario, consiste en repensar la educación de tal manera que este cansancio fuera soportable, incluso placentero para el alumno (a través de la 'alegría de aprender' de la que hablaremos más adelante). De hecho, considera que el esfuerzo y la concentración son necesidades reales del niño: "Los niños siempre necesitan el periodo de concentración y trabajo serio, de ello deriva su capacidad de desarrollo" (Montessori, 1917a, TN). Para Montessori, la actividad espontánea y la concentración son el 'secreto' de la resistencia a la fatiga y la disciplina interna del niño es un requisito previo al ejercicio de su libertad. Solo en estas condiciones puede el niño experimentar un deseo irresistible para el aprendizaje. De hecho, Montessori explica que los niños tienen una sed de aprender que les hace querer aprender en vez de jugar: "Hemos tenido la prueba más hermosa de un amor instintivo por el conocimiento en el niño, que con demasiada frecuencia ha sido mal juzgado en el sentido de que se le ha considerado adicto a la diversión y a los juegos pasivos y sin sentido" (Montessori, 1912b, TN).

La Educación Nueva y la 'educación vieja' se conocen por encarnar respectivamente los conceptos de 'interés', 'alegría' y 'actividad', por un lado, y 'esfuerzo', 'sufrimiento' y 'disciplina' ('la letra con sangre entra') por otro (Mar del Pozo Andrés & Braster, 2006). Montessori califica esta dualidad como el "problema de los problemas" al que se enfrenta la educación y explica, en tono irónico, que la ignorancia propuesta por Claparède no puede ser la solución:

> De hecho, detrás de todo esto está el problema de los problemas: ¡cómo hacer que un lugar donde hasta ahora el cuerpo ha sido torturado y contorsionado, y la sangre envenenada por el cansancio, sea atractivo y alegre! Es imposible educar sin hacer daño; ¡pero debemos hacer un daño que produzca placer! ¡Esta es realmente una posición embarazosa! Y es por eso que una interminable cadena de interrogantes sirve como ruido de fondo de esta nueva ciencia, a la que podría llamar de forma más apropiada: *ignorabimus*.
>
> Y es por ello que las consideraciones señaladas por la higiene y la psicología tienden ahora a acabar con esa suma de males irreparables, [...] acortando las horas de estudio, recortando el currículum, evitando los ejercicios escritos. Así, un nuevo peligro, el de la ignorancia y del abandono del niño durante la mayor parte del día, sustituye al peligro de la destrucción. Mientras tanto, nuestra época requiere de un cuidado intensivo de la nueva generación y la preparación de una cultura cada vez más vasta y compleja. (Montessori, 1917a, TN)

Montessori cita a Claparède, quien había imaginado el éxito de la invención de una 'inyección antifatiga':

Es cierto que parece que hoy día el descubrimiento de la antitoxina para la fatiga puede ofrecer una vía de escape. '¡Piense!', exclama Claparède, 'una inyección contra la fatiga. ¡Qué valioso sería esto!' [...] Quizás se lea como la peor de las ironías; pero no es el caso. Donde la ciencia ortopédica ya es un hecho consumado, muy pronto veremos establecida la clínica química. Intentar resolver un problema de libertad con máquinas e intentar acercarse a un problema de justicia desde el punto de vista químico llevaría a consecuencias parecidas para las ciencias desarrolladas a partir de tales errores. (Montessori, 1917a, TN)

Montessori ofrece una tercera vía a la dualidad entre educación 'antigua' y 'nueva', y esta es sin duda una de las razones por las que tantas personas, de tantos bandos distintos, hayan criticado su método. Para Montessori, no hay contradicción entre interés y esfuerzo, entre alegría y disciplina, ya que el esfuerzo solo es posible como consecuencia de la disciplina personal, adquirida en un entorno diseñado para que el aprendizaje responda a los intereses y necesidades de la 'mente absorbente' del niño. Al respecto, Montessori explica la posición del *New Education Fellowship*, con la que discrepa.

Debemos ahorrar a los primeros años de la infancia la penosa labor del trabajo intelectual. Claparède, una gran autoridad en materia pedagógica, describió, en nombre del *New Education Fellowship*, todo el daño que el estudio causa a los alumnos en las escuelas. Su argumento era algo así: 'Es cierto que el estudio es una necesidad para nuestra civilización, pero si daña al niño, ¡debemos tratar de minimizar este daño!' Por lo tanto, las escuelas nuevas intentaron eliminar y retirar gradualmente de los planes de estudio, muchas materias que no se consideraban necesarias, como por ejemplo la geometría, la gramática y gran parte de las matemáticas, para sustituirlas por el juego y la vida al aire libre. (Montessori, 2007b, TN)

Y, refiriéndose al sector de la educación en general, concluye con tristeza: "¡Pobre de mí, el mundo de la educación oficial también dejó nuestro trabajo de lado!" (Montessori, 2007b, TN).

Montessori se resiste a que se la asocie con ciertos métodos defendidos por la Educación Nueva y es plenamente consciente que se la ve, por ello, con malos ojos. Es consciente de la reputación de su método, visto como un método "que parece egoísta, que quiere tomar su propio camino y que se niega a mezclarse con otros métodos" (Montessori, 2007b, TN). Hace referencia a la existencia de presiones ejercidas por el *New Education Fellowship* sobre educadores Montessori para alentarlos a 'cooperar armoniosamente' con otros métodos de la Educación Nueva:

> En la actualidad existen muchas corrientes y personalidades importantes en el campo de la educación. Existe el *New Education Fellowship* que desea promover la armonía y la colaboración entre el Método Montessori y los otros métodos que continúan surgiendo. En todas partes se persigue establecer un acuerdo definitivo entre los esfuerzos de quienes están intentando educar al niño de formas distintas. Existe una tendencia generalizada a querer romper con el aislamiento de nuestro método, haciendo que los estudiantes y científicos lo aprecien y, sobre todo, mejorando y ampliando la formación de los maestros Montessori. Sé que muchos de los que han dedicado su vida a este Método se enfrentan ahora a este problema de cooperación. (Montessori, 2007b, TN)

Montessori se resiste a un tipo de cooperación que conduce al eclecticismo pedagógico. Para Decroly, el eclecticismo "razonable" es necesario para "no dejarse obstaculizar por dogmas demasiado rígidos, que no corresponden a la vida real, al carácter cambiante y diverso de la mentalidad infantil" (Decroly, 1924). Para Montessori, no hay contornos borrosos a las nociones de libertad y de disciplina; es preciso defender la integridad de estos principios, lo que explica la ortodoxia que se le reprocha.

Como ya hemos explicado anteriormente, Montessori está en desacuerdo con la defensa de la educación secular, cuyas raíces se remontan a Rousseau. Montessori siempre ha defendido la educación moral y religiosa y es autora de numerosas publicaciones sobre la educación religiosa. En ese sentido, su enfoque no encaja con la mentalidad secular de la Educación Nueva. Es verdaderamente paradójico que fuera el blanco, en el aspecto de la educación religiosa, tanto de la Educación Nueva como de la furia antimodernista.

Tres años antes de su muerte, Montessori se desahoga sobre esas críticas, en su penúltimo libro. Sus palabras, llenas de frustración e ironía, nos ayudan a comprender mejor su perspectiva:

> Sería interesante recordar las opiniones y críticas surgidas desde todos los ámbitos por filósofos, pedagogos e incluso por el público.
>
> Algunos decían: '¡No se da cuenta de lo que ha logrado! ¡No es consciente del gran trabajo que ha hecho!' Otros exclamaban: '¿Cómo puede ser tan optimista respecto a la naturaleza humana?' Como si la descripción de los fenómenos observados fuera un cuento imaginativo o algo que yo hubiera soñado. La lucha real, que todavía no ha cesado, la llevaban a cabo los filósofos y los religiosos que consideraban simples opiniones mías los hechos que centenares de personas habían presenciado. Algunos me consideraban discípula de Rousseau. Para ellos, estaba claro que había decidido estar de acuerdo con él en que 'en el hombre todo es bueno, pero todo degenera en manos del hombre'. Se suponía que había creado en mis escuelas, como lo había hecho Rousseau en uno de sus libros, una especie de historia romántica.

[...] Según los religiosos, casi iba en contra de la Fe y muchos de ellos se agolparon a mi alrededor para explicarme la realidad del 'pecado original'. Es fácil imaginar lo que los calvinistas y los protestantes en general pensaban al respecto, ¡convencidos como están de la maldad innata y total de la naturaleza humana! (Montessori, 2007b, TN)

6.3.3 *Montessori como precursora de la Educación Nueva*

Es revelador que Montessori use dos términos diferentes para describir la Educación Nueva: la 'Educación Nueva' y el 'New Education Fellowship'. La distinción que hace entre los dos términos no es accidental. Utiliza la expresión 'Educación Nueva' (*nuova educazione*) para referirse a un movimiento de renovación educativa del que se considera pionera y precursora. Por otro lado, utiliza la expresión 'New Education Fellowship' cuando se refiere al movimiento global de la Educación Nueva nacido en Ginebra y cuyo precursor es Rousseau. Montessori comete el error de nombrar a Claparède, que pertenece al B.I.E., y no formalmente al N.E.F. (aunque las dos entidades trabajan estrechamente juntas y están confundidas a todos los efectos prácticos). En cualquier caso, está claro que se refiere al movimiento global de Educación Nueva, no a una asociación o una persona específica. En italiano, Montessori habla de "la gran sociedad mundial del *New Education Fellowship*" (Montessori, 1953, TN). Esta confusión indica que Montessori está poco al corriente de la estructura del movimiento de la Educación Nueva, no participa en él y no sigue de cerca su desarrollo; está más bien ocupada en el desarrollo de su propio método.

Se considera precursora, pero luego manifiesta claramente sus divergencias con respecto a la dirección tomada por el movimiento. De hecho, sitúa a su método como una tercera vía entre la Educación Nueva y la escuela 'antigua', caracterizada por el enfoque mecanicista y voluntarista:

[Una] primera etapa de la educación comienza con la Revolución Francesa, cuando, en nombre de los derechos humanos, se proclama el derecho a la educación. En las escuelas así creadas, todo se reduce a la enseñanza, a la transmisión, a través de la instrucción verbal, de conocimientos tanto intelectuales como morales. [...]

De repente comienza una nueva etapa: la educación pasa a un plano diferente, adquiere un carácter opuesto. Esta llamada 'nueva' educación trata esencialmente de desarrollar la personalidad del niño y del adolescente, y eso a toda costa, incluso sacrificando la vieja disciplina y gran parte de la cultura.

Con este nuevo objetivo en mente, se reducen los planes de estudio, se intentan abolir aquellas materias de estudio que parecen más áridas, como la geometría y la gramática, y las horas de estudio dan paso al juego y al descanso. (Montessori, 2007a, TN)

En definitiva, Montessori deplora el nuevo giro del movimiento de la Educación Nueva, del que se considera precursora ignorada, y lo considera como un movimiento que aspira a la ignorancia. Por lo tanto, asimilar Montessori o su método a la Educación Nueva, o a los principios defendidos por este movimiento, implica la negación o el desconocimiento de sus propias palabras.

6.4 Conclusión

A pesar de su influencia teosófica y de su eclecticismo interno, hay hoy consenso en que la Educación Nueva tiene sus raíces en Rousseau, al que se considera su 'genial teórico'. Es cierto que Montessori utiliza constantemente la dialéctica de la educación 'vieja' y 'nueva' y que tiene puntos en común con este movimiento, explicando así episodios ocasionales de colaboración con las entidades que lo representan. Quizás por ello se la haya considerado como una de las representantes o figuras clave de este movimiento educativo (Haenggeli-Jenni & Hofstetter, 2011; Hofstetter, 2004; Meirieu, 2013). Pero desde el año 1909, Montessori anuncia su desacuerdo con la tesis educativa de Rousseau. En muchas ocasiones, cuestiona radicalmente sus principios y trata, en vano, de afirmar su visión, a través de sus colaboraciones con organizaciones que representan ese movimiento.

En 1949, expresa explícitamente su decepción con el giro del movimiento de la Educación Nueva, del que se considera precursora ignorada. La oposición frontal de una 'simple mujer y maestra' a los fundamentos filosóficos de Rousseau, el héroe indiscutible del movimiento de la Educación Nueva, solo puede exasperar a sus contemporáneos. Colocarse como rival de Rousseau es imperdonablemente arrogante, ya que la pedagoga se posiciona así en una relación de superioridad frente a los discípulos del maestro. ¿Por eso quizás la mayoría de sus contemporáneos la llaman 'Señora' o 'Señorita', en lugar de 'Doctora'? El protagonismo que Montessori asumía era aún más difícil aceptar, puesto que ella no parecía dispuesta a hacer ninguna concesión, resistiéndose a ser asimilados al movimiento de la Educación Nueva y prefiriendo sus propias revistas, sus propios congresos y su propia asociación. Su forma de entender el papel de la educación, las nociones de libertad, disciplina, esfuerzo, fantasía e imaginación, así como el enfoque de la educación religiosa y del aprendizaje de la lectoescritura fueron el centro de las divergencias entre la Montessori y el movimiento de la Educación Nueva. Estas divergencias de opinión ponen en evidencia que la herencia filosófica es distinta.

7. Algunas consideraciones filosóficas

7.1 Los planos epistemológico y ontológico en Montessori

Hemos propuesto algunas razones por las que se tiende a integrar a Montessori en la corriente pedagógica romántica. Por otro lado, hemos visto que muchos de los pedagogos que se inspiraron en Rousseau discrepaban de Montessori y la discrepancia era mutua. Pensamos que una de las razones por esa paradoja se encuentra en la distinción que hace Montessori, a lo largo de sus escritos, entre los planos de la epistemología y de la ontología.

La epistemología, o teoría del conocimiento, es una rama de la filosofía cuyo objeto es el estudio del conocimiento y del modo de acceso al conocimiento; la ontología es una rama de la filosofía cuyo objeto es el estudio del ente, del ser. La confusión entre ambas ocurre cuando no se distingue entre las condiciones de acceso al conocimiento, por un lado, y su validez ontológica, por otro.

Montessori rechazaría el constructivismo ontológico del Protágoras (c. 480-411 a. C.). Afirma explícitamente que el poder imaginativo del aprendiz no le permite crear, sino transformar lo que ya existe.

> El hombre no puede crear productos artísticos desde la nada. Lo que se llama creación es, en realidad, una composición o una construcción efectuada sobre un material primitivo de la mente, que debe recolectarse del ambiente por medio de los sentidos. (Montessori, 1917a, TN)

Los autores de la Educación Nueva no suelen hacer ese matiz. Por ejemplo, podemos encontrar un texto de Piaget en el que no se establece distinción entre las condiciones de acceso al conocimiento y su validez ontológica:

> La tradición empirista, que tanta influencia ha tenido sobre cierta pedagogía, considera el conocimiento, por el contrario, como una especie de copia de lo real, con lo que la inteligencia habría de tener sus orígenes en la sola percepción (por no hablar ya de sensaciones). Incluso el gran Leibniz, que defendía la inteligencia contra el sensualismo (añadiendo *nisi ipse intellectus* al adagio *nihil est in intellectu quod non prius fuerit in sensu*), acepta la idea de que, si bien las formas de las nociones, juicios y razonamientos no derivan de los sentidos, sus contenidos proceden de ellos íntegramente: ¡como si no existiesen en la vida mental más que las sensaciones y la razón…, olvidando la acción! [...]. La acción en su conjunto (y ya en tanto que acción senso-motora) es esencialmente operativa y *transforma lo real*. (Piaget, 2007, el énfasis es nuestro)

No hay pruebas de que Piaget quisiera intencionadamente confundir los planos epistemológicos y ontológicos. Piaget es epistemólogo y no hay evidencias de que la ontología le interese demasiado; no habla de ella. Pero la confusión puede ocurrir en la mente de un lector que entiende la acción senso-motora en Piaget como algo que "transforma lo real":

> Las estructuras senso-motoras constituyen la fuente de las posteriores operaciones del pensamiento. [...] [L]a inteligencia procede de la acción en su conjunto, porque *transforma los objetos y lo real,* y el conocimiento, cuya formación puede seguirse en el niño, es esencialmente asimilación activa y operatoria. (Piaget, 2007, el énfasis es nuestro)

Para nuestra autora, el niño puede conocer la realidad mediante el contacto con la misma a través del movimiento; se trata, de hecho, de una idea originalmente montessoriana y la historia nos dice que Montessori fue una de las fuentes de inspiración de Piaget. Pero no es lo mismo decir que el niño puede conocer la realidad a través del movimiento que afirmar que el movimiento genera, construye o 'transforma' lo real en la mente del sujeto. No sería lo mismo decir que la inteligencia debe ser activa para poder captar la realidad, que decir que la actividad transforma los objetos y lo real. Para una persona que hace la distinción entre los planos epistemológico y ontológico, las palabras de Piaget confunden, porque el conocimiento no puede ser el resultado del proceso cognitivo, no puede reducirse a él.

La idea de transformación de la realidad es recurrente en Piaget cuando habla del juego:

> Resulta, por tanto, indispensable a su equilibrio afectivo e intelectual que pueda disponer de un sector de actividad cuya motivación no sea la adaptación a lo real, sino, por el contrario, *la asimilación de lo real al yo*, sin coacciones ni sanciones: *tal es el juego, que transforma lo real*, por asimilación más o menos pura, a las necesidades del yo, mientras que la imitación (cuando constituye un fin en sí) es acomodación más o menos pura a los modelos exteriores, y la inteligencia es equilibrio entre la asimilación y la acomodación. (Piaget, 2007, el énfasis es nuestro)

Recordemos que Montessori rechaza el recurso a la ficción y ve el juego ficticio como una muestra de inmadurez en el niño. Por lo tanto, no estaría afín de acuerdo con la propuesta de Piaget, que ve el juego como un lugar de adaptación de la realidad al niño. Para Montessori, es el niño que se ha de adaptar a la realidad a través de las experiencias sensoriales y del material que guía y controla el error, no es el juego que 'transforma la realidad'.

Una lectura superficial de los textos de Montessori puede llevar a no hacer la distinción entre ontología y epistemología. Algunas expresiones como 'autoeducación', 'actividad espontánea' o 'construcción', fuera del contexto de su significado profundo, pueden llevar al lector a preguntarse: ¿si el niño aprende a través de la actividad *espontánea*, entonces no es que genera o construye la realidad *ex nihilo*? Ahora bien, que el niño necesita, para su buen desarrollo, encontrarse en un entorno que responde a las necesidades que marcan sus periodos sensitivos y que esas necesidades se manifiesten a través de la actividad espontánea, eso no quiere decir que el niño construya la realidad ontológicamente. El niño la descubre por sí mismo, a través de un material diseñado por un adulto y presentado por un maestro, que le guía y que controla el error; no genera la realidad, no la crea. Recordemos lo que dice nuestra autora sobre ese asunto: "Para que el proceso educativo sea de autoeducación, no es suficiente que el estímulo provoque la actividad, debe dirigirla. El niño no solo debe perseverar mucho tiempo en un ejercicio, debe perseverar sin cometer errores" (Montessori, 1917a, TN).

Por lo tanto, sería un error sacar el concepto de 'actividad espontánea' en Montessori fuera de su contexto y concluir que los niños de las aulas montessorianas no tienen ningún límite y construyen ontológicamente su realidad, o que se 'autoeducan' de forma arbitraria. El primer límite, obviamente, es la realidad, que el niño no puede crear ontológicamente. Es más, Montessori entiende la realidad como la vara de medir que guía y corrige al niño en todo momento.

Respecto a la expresión 'autoeducación' y a la metáfora de la 'construcción', Montessori utiliza esas palabras con relación al modo de *acceso* al conocimiento, no de *creación* del conocimiento. Por un lado, Montessori no adopta la postura empírica, no entiende el modo de acceso al conocimiento como una operación pasiva que genera una mera 'copia de lo real'. Por otro lado, tampoco ve la realidad como una representación subjetivamente construida de la realidad. En realidad, su planteamiento es más afín a la concepción clásica. Entiende el conocimiento como *posesión de la realidad*. Rechaza la imaginación, entendida como producto de la inmadurez de la mente, y defiende el conocimiento como acto de posesión apoyado en lo real.

Puesto que lo que llamamos imaginación infantil es producto de la 'inmadurez' de la mente y dada la pobreza y la ignorancia en la que abandonamos el niño, lo primero que deberíamos hacer es enriquecer su vida mediante un entorno que le permitirá ser dueño de algo y enriquecer su mente con conocimientos y experiencias basados en la realidad. (Montessori, 1917a, TN)

En cuanto al modo de acceso al conocimiento, podríamos decir que su método se resume en tres etapas: la percepción sensorial, el conocimiento mediante la abstracción y la imaginación (representación) basada en la realidad. Rechaza la fantasía precoz y la imaginación productiva, ya que ambas operaciones están basadas en la credulidad. Introduce el recurso a la imaginación (cuentos, teatro, etc.), pero solo cuando el niño ya tiene consolidada su comprensión de la realidad mediante una adecuada educación sensorial. Para ella, la imaginación no es productiva, es el resultado de la abstracción que parte de lo real. La materia prima de la imaginación de los niños no puede ser el fruto de la imaginación de los adultos, debe ser la realidad. En caso contrario, estaríamos fomentando la credulidad, una característica de la inmadurez de la mente infantil (Montessori, 1917a).

La referencia a la 'construcción' en Montessori puede entenderse como una metáfora del andamio, pero en el sentido epistemológico, no ontológico. Esa metáfora está en consonancia con la postura de los filósofos clásicos que afirman que el aprendizaje proviene de conocimientos previos. Según el Aquinate, "toda enseñanza viene de conocimiento pre-existente" (Thomas Aquinas, 1953, TN). Por ejemplo, un niño no puede entender el concepto de la sumar sin antes ser capaz de discriminar cantidades mediante los sentidos; no puede entender el concepto de la multiplicación sin antes haber entendido el concepto de la suma. Entendemos las cosas más sencillas, las captamos por los sentidos y después podemos trascenderlas y acceder a realidades más complejas mediante la abstracción. La metáfora del andamio se parece a la del gancho utilizada por Montessori. El gancho es una imagen que usa para explicar que una habilidad se agarra a una habilidad previa. El material Montessori está diseñado de forma que un ejercicio sirve de preparación para el siguiente.

Según la visión clásica, la realidad siempre es previa al modo de conocer. De hecho, como dice el Aquinate, "el que enseña no causa la verdad, sino el conocimiento de la verdad, en el aprendiz" (Thomas Aquinas, 1953, TN). Montessori dice algo parecido cuando critica una noción entonces muy difundida de la autoridad, que se apoya en la premisa de que el maestro siempre tiene la razón: "Su dignidad se basa en tener siempre la razón. En la escuela ordinaria [antigua], la maestra debe ser infalible, por lo que toda la educación se basa en una falsa premisa" (Montessori, 1917a, TN).

Continúa el Aquinate: "De hecho, las proposiciones que se enseñan son verdaderas antes de ser conocidas, ya que la verdad no depende de nuestro conocimiento de ella, sino de la mera existencia de las cosas" (Thomas Aquinas, 1953, TN).

Montessori afirma algo similar cuando habla del interés como una condición previa al proceso de asimilación del conocimiento nuevo al conocimiento ya adquirido: "[Existe] un periodo anterior, el del interés; vinculando todos los conocimientos nuevos con los conocimientos ya adquiridos, 'pasando de lo conocido a lo desconocido', porque lo que es absolutamente nuevo no despierta nunca interés" (Montessori, 1917, TN).

Tanto los filósofos clásicos como Montessori distinguen el acto de conocer de la representación o de la re-objetivación. Para ellos, la representación es una forma de conocer propia de la imaginación. El conocimiento no es una cosa construida mentalmente, sino un acto que permite captar, poseer la realidad, una realidad que existe antes de ser conocida. Los filósofos clásicos no entienden el conocimiento como una operación pasiva que genera una 'copia' de lo real, sino como una realidad poseída activamente por el sujeto. Pero si bien es cierto que no hay conocimiento sin realidad por conocer, tampoco existe el conocimiento sin sujeto capaz de conocerlo, de poseerlo activamente. Conocerlo es poseer lo que está fuera. Una idea en consonancia con el carácter 'absorbente' de la mente en Montessori. Esa es la premisa de toda defensa del aprendizaje 'activo' desde el punto de vista de los filósofos clásicos y también de Montessori. El que aprende es el aprendiz mismo; nadie puede aprender por él. El ser humano es el principal protagonista de su educación. Esa idea es central también en la reflexión agustiniana. Aprender requiere un reconocimiento interior y personal de la verdad. En palabras de Agustín:

> [U]na vez que los maestros han explicado las disciplinas que profesan enseñar, las leyes de la virtud y de la sabiduría, entonces los discípulos consideran consigo mismos si han dicho cosas verdaderas, examinando según sus fuerzas aquella verdad interior. Entonces es cuando aprenden; y cuando han reconocido interiormente la verdad de la lección, alaban a sus maestros. (Augustine, 1990, TN)

La idea de reconocimiento interior y personal de la verdad se encuentra en Agustín en *De magistro*, cuando habla del 'maestro interior', o de la 'luz interior' que apunta a la verdad, que existe al margen de las palabras o de las explicaciones del maestro: "[El alumno] es llevado no por palabras que le enseñan, sino por palabras que indagan en relación con su aptitud para comprender la luz interior" (Augustine, 1990, TN).

Montessori retoma la idea del 'maestro interior' cinco veces en *La mente absorbente del niño*, en términos parecidos:

> Madres, padres, hombres de Estado, todos deberían centrar sus esfuerzos en respetar y ayudar a la delicada construcción que se lleva a cabo en el misterioso psíquico siguiendo la guía del maestro interior.

> [...] Si [el niño] no tuviera este maestro interior, no aprendería nada en absoluto. (Montessori, 1949, TN)

Una vez más, el aprendizaje activo propuesto por los filósofos clásicos se refiere al modo de acceso al conocimiento; Agustín no está afirmando que la verdad depende del juicio que los discípulos hacen de ella en base a su representación subjetiva de la realidad. Por lo tanto, sería un error pensar que confunde 'protagonizar el descubrimiento de su aprendizaje' con 'construir el conocimiento ontológicamente'. Cuando Montessori habla del niño como de su propio 'maestro interior', se refiere a que el niño debe ser el actor de su propio aprendizaje: "Nadie puede hacer en lugar del niño el trabajo que este realiza para construir al hombre que ha de construir. Dicho de otro modo, nadie puede crecer por él" (Montessori, 1949, TN). Esa es la línea de argumentación por la que el maestro debe ser discreto en el Método y que las explicaciones deben ser claras, concisas y breves: lo justo necesario para ayudar y no ahogar el trabajo del 'maestro interior'.

Tomás de Aquino, que parece haberse anticipado al debate educativo actual, explica que hay dos modos de acceso al conocimiento: por descubrimiento y por instrucción.

> [H]ay dos maneras de alcanzar la ciencia: una que consiste en la actividad de la razón natural que por sí misma logra el saber de lo que ignoraba; y en este caso se habla de descubrimiento. La otra manera de aprender consiste en que la razón natural reciba del maestro una cierta ayuda; y esto constituye el aprendizaje por instrucción. (Thomas Aquinas, 1953, TN)

El Aquinate dice explícitamente que el descubrimiento es un modo de acceso al conocimiento "más perfecto" que la instrucción directa (Thomas Aquinas, 1953).

En *Questiones disputatae de veritate* (Thomas Aquinas, 1953), el Aquinate utiliza la metáfora del médico para explicar que la causa principal del aprendizaje es la inteligencia del que aprende y que el papel del maestro es instrumental (como sería el papel del médico en relación con la cura de un paciente). Montessori retoma exactamente la misma analogía. Lo que cura, dice Montessori, no es el médico, o ni siquiera el medicamento. Es el organismo, ayudado por el médico y el medicamento (Montessori, 1917a).

En definitiva, lo que hacen el Aquinate, Agustín y Montessori es reconocer que el proceso educativo depende fundamentalmente de la predisposición del sujeto a hacer suya la realidad, no a construirla subjetivamente. El aprendizaje está en potencia en la mente del aprendiz y se actualiza en la medida en que el intelecto está dispuesto a abrirse a la realidad. El Aquinate explica: "El conocimiento, por lo tanto, preexiste, está en potencia en el aprendiz, pero no en el sentido puramente pasivo, sino en el sentido activo. De lo contrario, el hombre no podría adquirir conocimientos de forma independiente" (Thomas Aquinas, 1953, TN).

Una lectura superficial de ese texto puede llevar al lector a confundir la ontología con la epistemología. Pero sabemos que para el Aquinate el conocimiento no existe *a priori* en el sentido kantiano; está *en potencia* en el sentido aristotélico. La actitud activa del aprendiz es la apertura ante la realidad que caracteriza a la persona que está dispuesta a dejarse medir por ella, mediante el esfuerzo paciente. Por ese motivo, Montessori discrepa con tanta energía de ciertos pedagogos de la Educación Nueva que defienden la actividad no guiada o que aborrecen el esfuerzo que supone dejarse medir por la realidad. Lo expone con claridad cuando detalla el proceso de aprendizaje de la música:

Piénsese en lo que hace el profesor de piano: éste enseña a su alumno la posición del cuerpo, la noción de las notas y la correspondencia entre las notas escritas y las teclas que ha de tocar, la posición de los dedos, y después lo abandona a sí mismo para que se ejercite. Si de este alumno llega a surgir un pianista, se deberá a que, además de las nociones transmitidas por el maestro, el alumno se ha entregado pacientemente durante mucho tiempo a aquellos ejercicios que sirven para dar agilidad a las articulaciones de los dedos, a convertir en automática la especial coordinación de los movimientos musculares y a reforzar con la práctica los músculos de la mano.

El pianista se habrá formado *por sí mismo* y será tanto más hábil, cuanto más sus tendencias naturales lo hayan inducido a insistir en los ejercicios; no obstante, no podemos olvidar que tampoco se hubiera formado el pianista sin la dirección del maestro. (Montessori, 2015a)

La libertad del aprendizaje activo del que hablan los filósofos clásicos, y también Montessori, no es indeterminación, ni libertinaje, ni naturalismo, sino sencillamente la capacidad de hacer suyo lo que se conoce. Según esa postura, el aprendiz es fundamentalmente libre y la autodisciplina es clave para hacer buen uso de esa libertad, lo que siempre será incómodo para quienes pretenden controlar completamente el proceso educativo y sus resultados. Para el mecanicismo o el condicionamiento operante (refuerzo de la conducta mediante premios y castigos) del conductismo, la libertad es una variable imposible de gestionar, porque convierte la educación en un riesgo inasumible para el educador. Por lo tanto, el mecanicista busca compulsivamente las estructuras, los métodos, los sistemas que repriman el movimiento espontáneo y la libertad del alumno, o que obliguen al alumno a escoger lo que propone arbitrariamente el educador.

Otro problema que tenemos a la hora de entender y 'clasificar' a Montessori en las diversas corrientes filosóficas es la tentación de simplificarla sobremanera. Un autor no es empirista por el mero hecho de dar importancia a las experiencias sensoriales, como sugiere William Boyd (1914). El 'cómo aprendemos' puede variar en función de la etapa educativa en la que se encuentra el niño. Por ejemplo, el dejar más margen al descubrimiento en el primer ciclo de la educación infantil no sugiere necesariamente un enfoque naturalista porque se trata de una etapa en la que el niño necesita más libertad de movimiento y no es preciso guiarle de forma tan estructurada. Antes de los seis años, es preciso presentar a los niños con objetos que puedan captar mediante los sentidos, porque no tienen aún la capacidad de abstracción lo suficientemente consolidada para poder entender largas explicaciones o para captar conocimientos abstractos. Reducir la educación en esa etapa a la discriminación sensorial no convierte a un educador montessoriano en un empirista en el sentido filosófico. Por ejemplo, Pestalozzi hace algunas afirmaciones sobre el modo de aprender que no tienen, de por sí, implicaciones filosóficas.

> Los elementos de números, los ejercicios de cálculo preparatorio deberían siempre realizarse de forma tal que se pusieran ante la vista del niño determinados objetos que hagan de unidades. Un niño puede captar muy bien la idea de dos bolas, dos rosas o dos libros, pero no el concepto 'dos' en abstracto. ¿Cómo se puede hacer comprender al niño que dos y dos son cuatro, si no se le muestra esto primero en la realidad? (Pestalozzi, 1988)

De hecho, Pestalozzi se refiere concretamente, en ese pasaje, a las condiciones de acceso al conocimiento: "¿Cómo se puede hacer comprender al niño que…?" El modelo educativo de Pestalozzi se fundamenta en la postura de que el alumno no puede conocer nada que no haya previamente entrado en contacto con sus sentidos, que el conocimiento humano comienza con la 'intuición' sensible de las cosas, a partir de las cuales se forman las ideas. Que Pestalozzi también haya sido influido por Rousseau y por otros autores idealistas o empiristas es incontestable. También es cierto que discrepó de Rousseau en muchos aspectos. Sin embargo, esa frase, por sí misma, no convierte a Pestalozzi en un empirista. Y que Montessori haya sido influido por Pestalozzi en algunas ideas no la convierte necesariamente en una representante de la pedagogía romántica.

Muchos autores trazaron un paralelismo entre Montessori y Rousseau pasando por Pereire (Boyd, 1914; Rusk, 1918), afirmando que Diderot, Helvétius y Rousseau fueron influidos por Pereire. Cómo hemos mencionado anteriormente, Rousseau era vecino de Pereire, ambos vivían en la misma calle, Rousseau iba a menudo a visitar a Pereire en su escuela y es posible que el *Emile* se originó en esas observaciones. Pero Pereire nunca se interesó por la ontología, ni siquiera por la filosofía. Era un profesor de sordomudos, no un empirista. Su método no era un tratado de epistemología o de ontología. Por las características concretas de sus alumnos (sordomudos), le era imposible hacer hincapié de entrada en la educación de conceptos abstractos, por lo que era necesario educar mediante las sensaciones y aislar los sentidos para poder refinarlos y no hacerles depender de otros, que no estaban disponibles. Solo mediante esa educación sensorial eran sus alumnos capaces de abstraer, partiendo de la realidad sensible hacia conceptos más universales. Por lo tanto, su método no puede ser calificado de empírico, se trata en realidad de un método educativo basado en la educación sensorial. Nada más y nada menos. Sin embargo, la interpretación que Rousseau puede haber hecho en *Emilio* del experimento de Pereire abrió la puerta a una nueva corriente filosófica con implicaciones pedagógicas tanto en el plano epistemológico como ontológico. Pero es inútil intentar sacar del método de Pereire y de la educación sensorial que retoma Montessori en su método un sentido y unas implicaciones filosóficas que no tienen.

7.2 Enfoque teleológico de la educación Montessori y sus implicaciones

La teleología es una visión del mundo que nos lleva a comprender la realidad y su desarrollo a partir de su finalidad natural, de su razón de ser. En el ámbito educativo, la teleología se refiere a los fines de la educación, en cuanto coinciden con la finalidad natural del desarrollo del alumno.

Explicaremos ahora por qué la teleología es un elemento central que diferencia la educación Montessori del movimiento de la Educación Nueva inspirado en Rousseau (L'Ecuyer & Murillo, 2020).

Hablaremos también de algunas de las afinidades que existen entre el pensamiento montessoriano y el aristotélico. Para ello, estructuramos nuestro argumento alrededor de los siguientes temas:

- La teleología en la educación Montessori.
- El aprendizaje significativo.
- Una actividad con propósito: el ambiente preparado y la pedagogía del error.
- La mente absorbente y el desarrollo de la personalidad.
- La repetición con propósito y la actividad perfectiva.
- El placer y la inclinación de la naturaleza racional hacia su fin.
- La simplicidad: la cantidad justa y necesaria de estímulos.
- El enfoque teleológico del progreso en Montessori.

7.2.1 La teleología en la educación Montessori

Montessori refiere a menudo, en sus escritos, a las nociones de naturaleza y de *Hormé* (impulso) que remiten a la finalidad. Para ella, la acción se dirige naturalmente hacia un fin, ordenado por la razón. El fin de la educación no es ajeno al niño, ni depende del maestro. Tampoco nace arbitrariamente de él, sino que se encuentra en su naturaleza profunda. Incluso podríamos decir que, para ella, el fin de la educación es el niño mismo, ya que consiste en perfeccionar al agente, en llevar al acto en el niño lo que solo está en potencia.

Algún autor destacó la afinidad de este modo de pensar con la teleología aristotélica:

Montessori repite que la tarea del niño es convertirse en adulto. Puesto que el principio de acto es crucial en Aristóteles, el principio de movimiento es también crucial en Montessori; el movimiento es el camino que toma el niño para llegar a ser aquello en que se está convirtiendo. Frustrar ese movimiento, es frustrar su entelequia. (Stoops, 1987, TN).

La concepción teleológica de la naturaleza es fundamental en la ciencia y filosofía aristotélicas: "Amén de que la entelequia es la forma de lo que está en potencia. Es evidente que el alma es también causa en cuanto fin. La Naturaleza —al igual que el intelecto— obra siempre por un fin y este fin constituye su perfección" (Aristóteles, 1978).

En sus escritos, Montessori retoma el concepto de *entelequia* de Aristóteles y lo denomina, inspirándose en Percy Nunn (entonces presidente de la sociedad aristotélica de Londres), *proceso hórmico*. Define el proceso como una *fuerza vital* que urge el niño a actuar, consciente o inconscientemente, hacia su fin: "A medida que el ser se desarrolla, se perfecciona a sí mismo y supera las trabas que se encuentra en el camino. Una fuerza vital se encuentra activa en el individuo y le conduce hacia su propia evolución. Esa fuerza ha sido llamada Horme" (Montessori, 1949, TN).

Esta descripción de la *Hormé*, la *entelequia* y el *proceso hórmico* guarda estrechas relaciones con algunas tesis presentes en diversas teorías vitalistas. Recordemos el élan vital (impulso vital) de Bergson (Bergson, 2013) o la *entelequia* de Hans Driesch (Driesch, 1908). Frente a la noción clásica de inclinación que se actualiza por el fin, en las propuestas vitalistas, late más bien la noción moderna de fuerza. Se trata, en este caso, de una fuerza distinta de las que estudia la física, que actúan externamente sobre los cuerpos, pues anima a los seres desde el interior. Si bien Montessori se encuentra inmersa en este ambiente cultural, su noción de *Hormé* remite explícitamente a las de naturaleza, finalidad y perfección, lo que emparenta sus tesis con las de Aristóteles.

La teleología nos ayuda a entender lo que entiende Montessori por *perfección del movimiento*. Para la autora la perfección del movimiento de los animales viene dada por la naturaleza (Montessori, 1949, TN). Esa idea está en consonancia con lo que afirmaba Aristóteles de los animales en *Acerca del alma*: "Pues bien, este [el fin] no es otro que el alma en el caso de los animales de acuerdo con el modo de obrar de la naturaleza" (Aristóteles, 1978).

El movimiento distingue de los seres animados de los seres no vi-vos. En los animales, ese movimiento no es aleatorio, está ordenado por la naturaleza.

> El movimiento es lo que distingue los seres vivos de las cosas inanimadas. La vida, sin embargo, no se mueve según el azar, sino con un propósito y según unas leyes. [...] La naturaleza da un propósito útil a cada ser vivo. Cada individuo tiene sus propios movimientos que le caracterizan con un propósito determinado. La creación del mundo es la coordinación armoniosa de todas estas actividades con propósito establecido. (Montessori, 1949, TN)

Aristóteles afirma que ese movimiento está guiado, en el ser humano, por la razón (Aristóteles, 1999). Para Montessori, la mente absorbente del niño se basa igualmente en el deseo, la fuerza interna que le urge a conocer.

La mente absorbente en Montessori es parecida a la idea con la que Aristóteles arranca su *Metafísica*: "Todos los hombres desean por naturaleza saber" (Aristóteles, 1982). Hay deseo de conocer porque la persona está hecha para conocer. Tanto para Aristóteles como para Montessori, el conocimiento es un acto vital, y la actividad solo tiene sentido en la medida en que se ejerce en orden a los fines de la propia naturaleza.

7.2.2 Aprendizaje significativo

Una de las expresiones consagradas hoy en día en el ámbito educativo es la del *aprendizaje significativo*. El sentido del aprendizaje remite a la necesidad de un *para qué* en la acción educativa del alumno. Pero ¿en qué puede consistir el para qué de la acción educativa cuando el aprendiz es fundamentalmente pasivo? Y ¿en qué consiste el sentido del aprendizaje para la Educación Nueva si no es necesario que la actividad esté encaminada hacia un fin?

Para una visión más conductista del aprendiz, el sentido que da el alumno a los aprendizajes no tiene demasiada o ninguna importancia. Lo que fija la conducta es la recompensa que recibe el alumno. Puede que el maestro tenga el fin en mente, pero el aprendiz no participa de él, ni lo interioriza, porque no se le da la ocasión de ser protagonista de los aprendizajes. El aprendiz es pasivo y no procesa activamente la información recibida. No hay sentido, solo hay almacenamiento de datos desconectados entre sí; la repetición se hace sin sentido, es mecánica (L'Ecuyer, 2014).

En *Las raíces del romanticismo*, Isaiah Berlin explica que el Romanticismo inspirado en Rousseau se caracteriza por una especie de huella de nostalgia de no poder alcanzar nunca el fin, sencillamente porque ese fin no existe, o no se sabe si existe (Berlin, 2000). Para Rousseau, que inspira la Educación Nueva, el sentido depende fundamentalmente de lo que se siente. No hay finalidad objetiva en el mundo o en la acción humana.

Berlin explica que, para el Romanticismo, no hay fines naturales que dirijan nuestras actuaciones o conjunto de hechos al que debamos someternos. Eso se debe, según él, a dos de las características del Romanticismo: la voluntad es ingobernable y no hay fin al que aspirar.

> [Para el Romanticismo] el logro de los hombres no consiste en conocer los valores sino en crearlos. Creamos los valores, los objetivos, los fines y, en definitiva, creamos nuestra propia visión del universo [...]. No hay imitación, adaptación, aprendizaje de reglas, comprobación externa, ni una estructura que debemos comprender y a la que debemos adaptarnos antes de obrar (Berlin, 2000).

El concepto de *voluntad ingobernable* se armoniza poco con la importancia que da Montessori a la disciplina interior. Y no es extraño que la cuestión de la disciplina y del esfuerzo hayan sido dos de los principales puntos de discrepancia entre Montessori y el movimiento de la Educación Nueva. Ese concepto entra también en conflicto con la importancia que Montessori atribuye a la inteligencia, capaz de conocer la realidad antes de ordenar el movimiento y la voluntad. Para ella, no se puede desear lo que no se conoce.

> Desde su nacimiento, la dimensión más importante de la persona es la vida psíquica, no el movimiento, puesto que los movimientos son creados siguiendo los dictados y la guía de la vida psíquica. [...] Esto muestra la diferencia enorme que existe entre las personas y los animales. Los animales solo obedecen a sus instintos. Su vida psíquica se limita a esto. En la persona, existe otro hecho: la creación de la inteligencia humana. (Montessori, 1949, TN)

Para el Romanticismo, dice Berlin, "no hay una estructura de las cosas, no hay un modelo al que debemos adaptarnos. Existe, solamente, un flujo: la interminable creatividad propia del universo" (Berlin, 2000). Por lo tanto, el sentido depende fundamentalmente del sujeto y de lo que *siente*. Ferrière describía las Escuelas Nuevas como lugares donde el juicio moral del niño "surge, no de la razón, sino de su sentimiento" (Ferrière, 1911a, TN), una idea clara en Rousseau, quien decía que "nuestros verdaderos maestros son la experiencia y el sentimiento" (Rousseau, 1762, TN).

Por lo tanto, para la Educación Nueva, los aprendizajes se construyen a partir de lo que es relevante para cada uno. Se ven la estructura y la organización como innecesarias, incluso como un obstáculo para la imaginación productiva y la libertad creativa del niño. Por ese motivo, la actividad no debe organizarse con orden a un fin concreto.

7.2.3 Ambiente preparado y pedagogía del error

¿Qué es lo que hace que el aprendizaje sea significativo en la educación Montessori?

Por un lado, Montessori se aleja de la visión mecánica de la educación que propone una disciplina meramente externa, basada en la inmovilidad, que no tiene finalidad para el niño:

> No tengamos a los niños comprimidos entre los dos instrumentos que envilecen el cuerpo y el espíritu: el banco, y los premios y castigos exteriores. Por medio de ellos queremos mantener en la disciplina de la inmovilidad y del silencio a los niños para conducirlos ¿adónde? Desgraciadamente, para conducirlos sin un propósito ni una finalidad determinados. (Montessori, 2015a)

Por otro lado, la disciplina interna y activa que propone tiene implicaciones teleológicas, tal y como lo explica en uno de sus dos artículos escritos para *Pour l'Ère nouvelle*:

> El niño quiere moverse porque la naturaleza le obliga al movimiento; impedir ese movimiento, es impedir su desarrollo, es dificultar su misión de crecer sanamente. Nuestro deber no es impedir su movimiento, sino orientar la evolución natural de la movilidad voluntaria hacia movimientos que tienen un propósito. [...] Obedecer a las leyes, no solo es un deber, sino también una necesidad vital. [...] En vez de la disciplina exterior, la única que conoce la escuela tradicional y punto de partida sin la que no sabría enseñar nada, la nuestra es una disciplina interior, natural, consecuencia y objetivo de la enseñanza. (Montessori, 1927, TN)

Una de las características centrales del método Montessori es que el niño no escoge él mismo los fines de las actividades que realiza. Y, en la etapa preescolar, ni siquiera escoge los medios para alcanzar esos fines, pues el material está diseñado de antemano. Montessori insiste en la importancia del ambiente preparado. Este debe ser diseñado acorde con la naturaleza del niño que lleva en sí la impronta de sus fines. Concretamente, la educación Montessori llega a este diseño a partir de la observación de los periodos sensitivos del niño. Según Montessori, la actividad espontánea surge de un deseo irresistible del niño de aprender lo que se corresponde con cada uno de sus periodos sensitivos. El papel del maestro solo se entiende dentro de esa lógica; su misión podría resumirse en aquella frase de la autora: "Por lo tanto, solo es bueno quien ayuda a la creación a alcanzar sus fines" (Montessori, 1917a, TN). Por lo tanto, todo el material montessoriano, así como la acción del maestro está orientado, a través del control del error, a un fin previamente establecido: "Para que el proceso educativo sea de autoeducación, no es suficiente que el estímulo provoque la actividad, debe dirigirla. El niño no solo debe perseverar mucho tiempo en un ejercicio, debe perseverar sin cometer errores" (Montessori, 1917a, TN).

Ese enfoque choca radicalmente con la visión de ciertos pedagogos que piensan que el alumno ha de escoger sus propios fines educativos y que critican al método montessoriano por no permitirlo: "[En el método Montessori,] el niño no es libre de crear. Es libre de escoger el material que quiere usar, pero no es libre de escoger sus propios fines, o de someter el material a sus propios planes" (Dewey & Dewey, 1915, TN).

Para su contemporáneo, la experiencia o la actividad es, en sí, lo que provoca el aprendizaje en el alumno, al margen del fin de la actividad. De ahí la propuesta de Dewey de lo que hoy se conoce como el *learning by doing* (aprender haciendo) (Dewey & Dewey, 1915).

Aunque sea partidaria de educar mediante la actividad espontánea, que surge de cada periodo sensitivo, Montessori no se conforma con que el material sea una incitación a una actividad cualquiera, sin propósito. De ahí que llegue a criticar el giro de la Educación Nueva, considerándolo un movimiento que aspira a la ignorancia.

Montessori defiende la actividad espontánea, pero por motivos que son ajenos a los defensores de la pedagogía activa. La espontaneidad que defiende no es la de los románticos, es la espontaneidad de una naturaleza racional que actúa libremente en orden a un fin proporcionado por la naturaleza.

En ese sentido, la pedagogía del error en Montessori establece un límite al activismo pedagógico cuyo fin es el movimiento y la experiencia *per se*. Para Montessori, la actividad debe dirigir al niño hacia un fin concreto que se encuentra 'en la naturaleza del niño', no en la actividad, ni en el material.

La pedagogía del error en Montessori tiene implicaciones teleológicas, porque está estrechamente relacionada con los fines de la educación. El error es el amigo que permite avanzar en el camino de la verdad y de la actividad perfectiva, a través de la repetición.

> Consideremos el error en sí mismo. Es preciso admitir que todos cometemos errores; se trata de una realidad de la vida, por lo que admitirlo representa un gran paso en nuestro progreso. Si deseamos caminar en el camino de la verdad y de la realidad, debemos admitir que todos cometemos errores, pues, de lo contrario, seríamos perfectos. [...] Si pretendemos avanzar en el camino hacia la perfección, debemos fijarnos atentamente en el error. (Montessori, 1917a, TN)

7.2.4 *Mente absorbente y desarrollo de la personalidad*

La mente absorbente del niño le permite hacer suyo lo que se encuentra en su entorno. Cuando el niño sabe, 'es', de algún modo, lo que sabe, porque lo ha interiorizado, porque su mente le ha hecho absorber su entorno:

> El recién nacido está dotado de un deseo irresistible, de un impulso, para hacer frente a su ambiente y para absorberlo. Podríamos decir que nace con la psicología de conquista del mundo. Lo absorbe en sí mismo y, de este modo, forma su cuerpo psíquico (Montessori, 1949, TN)

En ese acto de posesión, el sujeto es el fin del conocimiento, puesto que conociendo el sujeto se perfecciona 'a sí mismo': "El pianista se habrá formado por sí mismo y será tanto más hábil, cuanto más sus tendencias naturales lo hayan inducido a insistir en los ejercicios [...]" (Montessori, 2015a).

Para Montessori, el trabajo del adulto tiene, como dice Standing, una finalidad externa: "Construir un puente, cultivar un campo o formular un código de leyes. Tiende a edificar, a transformar su medio; es un trabajo de esfuerzo consciente, dirigido hacia la producción de un resultado externo; en suma, a ayudar a erigir una civilización" (Standing, 1988).

En cambio, el trabajo del niño es totalmente diferente. El biógrafo de la pedagoga explica: "Para él no tiene esta misma conciencia clara de que hay que lograr un fin externo. La finalidad real de la actividad de un niño es algo más profundo, más vital, oculto; algo que brota de las profundidades inconscientes de la personalidad del niño" (Standing, 1988).

> Supongamos, por ejemplo, que un niño quiere limpiar un objeto. Lo frotará más tiempo del necesario para que esté limpio. A menudo, vemos un niño de tres años repetir cuarenta veces el mismo ejercicio. [...] El adulto, en cambio, trabaja movido por motivaciones externas que responden a la ley del menor esfuerzo en el tiempo mínimo. Para el adulto, la competencia y la emulación son estimulantes. No es el caso para el niño. Para él, el trabajo es la continuación y la reproducción del acto que le hace crecer y convertirse en un adulto. (Montessori, 1929, TN)

La obra maestra del niño es él mismo, explica Montessori en 1936, en un artículo publicado en la *Revista de Pedagogía*: "[El niño ha de] ir construyendo por sí y de sí mismo el más noble y bello edificio entre todas las obras de la naturaleza: el del hombre adulto" (Montessori, 1936a).

El niño trabaja para edificar su propia personalidad: "El trabajo del niño, en relación con las necesidades de su crecimiento, es un ejercicio que construye su personalidad" (Montessori, 2007a). El niño no se alegra porque alcanza hitos externos a sí mismo, sino porque él mismo se perfecciona de acuerdo con lo que pide su naturaleza. Por lo tanto, uno de los principios más importantes para la educación montessoriana es que el adulto nunca debería hacer para un niño lo que el niño es capaz de hacer por sí solo. De lo contrario, lo anularía. De ahí nacen las ideas de 'autonomía', de 'independencia' y de 'autoeducación', que no han de confundirse con arbitrariedad, indeterminación o libertinaje. Entender esos conceptos desde el punto de vista de una construcción arbitraria sería una interpretación superficial que no toma en cuenta la teleología en Montessori.

Por lo tanto, Montessori explica que la educación no puede reducirse a la búsqueda de métodos —una tendencia que era creciente desde Comenio— que tengan como meta la transmisión de ciertos conocimientos, sino en ayudar al perfeccionamiento de la persona: "La educación no consiste en la búsqueda de métodos nuevos con miras a una árida transfusión de conocimientos; debe proponerse ayudar al desarrollo del hombre" (Montessori, 1948b, TN).

Montessori es consciente de que la actividad perfectiva realizada por el niño no siempre tiene sentido para la mentalidad productiva y utilitarista del adulto:

> [E]l adulto los juzga como se juzgaría a sí mismo; se imagina que el niño se propone alcanzar fines exteriores y lo ayuda con cariño a alcanzarlos, cuando por el contrario el niño obra siempre, aunque inconscientemente para favorecer su propio desarrollo. Esto explica que el niño desprecie todo aquello que se le presenta hecho y ame todo lo que esté por hacer [...] Prefiere el acto de lavarse que el bienestar de sentirse aseado; prefiere construir una casita que poseerla. Para él, la vida no es algo que deba gozarse sino algo que debe formarse, y en esta formación halla su único gran placer. (Montessori, 1912, TN)

La autora sigue, dando el ejemplo del niño que baja y que sube las escaleras repetitivamente:

> Otro esfuerzo consiste en subir las escaleras. Para nosotros, subir una escalera empinada es un objetivo, pero no es así para el niño. Después de haber subido la escalera, no está satisfecho; vuelve abajo y sube de nuevo, repitiendo el ciclo varias veces. Los toboganes de madera o de cemento que vemos en los parques infantiles ofrecen oportunidades para esas actividades; lo importante no es bajar, sino la alegría de subir, la alegría del esfuerzo. (Montessori, 1949, TN)

Lo que incita al niño a repetir el ejercicio, que lleva a su progreso personal, es su afán de perfeccionamiento (por ejemplo, de sus sentidos a través de la capacidad de percibir la diferencia entre dos tamaños, entre dos colores, entre dos sonidos, o de sus facultades cognitivas o espirituales, como, por ejemplo, la capacidad de concentrarse por largos periodos de tiempo, o de apreciar la armonía o la belleza). Solo se puede entender el concepto de autoeducación dentro de ese marco. El fin de la educación es, pues, el desarrollo de la personalidad del niño de acuerdo con sus propios fines. En definitiva, el fin de ese ejercicio repetitivo es la actividad perfectiva en su ejercicio mismo.

7.2.5 Repetición con propósito y actividad perfectiva

Para Montessori, el hábito es parte de la educación en la libertad; la perfección en los seres humanos se adquiere mediante el hábito voluntario:

> En el hombre, este mecanismo no está preestablecido antes del nacimiento y por lo tanto debe crearse, alcanzarse mediante experiencias prácticas sobre el ambiente. [La] coordinación [de movimiento] no viene dada, es creada, alcanzada por la

psique. En otras palabras, el niño crea sus propios movimientos y, haciéndolo, los perfecciona. [...] Es maravilloso que los movimientos humanos no sean limitados y fijos, sino que podamos controlarlos. (Montessori, 1949, TN)

Lo que predispone al niño al hábito es su misteriosa tendencia a la repetición sin cansarse. Entonces solo se trata de dar una dirección y los medios para detectar y corregir el error en ese empeño repetitivo, a través de un material que tenga un 'propósito inteligente'. En ese contexto, se entiende mejor cómo la defensa de la 'espontaneidad racional' en Montessori se aleja del activismo propuesto por la Educación Nueva, que se inspira en la espontaneidad del Romanticismo. Esa idea está más bien en consonancia con la idea de Aristóteles de hábitos voluntarios adquiridos mediante la razón recta ordenada al propio bien.

> Sobre las virtudes en general hemos dicho, pues, esquemáticamente, en cuanto a su género que son términos medios y hábitos, que por sí mismas tienden a practicar las acciones que las producen, que dependen de nosotros y son voluntarias, y actúan de acuerdo con las normas de la recta razón. (Aristóteles, 1999)

Para Aristóteles, somos dueños de nuestras acciones, y nuestras acciones nos hacen a nosotros mismos:

> Desconocer que el practicar unas cosas u otras es lo que produce los hábitos es, pues, propio de un perfecto insensato. Además, es absurdo que el injusto no quiera ser injusto, o el que vive licenciosamente, licencioso. Si alguien comete a sabiendas acciones a consecuencia de las cuales se hará injusto, será injusto voluntariamente; pero no por quererlo dejará de ser injusto y se volverá justo; como tampoco el enfermo, sano.

[...] [L]as virtudes son voluntarias (en efecto, somos en cierto modo concausa de nuestros hábitos y por ser como somos nos proporcionamos un fin determinado). [...]

Pero las acciones no son voluntarias del mismo modo que los hábitos; de nuestras acciones somos dueños desde el principio hasta el fin si conocemos las circunstancias particulares; de nuestros hábitos al principio, pero su incremento no es perceptible, como ocurre con las dolencias. (Aristóteles, 1999)

La idea que vertebra *Ética a Nicómaco* (Aristóteles, 1999) de que nuestro carácter es el resultado de nuestra conducta, de nuestras acciones voluntarias repetidas y guiadas por la razón, se encuentra claramente en los escritos de Montessori. El niño se hace a medida que escoge sus hábitos mediante el movimiento repetido. De ahí su idea de la *autoeducación*, de que el niño *se construye a sí mismo*. Esa idea debe entenderse como la edificación de su personalidad desde una concepción teleológica, no constructivista. Una vez consolidado un hábito para el bien, nos hacemos más libres para escoger el bien y nos hacemos capaces de bienes más altos.

Montessori aclara que no ve la libertad como algunos de los pedagogos románticos que la precedieron.

Quizás fue ese error el que llevó a un conocido pedagogo italiano a decirme: 'Libertad, ¿algo nuevo? Por favor, lea usted a Comenio —verá que esto ha sido discutido ya en su época—'. A lo que respondí: 'Sí, mucho se habló de libertad, pero la libertad a la que me refiero es un tipo de libertad efectivamente realizada'. No parecía entender la diferencia. Debería haber preguntado: '¿no cree usted que existe una diferencia entre el que habla de millones y el que los posee?' (Montessori, 1917a, TN)

Rousseau también habla de la capacidad del hombre de perfeccionarse a sí mismo (*perfectibilité*). Afirma que la única distinción entre el hombre y el animal reside en esa capacidad. Pero considera que esa facultad de perfeccionarse es su perdición:

> Sería triste para nosotros vernos forzados a aceptar que esta facultad distintiva, y casi ilimitada, es la fuente de todas las desgracias del hombre, que es ella la que le expulsa, a fuerza de tiempo, de esta condición originaria en que sus días discurrían tranquilos e inocentes; que es ella la que, haciendo estallar con los siglos sus luces y sus errores, sus vicios y sus virtudes, lo convierte a la larga en el tirano de sí mismo y de la naturaleza. (Rousseau, 2018, TN)

Como hemos explicado anteriormente, el hábito para Rousseau es un obstáculo, porque ata al ser humano a una repetición, una convención, creando necesidades y, por lo tanto, dependencias (Rousseau, 1762). Para él, la libertad se entiende como indeterminación. Como decía Thomas Hobbes, libertad es "poderse mover por tantos caminos como sea posible" (citado en Spaemann, 1994). Tomar un camino concreto es una pérdida de libertad. En consecuencia, la repetición es una esclavitud, una mecanización que hace perder la libertad.

Recordemos que Rousseau considera que el hábito (por ejemplo, el hábito de comer y de dormir según un horario fijo) añade una necesidad que altera la naturaleza, lo que impide la felicidad. Para Rousseau, la infelicidad procede de la tensión que se crea entre necesidades y deseos. Ese es el motivo por el cual Rousseau dice que el único hábito que deben tener los niños es el de no tenerlos nunca, haciendo todo lo que piden en cada momento, de forma que nunca se acostumbren a actuar de una forma o de otra:

> El único hábito que se puede permitir que adquiera el niño es el de no contraer ninguno: que no se le lleve más sobre un bra-

zo que sobre el otro, que no se le acostumbre a presentar una mano más que la otra, a servirse de ella con más frecuencia, a querer comer, dormir, actuar a las mismas horas, a no poder descansar solo ni de noche ni de día. Preparad de lejos el reino de su libertad y el uso de sus fuerzas, dejando a su cuerpo la costumbre natural, poniéndola en condición de ser siempre dueño de sí, y de hacer todas las cosas a voluntad, tan pronto como disponga de una. (Rousseau, 1762, TN)

Para Rousseau, el hábito viste al niño de una segunda naturaleza que sustituye su verdadera naturaleza, la primitiva. Rousseau también habla de naturaleza. Sin embargo, la entiende como estado primitivo, no como principio de actividad y criterio del crecimiento: "Solo en este estado primitivo el equilibrio del poder y del deseo se encuentran reconciliados y el hombre no es desdichado" (Rousseau, 1762, TN). Para Rousseau, todo lo que sea sacar al niño de su estado primitivo sería ir contra natura: "Cuanto más cerca queda de su condición natural, menor es la diferencia de sus facultades con sus deseos y más se aleja, en consecuencia, de ser desgraciado" (Rousseau, 1762, TN). Para Rousseau, la persona no es perfeccionable; lo originario no puede ser mejorado, ampliado.

Al contrario de Rousseau, Montessori no ve los hábitos o la imposición de una estructura externa como un obstáculo a la libertad. Es más, para ella, la repetición es la forma de interiorizar las ideas, de construir la personalidad, de adquirir la disciplina interna; es el secreto de la perfección (Montessori, 1948c). Ve al niño como un ser esencialmente perfeccionable, y los medios que propone para alcanzar los fines que se encuentran en su concepto de naturaleza están alineados con estos últimos. El material didáctico y el ambiente están diseñados de acuerdo con un fin, no según el capricho o la arbitrariedad del niño o del maestro; hay un modelo al que debemos adaptarnos, un material que guía el aprendizaje.

7.2.6 Placer e inclinación de la naturaleza racional hacia su fin

La palabra *placer*, en un contexto de aprendizaje (de la lectoescritura, de la identificación y de la corrección de los errores, de la perfección de sus hábitos, etc.) aparece más de 40 veces en el primer libro de Montessori (1912b).

Montessori lo llama también la *alegría del esfuerzo*, un concepto que los pedagogos de la Educación Nueva no estaban preparados para entender. Recordemos que Montessori deploró que Claparède y el movimiento que representaba no entendieran que el descanso y la alegría fueran perfectamente compatibles con el aprendizaje, la atención sostenida, la exigencia académica y el esfuerzo (Montessori, 2007b).

En Montessori la cuestión del placer (la *alegría del esfuerzo*) deriva de la teleología y se encuentran en plena sintonía con el pensamiento aristotélico.

Aristóteles define el placer como la *actividad natural sin trabas*, como "el acto de una disposición según la naturaleza [...] sin obstáculo" (Aristóteles, 1999). Para la visión moderna de la Educación Nueva, el placer es una experiencia, mientras que, en Aristóteles, el placer se da en relación con una actividad natural que logra su fin. Montessori retoma esa misma definición en sus escritos: "[E]n el niño que crece normalmente, su actividad sin trabas se manifiesta en lo que llamamos 'la alegría vital'. El niño es entusiasta, está siempre feliz" (Montessori, 1949, TN).

En definitiva, son los movimientos realizados con un propósito, ordenados a su propio fin, los que perfeccionan a la persona. Montessori prepara a los niños para que sus inclinaciones sean en todo momento gobernadas por la razón mediante la disciplina interior. Su método está diseñado a partir de los fines generales y de los fines específicos que se adecuan al niño en orden a cada etapa de su desarrollo. Propone que los niños sigan su inclinación para entrar en el orden propuesto por las leyes de la naturaleza (y el material les ayuda a hacerlo), que no es lo mismo que decir que tienen una bondad innata. Ella misma señala el matiz: "El orden no es bondad; pero puede que sea el único camino para alcanzarla" (Montessori, 1953, TN).

La continua referencia a los periodos sensitivos indica la importancia que concede a la armonización de la intervención educativa con lo que reclama la naturaleza del niño y refleja el enfoque teleológico de un proceso ordenado a su fin natural. En el método montessoriano existe un orden secuencial que se encamina hacia una finalidad, la noción de naturaleza remite a la finalidad y la finalidad remite al sentido que mueve al niño. El niño no nace en la plenitud, sino que se dirige hacia ella.

La concepción clásica del placer entendido como actividad natural sin trabas implica que el ser humano tiene una inclinación natural racional hacia los fines adecuados a su naturaleza. De hecho, Tomás de Aquino, intérprete de Aristóteles y autor de referencia para Montessori (2016), define la ley eterna como una inclinación natural de cada ser hacia su propio bien, y la ley natural como una expresión de esa ley en los seres racionales. Es la luz del intelecto por la que estos reconocen por sí mismos lo que les conviene: "[B]ajo la impronta de esta ley [eterna], [los hombres] se ven impulsados a sus actos y fines propios" (Tomás de Aquino, 2001).

Para el Aquinate "todo agente obra necesariamente por un fin" (Tomás de Aquino, 2001) (sin que esto implique que el fin deba estar totalmente predeterminado), pues "el objeto de la voluntad es el bien y el fin en común" (Tomás de Aquino, 2001) y es preciso que la persona conduzca sus inclinaciones de acuerdo con la recta razón.

Montessori se admira ante la inclinación de la naturaleza racional del niño hacia su propio bien, cree que el niño abriga en su naturaleza una capacidad innata para reconocer lo bueno, lo verdadero y lo bello. La persona, explica, está llamada a la racionalidad. Su propuesta está en consonancia con los conceptos de *recta razón* de Aristóteles (1999) y la 'sindéresis' del Aquinate (2001). De hecho, la pedagoga encuentra en esa inclinación la explicación del misterio de la reducción de la fatiga y de la atención sostenida de la que habla en todas sus obras. La persona encuentra descanso en los actos voluntarios inteligentes que realiza con sentido. Cuando los realiza, se cansa menos y no se da cuenta del esfuerzo que le suponen, o este le resulta más llevadero, porque su atención está polarizada y está inmerso en lo que hace. En cambio, cuando actúa en el desorden o sin disciplina interior, se cansa con más facilidad.

> [C]omo el hombre es un ser inteligente, los movimientos serán tanto más un reposo, cuanto más inteligentes sean. El esfuerzo de un niño que se acalora saltando de un modo descompuesto, lleva consigo un gran consumo de energía nerviosa y cansa el corazón; en cambio el movimiento inteligente que proporciona al niño una íntima satisfacción, casi el orgullo de haberse superado a sí mismo, de encontrarse más allá de los límites que creía infranqueables, y esto en medio del respeto silencioso de quien lo guio sin hacerse sentir, multiplica sus fuerzas. (Montessori, 2015a)

La idea de encontrar deleite en una actividad ordenada a su fin se halla también en Aristóteles:

> Lo mismo podría deducirse del hecho de que cada placer está íntimamente unido a la actividad que perfecciona. En efecto, cada actividad es intensificada por el placer que le es propio, y así juzgan mejor y hablan con más exactitud de cada cosa los que se ejercitan en ella con placer, por ejemplo, llegan a ser geómetras y comprenden mejor la geometría los que se deleitan en ella, y asimismo los aficionados a las artes, a la arquitectura, etc., se entregan a la obra que les es propia encontrando placer en ella. Por consiguiente, los placeres intensifican las actividades, y lo que las intensifica les es propio. (Aristóteles, 1999)

Montessori rechaza el juego, entendido como diversión pasiva: "En educación se habla, es cierto, de juego, pero hay que entender por tal un trabajo libre ordenado con un fin determinado y no el desenfreno que dispersa la atención" (Montessori, 2015a). Para ella, un niño que es capaz de trabajar sin interrupción y con atención plena (y, por lo tanto, de experimentar gozo haciéndolo) es un niño 'normalizado'. El niño normalizado es capaz de superar lo que ella llama 'falsa fatiga' porque cuando su trabajo perseverante se convierte en un hábito, tiene entonces una inclinación a trabajar con paciencia, perseverancia, disciplina, orden:

> Cuando el trabajo se ha convertido en un hábito, el nivel intelectual se intensifica, y el orden organizado hace que el buen comportamiento se convierta en un hábito. El niño trabaja entonces con orden, perseverancia y disciplina, de forma natural y persistente. (Montessori, 1917a, TN)

7.2.7 Simplicidad: una cantidad justa y necesaria de estímulos

En el método Montessori, el ambiente ha de ser bello, real y sencillo. Los estímulos externos han de ser los justos y estrictamente necesarios por dos motivos. En primer lugar, los estímulos excesivos son trabas en el proceso perfectivo que lleva a la edificación de la personalidad. Sustituyen al niño, agente del proceso. En segundo lugar, son los periodos sensitivos los que guían en la elección de lo que es o no necesario. En ese sentido, las actividades o los estímulos frenéticos podrían ser contraproducentes porque ahogarían el movimiento espontáneo guiado por esos periodos sensitivos; llevarían al alumno a la distracción en vez de a la concentración y a una disminución de la actividad interna. Los estímulos que no se armonizan con el orden interior del niño son trabas que impiden el interés, la concentración y la actividad espontánea del niño. Por lo tanto, ese entorno caótico no puede suscitar el placer de aprender en el sentido aristotélico, porque embotaría y saturaría los sentidos. Lejos de facilitar el aprendizaje verdaderamente activo, lo impediría.

Para Montessori, la sobreabundancia es un obstáculo para la educación porque "debilita y retrasa el progreso" (Montessori, 1917a, TN).

Hay consideraciones teleológicas también en la afirmación de que la educación sensorial es la preparación para la educación intelectual y moral. Como hemos visto anteriormente, la capacidad de abstraer intelectualmente tiene que ver con la calidad del sentido del tacto en la filosofía aristotélica. En la sensibilidad existe un término medio, que es un umbral por debajo del cual no se percibe y por encima del cual los sentidos están demasiado alborotados para poder discriminar los matices de la sensación. Cada sensación se da en el marco del margen de la sensibilidad.

> Esta es la razón por la cual no percibimos lo que está igual de caliente, frío, duro o blando que el órgano y sí los objetos que lo están más que él: es que el sentido es a manera de un término medio, entre los contrarios sensibles. Por eso mismo discierne los objetos sensibles, porque el término medio es capaz de discernir, ya que respecto de cada extremo viene a ser el contrario. Y de la misma manera que el órgano que ha de recibir lo blanco y lo negro no ha de ser ni lo uno ni lo otro en acto, pero sí ambas cosas en potencia —y lo mismo en el caso de los demás sentidos— también en el caso del tacto el órgano no ha de ser ni frío ni caliente. (Aristóteles, 1978)

Por lo tanto, un estímulo demasiado fuerte puede destruir la sensibilidad.

> A partir de estas explicaciones queda claro además por qué los excesos de los sensibles destruyen los órganos de la sensación: en efecto, si el movimiento del órgano resulta demasiado fuerte, desaparece la proporción idónea —y esto es el sentido— al igual que desaparecen la armonía y el tono si se pulsan violentamente las cuerdas. (Aristóteles, 1978)

Montessori retoma esa misma idea cuando habla de la educación musical. Un niño que tiene el hábito de escuchar notas armónicas y sonidos delicados desarrolla una atracción hacia la belleza musical y un rechazo a los sonidos feos, discordantes, desordenados:

> Cuando además de la educación del oído se hubiese acostumbrado a todo el cuerpo, a las vísceras, a los músculos, a vibrar con el sonido de las campanas sabiamente provocado, y se hubiese establecido una especie de paz en todas las fibras del cuerpo de los niños, entonces sentirán éstos mejor la aspereza y estridencia de ciertos ruidos y los rehuirán como rehúye los sonidos disonantes un oído que ha recibido una educación musical. (Montessori, 2015a)

En *Ética a Nicómaco*, podemos encontrar un paralelismo de esa idea en el ámbito de la ética. Aristóteles habla de la templanza como del término medio entre el exceso y el defecto, y llama a los que no son capaces de apreciar los placeres como los "insensibles".

> En lo que toca a los placeres y los dolores [...], el término medio es la templanza y el exceso la intemperancia. No siempre hay quienes se quedan cortos en lo que se refiere a los placeres, por lo cual estos tales no han recibido un nombre, pero digamos que son 'insensibles'. (Aristóteles, 2001)

Sin embargo, para Aristóteles, la templanza no tiene que ver con la capacidad de sentir, sino con el modo de comportarse respecto de lo placentero y doloroso. El intemperante es el que se deja llevar irracionalmente por el placer y el insensible el que no lo tiene en cuenta. El paso del valor cognitivo de la sensibilidad a la predisposición ética no es explícito en Aristóteles. Aristóteles habla, en esa última cita, del término medio de la virtud en el que interviene la razón, no las percepciones sensoriales como tal.

Montessori, en cambio, da el salto de la educación sensorial a la educación moral. Para ella, la insensibilidad repercute en la vida moral. De la misma manera que la sensibilidad permite captar los matices de la realidad y reconocer la armonía y la belleza, permite también oír la voz de la conciencia. Para nuestra autora, el objetivo no es la experiencia sensorial como tal, sino la educación que permite percibir la realidad tal como es. Para ella, el fin de la actividad perfectiva, tanto en el ámbito intelectual, como en el ámbito moral, está en el 'término medio', que solo puede encontrarse mediante la sensibilidad que permite captar los matices de la realidad. Para explicarlo, Montessori usa la metáfora de los escultores griegos que tienen la sensibilidad para percibir las proporciones, la armonía perfecta, en definitiva, el término medio de la perfección (Montessori, 1917a).

Aplica la metáfora al ámbito moral: cuanto más afinada está la sensibilidad, cuanto más capaz es de captar el término medio de la perfección, distinguiendo lo que es 'bueno' de lo que es 'malo'.

> Algo similar puede suceder en la conciencia en relación con la distinción entre el bien y el mal [...] Es mediante la inteligencia y la sensibilidad de su conciencia para distinguir entre el bien y el mal que el hombre construye sus defensas y reconoce sus peligros. [...] Un hombre que carece de sensibilidad de conciencia es inferior a los animales; nada puede entonces salvarlo de los excesos; puede precipitarse hacia su propia ruina, hacia el caos y la destrucción de tal forma que puede sorprender y aterrorizar incluso a los animales; y si estuviera en su poder, estos animales se dedicarían a enseñarle al hombre, para que fuera igual a ellos. Los hombres sin conciencia son como animales sin instinto de conservación; unos locos precipitándose hacia la destrucción. (Montessori, 1917a, TN)

Para nuestra autora, el niño capaz de apreciar la belleza musical tiene menos posibilidad de entregarse a los instintos más bajos (Montessori, 2015a).

La cuestión del salto de la educación sensorial a la educación moral que encontramos en Montessori se basa en la idea de que la decisión racional del sujeto se toma en base a la información que le proporcionan los sentidos. Para ella, la sensibilidad, o la finura para percibir estímulos, predispone o inclina al niño a un comportamiento más racional y eventualmente más virtuoso. El 'salto' que la autora hace de la educación sensorial a la educación moral puede dar al lector la sensación de un cierto conductismo sensorial. Puede transmitir la idea de que la educación sensorial en Montessori lleva natural y necesariamente a la virtud. Sin embargo, en su conferencia de 1921 (De Giorgi, 2019) sobre la cuestión del pecado original, Montessori deja claro que el entorno predispone el niño a la virtud; sin embargo, la virtud no es consecuencia del entorno o de las buenas predisposiciones, sino de un acto libre y a veces sacrificado, por lo tanto meritorio.

En realidad, lo que dice el salto de lo sensorial a lo moral es lo siguiente: para que la reacción del niño ante la realidad sea conforme a ella, se le prepara a reaccionar de forma racional ante la realidad. Esa idea explica la escasa importancia que Montessori da a lo que hoy llamamos la 'educación emocional'. Las emociones son consecuencia de la armonía o la desarmonía que existe entre las propias tendencias y la realidad. En la medida en que el niño montessoriano es capaz de ajustarse a la realidad, alegrándose y sufriendo por 'lo que se debe', porque es capaz de reconocer lo que está bien y lo que está mal, entonces el foco deja de estar en la regulación emocional, porque ésta es una consecuencia lógica de lo anterior. El equilibrio emocional sería una consecuencia de la 'normalización'. Esa forma de enfocar la regulación emocional se encuentra también en Aristóteles: "Por lo cual debemos ser educados de alguna manera directamente desde la niñez, tal como dice Platón, de manera que nos alegremos y suframos con las cosas que se debe, pues ésta es la recta educación" (Aristóteles, 2001).

Ahora bien, para conseguir esa sensibilidad y también como consecuencia de ella, está la templanza, que permite inhibir los impulsos y escoger medios que sean adecuados a los fines, como explica Aristóteles (Aristóteles, 2001). En Montessori, la templanza se adquiere mediante la disciplina interna a través de las actividades perfectivas de vida práctica, de las lecciones de gracia y de cortesía y del uso repetitivo de un material que ordena la mente y que debe adecuarse a lo que pueden razonablemente abarcar los sentidos en cada momento. Para Montessori, una masa de información sin dirección y sin orden crea un caos artificial en la mente del alumno (Montessori, 1917a). En definitiva, para poder percibir la realidad en todos sus matices y en toda su belleza, la finura sensorial es clave.

> La belleza reside en la armonía y no en los contrastes, y la armonía no puede percibirse si no se tiene una cierta finura en el discernimiento. La armonía de la naturaleza y del arte pasa desapercibida para el que tiene los sentidos groseros. El mundo aparece entonces como algo pobre y lleno de asperezas. Existen en el ambiente que nos rodea fuentes inagotables de goces estéticos al lado de las cuales los hombres pasan como unos insensatos sin darse cuenta de ella, buscando el placer en las sensaciones groseras e inferiores porque son las únicas que son capaces de sentir. (Montessori, 2015a)

En cambio, los estímulos demasiado fuertes podrían ser un ambiente favorable al vicio:

> Ahora bien, los hábitos viciosos nacen muchas veces de estos goces groseros; los estímulos demasiado fuertes no aguzan, sino que, por el contrario, embotan la sensibilidad, que cada vez va necesitando estímulos más enérgicos. (Montessori, 2015a)

Para Montessori, un niño que recibe la cantidad justa y necesaria de estímulos es un niño sensible, y un niño sensible es prudente y templado, atento al orden, disciplinado mediante la repetición perfectiva y capaz de encontrar el término medio en todas sus actividades, tanto sensoriales, intelectuales como morales.

7.2.8 *Enfoque teleológico del progreso en Montessori*

Para Montessori, el progreso es sinónimo de la acción perfectiva del niño, no de un trabajo externo a él. Ese es otro de los rasgos que aleja a Montessori del Romanticismo. De hecho, se aleja explícitamente de la cultura de la militancia social que surge de Rousseau:

> Han existido, es cierto, pedagogos que, bajo los auspicios de Rousseau, han expresado principios fantásticos y vagas aspiraciones sobre la libertad de los niños; pero también lo es, que el verdadero concepto de libertad lo desconocen por completo los educadores. Éstos tienen de la libertad el mismo concepto que se han formado los pueblos en los momentos en que se han rebelado contra la esclavitud; o en un grado más elevado llegan a concebir la libertad, como la libertad de la patria, la de una casta o la del pensamiento, concepto que es también limitado porque es la libertad de algo parcial. (Montessori, 2015a)

Por lo tanto, el progreso del que habla Montessori no puede confundirse con el que propone el proyecto de la modernidad. Para ella, el concepto de progreso es más afín a la propuesta de la filosofía clásica, porque está vinculado a la actividad perfectiva de la persona, no tanto a la realización de metas sociales externas a ella que caracteriza la cultura militante de la modernidad (Martin, 2006).

De hecho, Montessori advierte que enfocar la educación como una búsqueda de soluciones a problemas es una seducción utilitarista que puede llevar a aventurarse en senderos falsos (Montessori, 2015a). Uno de los senderos falsos a los que se refiere Montessori cuando destierra el enfoque de la resolución de problemas como un fin en sí, es el de perder de vista los verdaderos fines de la educación.

El niño se desarrolla según sus propios fines a través de la actividad perfectiva. Para la autora, el fin de la educación es la persona y la obra maestra de la educación es el niño mismo.

El Método debe ser orientado a ese fin, que se encuentra en la naturaleza en crecimiento del niño. Para ella, los periodos sensitivos son el manual o la hoja de ruta que nos proporciona la naturaleza para saber qué ambiente debe proporcionar la educación en cada momento para armonizar fines y medios con la actividad espontánea que el niño ordena a su propio desarrollo y aprendizaje.

La finalidad es el propósito inteligente que mueve al niño. Solo se puede entender la libertad y el concepto de 'autoeducación' en Montessori en esos términos.

> El niño que es libre de moverse y que, haciéndolo, se perfecciona a sí mismo es aquel que actúa con un propósito inteligente; el niño que es libre de desarrollar su personalidad interior, que persevera en una tarea durante un largo tiempo y se organiza sobre un fenómeno tan fundamental, es guiado y sostenido por ese propósito inteligente. (Montessori, 1917a, TN)

En definitiva, el progreso en Montessori empieza en la mejora silenciosa de cada persona desde la infancia, no en la acción social ruidosa y caótica llevada a cabo por adultos revolucionarios.

7.3 Conclusión

La teleología es un elemento central en la educación Montessori. Entender las implicaciones del enfoque teleológico en Montessori ayuda a entender sus diferencias con el movimiento de la Educación Nueva, inspirado en Jean-Jacques Rousseau, así como su profunda afinidad con el pensamiento aristotélico.

Para Montessori, la actividad humana está naturalmente orientada hacia un fin y ordenada por la razón. El fin de la educación es el niño mismo, ya que ésta consiste en perfeccionar al agente, llevando al acto en el niño lo que en él solo está en potencia. El afán del niño por edificar su personalidad ocurre a través de la actividad espontánea de su mente absorbente y de la repetición con propósito, que genera hábitos positivos, es decir, verdadero aprendizaje. El carácter absorbente de la mente del niño le urge a conocer, empapándose de su entorno. De ahí que el ambiente preparado y el control del error resulten cruciales.

8. Montessori frente a algunas dicotomías actuales

Hemos llegado al final de nuestro análisis. Sin embargo, antes de concluir, quisiéramos enfrentar a Montessori con algunas dicotomías que nos ofrece el contexto contemporáneo. No pretendemos agotar las cuestiones tratándolas de forma exhaustiva; nuestro objetivo es hacerlo de forma que podamos arrojar luz sobre el conjunto de las cuestiones tratadas anteriormente.

8.1 Instrucción directa frente a Aprendizaje por descubrimiento

La cuestión de la educabilidad siempre ha estado en el centro de la mayoría de los debates y de las teorías educativas. Herbart ya decía: "La plasticidad, o la educabilidad, del alumno es el postulado fundamental de la pedagogía" (Herbart, 1904, TN).

El dilema que describe Herbart al respecto es: ¿es el alumno susceptible de ser moldeado al antojo del educador? ¿Está totalmente determinado por el destino? O bien ¿goza de una libertad absoluta de autodeterminación? Desde siempre, las teorías pedagógicas han oscilado entre esos dos polos aparentemente incompatibles de raíz.

Por un lado, está el fatalismo que entrega al alumno a su destino, o al antojo arbitrario de su maestro. Por otro lado, está la libertad entendida como indeterminación, que le entrega a sus propios caprichos para construirse a sí mismo. En estos dos casos, la única relevancia de la pedagogía consiste en su prédica a favor de la no intervención, puesto que reconoce explícitamente que no puede influir en la educación. Según Herbart, los sistemas filosóficos que admiten los opuestos del fatalismo o del puro capricho del alumno están excluidos del ámbito de la pedagogía (Herbart, 1904).

Herbart (1904) rechaza la idea conductista de que el alumno es moldeable (plasticidad ilimitada) hasta el infinito e identifica dos barreras que la educación nunca puede sobrepasar: la voluntad del alumno y el orden de su naturaleza.

Ese dilema persiste hasta hoy bajo la oposición de dos enfoques educativos que se conocen como 'la instrucción directa', en la que el profesor transmite información al alumno, y el 'aprendizaje por descubrimiento puro', en la que el alumno aprende por sí mismo sin la intervención activa de un educador. La instrucción directa suele asociarse con la posibilidad que se le ofrece al profesor de moldear al alumno unilateralmente, mientras que el aprendizaje por descubrimiento puro suele asociarse con la postura fatalista —según la expresión de Herbart— del que ve su semilla desarrollarse sin la intervención del maestro o del alumno que decide lo que aprende, y cómo lo aprende.

Ahora bien, recientes estudios confirman que la adquisición de conocimientos no puede basarse exclusivamente en el 'aprendizaje por descubrimiento puro' (Kirschner et al., 2006; Mayer, 2004). De hecho, un reciente estudio realizado por McKinsey (Bryant et al., 2017) revela que los sistemas educativos más exitosos son los que combinan la 'instrucción directa' y el 'aprendizaje por descubrimiento'. Es más, el estudio concluye que el aprendizaje por descubrimiento que mejor resultados da es el que está más estructurado (lo que llamaremos 'aprendizaje por descubrimiento guiado'). Comprender como se pueden aplicar los conceptos en un experimento concreto ayuda a entender la teoría. En cambio, los métodos de aprendizaje por descubrimiento menos estructurados que permiten al niño diseñar sus propios experimentos ('aprendizaje por descubrimiento puro') dan resultados más pobres en todos los parámetros.

> Es también importante señalar que algunos tipos de enseñanza basados en el descubrimiento son mejores que otros. Las actividades basadas en el descubrimiento que están más estructuradas

producen mejores resultados en las pruebas de PISA [Programa para la Evaluación Internacional de Alumnos de la OCDE]. Comprender cómo se puede aplicar un concepto científico y realizar y sacar conclusiones de experimentos científicos mejora los resultados de forma significativa. Sin embargo, los métodos de aprendizaje basados en el descubrimiento que están menos estructurados, como por ejemplo permitir a los estudiantes que diseñen sus propios experimentos, dan peores resultados en todos los ámbitos. (Bryant et al., 2017, TN)

Es cierto que las pruebas de PISA no miden las competencias que desarrolla el aprendizaje por descubrimiento puro. Sin embargo, existe una cierta lógica en los resultados del estudio realizado por McKinsey: ¿cómo puede un niño enseñarse a sí mismo lo que aún no conoce? ¿Cómo puede 'construir' su conocimiento *ex nihilo*, abandonado a sí mismo?

Los estudios que concluyen acerca de la oportunidad de combinar la instrucción directa con el aprendizaje por descubrimiento guiado están en sintonía con la propuesta de Montessori. Por un lado, Montessori deja espacio de libertad para un aprendizaje activo, para que el niño se apropie de los conceptos y los haga suyos. Por otro lado, su método es una forma de instrucción directa, pues el maestro explica cómo se usa cada material a través de las presentaciones; existe una sola forma de usar el material y el material corrige el error. El plan de estudio montessoriano, que contempla la transmisión de un conjunto de conocimientos, es muy ambicioso. La educación no se improvisa al antojo del niño. Sin embargo, es el alumno el que debe espontáneamente llegar a ello, mediante un recorrido trazado hasta el último detalle que guía al alumno y controla el error en todo momento. Como dice Standing hablando de la importancia del uso correcto del material en el sendero que conduce de lo conocido a lo desconocido, "¿Qué valor tendría, para un explorador que no supiera su uso, un teodolito o un barómetro, o un compás magnético?" (Standing, 1988). La educación por descubrimiento debe ser precedida de la instrucción directa; el aprendizaje por descubrimiento puro no tiene sentido. Para Montessori, la autoeducación es compatible con la instrucción directa, pues toma en cuenta el protagonismo del aprendiz. Por lo tanto, lo que Montessori llama 'autoeducación' podría ahora considerar como parte de lo que llamamos ahora el 'aprendizaje autodirigido'

Los estudios que destacan las limitaciones del aprendizaje por descubrimiento puro se oponen a la mentalidad contemporánea de la innovación. Lo que despierta hoy más interés, no es la educación basada en las evidencias, sino las propuestas educativas llamadas 'nuevas' o 'innovadoras', que defienden métodos de enseñanza por descubrimiento puro. Pero esas propuestas no son tan nuevas como parecen, ya que vuelven a hacerse con las premisas de Rousseau y de los pedagogos que impulsaron el movimiento de la Educación Nueva hace más de 100 años.

El estudio realizado por McKinsey habla del interés creciente hacia los métodos por descubrimiento puro, a pesar de que las evidencias no apoyan ese tipo de aprendizaje. Da dos hipótesis para explicar esa incongruencia.

> Dado el fuerte apoyo a la pedagogía basada en el descubrimiento, esos resultados parecen poco intuitivos. Ofrecemos dos hipótesis. Primero, los estudiantes no pueden progresar hacia métodos basados en el descubrimiento sin una base previa sólida de conocimientos adquiridos mediante la instrucción dirigida por el maestro. En segundo lugar, la enseñanza basada en el descubrimiento es mucho más difícil de impartir, y los profesores que adopten ese método sin la formación y el apoyo suficientes tendrán dificultades. Una mejor preparación docente, unos planes de estudios de alta calidad y un mejor liderazgo educativo pueden ayudar. Es preciso que los directores y maestros se sientan capacitados para llevar a cabo menos casos de aprendizajes por descubrimiento, pero que estos casos estén muy bien planificados, en lugar de intentar usar estos métodos exclusivamente. (Bryant et al., 2017, TN)

Montessori propone una tercera vía. Es clave comprender los matices de esos desacuerdos para entender la originalidad de su propuesta, que no siempre se capta, cuando uno se queda en el plano más superficial. Por un lado, nuestra autora discrepa de los paradigmas mecanicista y voluntarista de la mal llamada educación tradicional[37] que, o bien ve al niño como un ente pasivo que solo reacciona ante el condicionamiento operante (conductismo), o bien otorga una importancia desproporcionada a la voluntad en relación con la inteligencia (voluntarismo[38]). Entiende la necesidad de colocar al niño en el centro del proceso de aprendizaje, en un entorno sensorial e intelectual que despierta la actividad espontánea de su naturaleza racional.

Por otro lado, Montessori ve la necesidad de transmitir la realidad tal y como es. Para ella, la realidad no se construye, se descubre. Rechaza el enfoque global constructivista de la lectoescritura y lo sustituye por un enfoque fonético basado en la experiencia sensorial. Recordemos que el niño no puede usar el material sin la presentación previa del maestro, porque no se puede enseñar a sí mismo lo que no sabe. Sin el maestro el niño no podría descubrir por sí solo el propósito inteligente del material. El material montessoriano controla objetivamente el error y no puede usarse para un fin distinto al que está previsto. El alumno llega libremente al resultado, pero

---

37. La 'educación tradicional' es un concepto inconcreto que presta a confusión. Etimológicamente, se refiere a lo que 'siempre se ha hecho', a lo 'estable'. Y como ha habido muchas corrientes educativas distintas a lo largo de la historia de la educación, pensamos que es un término que puede prestar a confusión, porque no se define objetivamente, de por sí. De hecho, la educación montessoriana podría considerarse hoy en día como un método tradicional. Lleva décadas de recorrido y no se le han incorporado demasiadas innovaciones. Montessori insistió mucho en la integridad de su método, pues la naturaleza humana es estable y no es necesario aportar cambios continuamente para acertar con la educación.

38. Según Maritain (1969), el voluntarismo atribuye a la inteligencia un papel servil con respecto a la voluntad. El autor explica que el ideal pedagógico del voluntarismo ha tenido poco éxito en los ámbitos educativos religiosos que han adoptado esa postura para destacar la primacía de la moralidad y de la virtud en la formación del hombre; en cambio, ha tenido bastante éxito para arruinar las mentes, alejándoles del sentido de la verdad. Cita el ejemplo de la juventud de Hitler.

ese resultado está previsto de antemano por el Método. El material está diseñado de una forma estructurada, con un orden de dificultad progresiva. El niño sube libremente el andamio de lo que aprende, pero no diseña el plan del andamio; este está cuidadosamente diseñado de antemano. Y si el alumno se equivoca, no podrá pasar al siguiente nivel de dificultad. El alumno aprende, pero a partir de unos planos dados, no a su antojo.

Podríamos decir que el método montessoriano en la etapa infantil combina perfectamente la instrucción directa con el aprendizaje por descubrimiento (guiado, no puro). ¿Pero cómo pueden combinarse dos métodos que parecen de raíz tan incompatibles? Lo que es incompatible no son los métodos en sí, son las premisas que hemos asociado equivocadamente con esos métodos. La Educación Nueva da por supuesto que el niño siempre es pasivo en un sistema de instrucción directa. Asume que solo hay actividad interior si la hay exterior (no siempre es el caso, y menos si la actividad exterior alborota sus sentidos). Da por supuesto que colocar al niño en el centro del proceso educativo implica renegar de la importancia de la exigencia, de la transmisión de los conocimientos, del esfuerzo. Se ha confundido 'protagonista de su educación' con 'diseñador de su propia propuesta educativa'. Se ha confundido 'aprender en base a los conocimientos preexistentes —ya adquiridos—' con 'construir la realidad ontológicamente'. Se han confundido las condiciones de acceso al conocimiento con la validez ontológica del conocimiento. Como dice Maritain, "Una educación que entregue al niño la responsabilidad de adquirir informaciones acerca de aquello que él no sabe que ignora, que se contente con contemplar el desarrollo de los instintos del niño, y que haga del maestro un asistente dócil y superfluo, es un simple fracaso de la educación y de la responsabilidad de los adultos respecto a la juventud" (Maritain, 1969, TN).

Montessori propone un matiz que casa con la explicación de Maritain. Por un lado, la dirección del proceso educativo (el contenido y su planificación, el orden en el que se imparte la materia, etc.) corresponde al maestro montessoriano. Por otro, el deseo interno del niño montessoriano brota de su interior y ningún maestro lo puede crear: "Esa orientación es lo único necesario; sin embargo la progresión real solo se debe al impulso interno, que nadie puede crear" (Montessori, 1917a, TN).

Por lo tanto, la vía montessoriana no es un compromiso entre dos errores, ni un punto a medio camino entre dos propuestas contradictorias. Es en realidad una tercera vía.

8.2 Pensar frente a sentir

En 1912, Claparède anunciaba: "Hay una crisis en la escuela popular. El espíritu demasiado escolástico choca con el espíritu científico y el progreso industrial [...]" (Claparède, 1912, citado en Helmchen, 1995, TN).

El debate educativo actual no es ajeno al debate del movimiento de la Educación Nueva inspirado en el Romanticismo, en reacción al racionalismo. Michel Soëtard describe las dos posturas.

Por un lado, están los educadores racionalistas que defienden la importancia de la razón y del conocimiento en sí mismo y para sí mismo y que acusan a los 'pedagogistas' de contribuir a una degeneración del conocimiento dando demasiada importancia a la vivencia existencial que acaba ahogando el saber. Por otro lado, están los defensores de la Educación Nueva, inspirados en el Romanticismo, que claman que un conocimiento cortado de la raíz sensible que lo generó y que no cesa de alimentarlo es la negación misma de la verdadera educación (Soëtard, 2001). Los primeros defienden el 'saber para enseñar', mientras que los segundos defienden el 'saber enseñar', dando más importancia a la didáctica que a los contenidos.

Los educadores racionalistas, inspirados en la Ilustración, en la tradición de Descartes, consideran que el conocimiento existe completamente o casi por completo al margen de la dimensión sensible. Ese punto de vista ve con recelo, reticencia e incluso con hostilidad que la 'Idea' o la 'Razón' deje de tener protagonismo en el proceso cognitivo a favor de la sensibilidad, un concepto que consideran lugar de ilusión y por lo tanto de error. Para ellos, el concepto mismo del 'interés por aprender' es una ilusión pedagógica, ya que, si fuera algo natural en el ser humano, no haría falta poner en marcha mecanismos tan complejos para estructurar la educación. Por ese motivo, suelen rechazar los enfoques de descubrimientos, tanto guiados como puros: prefieren la instrucción directa. Hablan de la importancia del esfuerzo ('la letra con sangre entra') y del deber kantiano. Dan mucha importancia a las pruebas estandarizadas, porque para ellos, la educación se mide en función de la cantidad de conocimientos que se transmiten mediante la instrucción directa.

Los educadores románticos, en cambio, dan importancia a la experiencia sensible subjetiva en todas las etapas y consideran de poca importancia la trasmisión de los conocimientos, que ven desconectados del contexto del alumno. Muchos de esos educadores conceden más importancia a la educación emocional que a la trasmisión de los conocimientos. Privilegian el aprendizaje por descubrimiento puro en todas las etapas (aprendizaje por proyecto, cooperativo, abolición de las asignaturas, etc.); ubican al alumno en el 'centro' de un aprendizaje construido en base al 'sentido' que el alumno mismo da a lo aprendido. En cambio, tienden a ver la instrucción directa como una imposición externa al alumno porque no cuenta con él y lo considera como un ente pasivo. Proponen enfrentarse al saber con el espíritu crítico, porque interpretan el conocimiento que viene de fuera como una dictadura sobre la autonomía de la mente. Prefieren la evaluación por competencias (saber hacer) a la evaluación objetiva de los conocimientos. La insistencia en la importancia de la experiencia sensorial como vía casi exclusiva de la educación lleva a menudo al anti-intelectualismo, entendido como el desprecio hacia la sabiduría convencional, los hechos certificados, las abstracciones o las formas de entender que no están validadas por la experiencia directa del alumno. Es como decía Rousseau, que advertía contra la ambición intelectual que impide según él mantener los deseos por debajo de las necesidades.

Una vez más, el realismo pedagógico de Montessori ofrece una tercera vía que integra la educación sensorial e intelectual sin dejar de dar a cada una la importancia que le corresponde. La educación sensorial es una preparación para la educación intelectual y moral. No hay enfrentamiento entre la percepción sensorial, el conocimiento abstracto de la realidad y el espíritu crítico. La correcta percepción sensorial y los conocimientos son, precisamente, los elementos que permiten juzgar adecuadamente; proporcionan el criterio en base al que se puede mantener una actitud crítica. La realidad es la vara de medir que proporciona ese criterio, no la autonomía de la mente desligada de la verdad de las cosas. Para Montessori, no hay que renunciar ni a la dimensión sensorial ni a la dimensión intelectual porque no hay dualidad, el ser humano es uno. La naturaleza de la persona es racional, pero todo lo que se conoce pasa previamente por sus sentidos. Y cuanta más sensibilidad tiene la persona, cuanto más templada y prudente es, tanto más perfecta y perfectiva será su acción intelectual y moral.

8.3 Aprendizaje activo frente a aprendizaje pasivo

El concepto de 'pedagogía activa' procede del movimiento de la Educación Nueva que se desarrolla a comienzos del s. XX. Encontramos en Ferrière varias referencias sobre ella. Ferrière opone la escuela en la que el alumno se encuentra sentado e inmóvil y se le instruye escuchando, con la escuela activa (*l'École active*), en la que el alumno se instruye trabajando (Ferrière, 1922). Dewey, el representante de la educación progresista en los Estados Unidos, asocia también la instrucción directa con la pasividad, y la actividad o el *learning by doing* (aprender haciendo) con el aprendizaje activo: "La educación que asocia el aprendizaje con la actividad desplazará a la educación pasiva que consiste en impartir el aprendizaje de otros" (Dewey & Dewey, 1915, TN).

De ahí la importancia que se atribuye en las Escuelas Nuevas (Écoles nouvelles) del s. XX a las actividades al aire libre, a los trabajos en el campo, a los experimentos en las clases, etc. (Ferrière, 1911b, 1911c), así como al papel destacado que adquiere la experiencia y el *learning by doing* en la escuela progresista americana. A esta inspiración responden también algunas prácticas educativas del s. XXI, como, por ejemplo, la *Flipped Classroom*, los centros de interés, el trabajo por proyectos, la abolición de las asignaturas, o el trabajo cooperativo.

Para los defensores de la Educación Nueva, el silencio y el inmovilismo se suelen asociar con la pasividad propia de la escuela antigua, mientras que el movimiento, la experiencia y la acción se asocian con el único verdadero aprendizaje. Pero, si bien es cierto que los defensores de la Educación Nueva hacen hincapié en la noción de actuar, en contraposición a recibir pasivamente, no está claro, tal y como lo sugiere Avanzini (1995), que la 'acción' sea un concepto tan nítido, y menos si estamos hablando de un contexto de aprendizaje. De hecho, uno puede moverse o repetir un movimiento mecánicamente y no realizarlo con plena voluntad. Puede también faltar voluntariedad en un entorno indisciplinado o de movimiento desordenado. Por otro lado, hay que preguntarse, ¿no cabe la voluntad en el movimiento ordenado y disciplinado? ¿No puede el niño aprender de por sí en silencio y sin moverse en un contexto de instrucción directa? ¿Es activo el aprendizaje de un niño que está siendo entretenido y divertido constantemente? ¿No nos encontramos ante escenarios que proporcionan (pasividad ante estímulos frecuentes e intermitentes) y requieren (creatividad e iniciativa para descubrir) de competencias contradictorias?

Parece que la dicotomía sea superficial, pues lo que hace que un niño aprenda no es el mero movimiento externo (que puede ser mecánico y escasamente voluntario), sino la espontaneidad racional con la que se mueve en una dirección y con una finalidad concreta.

La propuesta de Montessori rompe con los esquemas de la Educación Nueva (L'Ecuyer, 2020), porque su pedagogía del movimiento espontáneo tiene un enfoque peculiarmente teleológico. Las actividades que propone son diseñadas previamente, el material controla el error y desarrolla la capacidad de inhibición en el niño. La repetición es perfectiva y orientada hacia un fin concreto que da sentido al aprendizaje. Esa actividad perfectiva contribuye a la construcción de la personalidad del niño. Para Montessori, no es suficiente responder a las necesidades psicológicas del alumno, sino que tiene que haber un propósito inteligente, un plan sistemático definido previamente en función de la naturaleza del niño. En el método Montessori existe un plan de estudio bien definido para una serie de materias, tales como el aprendizaje de la lectoescritura, la aritmética, la gramática, la geometría, de las ciencias naturales, la música, la literatura, etc.

¿Cómo puede la educación Montessori encajar bajo la etiqueta genérica de la escuela 'activa'? Difícilmente encajará si entendemos por actividad algo meramente externo. Quizás por ese motivo nunca faltaron las críticas dirigidas a Montessori por parte del sector de la Educación Nueva por la rigidez de su método. De hecho, en un cuestionario dirigido en 1995 a varios expertos a nivel internacional sobre la Educación Nueva, podemos encontrar una pregunta que da fe de esos prejuicios:

La historia de la Educación Nueva atestigua dos movimientos contrarios: por un lado, parece que las nuevas ideas trascienden a sus inventores para constituir un fondo común anónimo (por ejemplo: 'métodos activos', 'juegos educativos'); por otro lado, en el seno del movimiento 'global', algunas personalidades han dado su nombre a 'movimientos' militantes estructurados que practican el control de la ortodoxia y la exclusión (por ejemplo, Montessori, Steiner, Freinet). ¿Cómo explicar este doble fenómeno? (Hameline, Helmchen, & Oelkers, 1995, TN)

La actividad que Montessori propone es interna y autoperfectiva, no meramente externa. Esa visión es afín a la de los filósofos clásicos, para quienes conocer es una actividad interna, es decir inmanente, que transforma y perfecciona al que lo ejerce. El movimiento espontáneo en Montessori no es necesariamente visible. Pueden ser movimiento espontáneo, por ejemplo: el ejercicio mental que un niño lleva a cabo mirando un conjunto de letras, la observación silenciosa cuando su maestro le hace una presentación, o la concentración del que se da cuenta de que las piezas del material no encajan y vuelve a repetirlo una y otra vez. El silencio, el inmovilismo y la concentración aquí son muestras de disciplina interior, que es uno de los conceptos más importantes en la pedagogía montessoriana. Sin ella, el niño no se considera 'normalizado' y los aprendizajes no son posibles. En definitiva, para Montessori, no solo se entiende lo que 'se descubre', se puede también entender lo que 'se recibe' (por medio de la instrucción directa o del ambiente preparado, por ejemplo). Lo que se aprende porque nos lo enseñan, si lo entendemos, también lo descubrimos.

La propuesta montessoriana es especialmente relevante en el s. XXI, ya que las metodologías activas suelen hacer hincapié en la actividad externa, no necesariamente interna, del alumno. Y lo es aún más en un contexto en el que la atención es un bien cada vez más escaso, como consecuencia de un entorno invadido por lo digital y que acostumbra a los niños a niveles de estímulos artificiales cada vez más rápidos. Ese contexto fomenta, paradójicamente, la pasividad en vez de la actividad interna.

En ese aspecto, Montessori aporta un matiz importante. No es tanto la actividad lo que se busca, sino la adecuación de los estímulos externos a lo que requiere la naturaleza del niño, ya que el ambiente exterior "no tiene importancia constructiva alguna, pero ofrece únicamente los medios necesarios a la vida" (Montessori, 2015a). De hecho, hace hincapié en que un ambiente con estímulos excesivos puede convertirse en una traba para el trabajo perfectivo del niño:

> Supongamos, por ejemplo, que un niño quiere limpiar un objeto. Lo frotará más tiempo del necesario para que esté limpio. A menudo, vemos un niño de tres años repetir cuarenta veces el mismo ejercicio. Para que ello ocurra, no es preciso que

haya un estímulo externo; mejor aún: *no puede haber estímulo.* (Montessori, 1929, TN)

Desde el punto de vista montessoriano, los estímulos externos han de reducirse al mínimo, por todos los motivos que hemos expuesto anteriormente. En primer lugar, los estímulos excesivos son trabas en el proceso perfectivo que lleva a la edificación de la personalidad. Sustituyen al niño, agente del proceso. En segundo lugar, son los periodos sensitivos los que guían en la elección de lo que se considera o no necesario. En ese sentido, las actividades o los estímulos frenéticos podrían ser contraproducentes para el aprendizaje, porque ahogarían el movimiento espontáneo guiado por esos periodos sensitivos; llevarían al alumno a la distracción en vez de a la concentración. Por lo tanto, lejos de facilitar el aprendizaje verdaderamente activo, lo impediría.

En cambio, la actividad perfectiva, realizada con la cantidad justa y estrictamente necesaria de estímulos, hace que le niño encuentre descanso en los actos voluntarios realizados con sentido y sin trabas. El placer que resulta no se entiende cómo mera experiencia, sino en relación con una actividad natural encaminada hacia su fin.

En ese aspecto, la idea aristotélica de 'término medio' que aparece en los escritos de Montessori se ve confirmada por lo que hoy encontramos en la literatura neurocientífica respecto al efecto de la sobreestimulación en el cerebro humano. Existe un debate alrededor de si la sobreestimulación rediseña nuestra mente (*re-wire our brains*). La respuesta está en consonancia con la pedagogía montessoriana y con la idea del término medio aristotélico del que se inspira, que afirma que el *exceso de los sensibles destruye los órganos de la sensación.* Como tal, no hay evidencia de que nuestras mentes sean rediseñadas por la sobreestimulación, porque el cerebro no es un elástico que se puede estirar hasta el infinito. Tal como indica el Consejo Interamericano para el Desarrollo Integral, la plasticidad tiene sus límites, de tal forma que la tensión a la que una persona está sujeta es posible *dentro de unos márgenes,* más allá de los cuales los estímulos pueden inducir cambios que comprometen su integridad y por lo tanto el aprendizaje.

> No obstante, el traslado de los conceptos de la plasticidad al contexto educativo permite e incluso fomenta unas interpretaciones desafortunadas. La plasticidad tiene unos límites. Las tensiones a las que está sometido un individuo le obligan a adaptarse. Pero esa adaptación es posible dentro de unos márgenes, más allá de los cuales el estímulo que induce el cambio puede comprometer la integridad del individuo. (Executive Secretariat for Integral Development: Department of Education and Culture, 2007, TN)

Las evidencias que relacionan la multitarea tecnológica con la merma de las funciones ejecutivas lo confirman (Cain et al., 2016; Ophir et al., 2009; Uncapher et al., 2016; Uncapher & Wagner, 2018). Por lo tanto, una integración de las tecnologías que no tiene en cuenta esas cuestiones en las aulas Montessori podría ser contraproducente y contrario al espíritu original de nuestra autora.

Conclusión

¿Dónde se ubica Montessori ante el legado pedagógico del Romanticismo de Rousseau? Nuestra autora ya respondía a la pregunta explícitamente en su primera obra (Montessori, 1912b), y lo hizo nuevamente en 1949 (Montessori, 1953). Nunca se consideró a sí misma como continuadora del legado del romántico soñador de Ginebra y le molestó profundamente que la asimilaran a lo que llamaba con desprecio "una historia romántica", refiriéndose a *Emilio*.

Tal como afirma Standing (1957), y lo hemos demostrado a través del análisis de los autores que han influido a nuestra autora, la genealogía intelectual de Montessori no se remonta a Rousseau, a través de Froebel y Pestalozzi, sino a Séguin, Itard y Pereire. Como dice Stoops (1987), el trasfondo filosófico de sus ideas pedagógicas tiene una afinidad sorprendente con el pensamiento de los filósofos clásicos, sobre todo con Aristóteles.

Un análisis de los principales rasgos del Romanticismo indica que Montessori no compartía el planteamiento romántico en cuanto a rebelión contra la racionalidad, empirismo, importancia que se da a los sentimientos y a la imaginación productiva, libertad, disciplina, naturalismo, rol del Estado, cultura militante; y no compartía la definición romántica del 'progreso'.

Si bien es cierto que para nuestra autora la educación sensorial es la base de la educación intelectual, no apoya la idea romántica de que la inteligencia se identifica con los sentidos ('sentir es pensar'). Para ella, la inteligencia es lo que caracteriza a la persona y que la hace capaz de escapar a la tiranía de los instintos. La importancia de la dimensión sensorial respecto a Rousseau y Montessori es radicalmente distinta. Para Rousseau el ser humano debe aspirar a una naturaleza primitiva mientras que para ella, nace salvaje y está dotado de una naturaleza racional (Montessori, 2015a). Para Montessori, es absurdo comparar al niño con una planta que lleva en sí todo lo que necesita para crecer sola. Para ella, es preciso educar para sacar al niño del caos mental que caracteriza su estado salvaje. El material diseñado por Montessori corrige el error para guiar y ordenar la actuación del niño. Siguiendo un enfoque esencialmente teleológico, la educación Montessori ayudar al alumno a alcanzar sus fines, lo que sería distinto a educar 'en contra' de la naturaleza.

Montessori rechaza la imaginación productiva. Opina que los juegos simbólicos y la fantasía llevan la confusión mental del niño a su culminación y que la necesidad de tener experiencias imaginativas en vez de reales es consecuencia de la pobreza sensorial (Montessori, 1917a). Considera que la abstracción y la capacidad de imaginación siempre deberán arraigarse en experiencias sensoriales previas que se fundamentan en la realidad. Para ella, dar al niño experiencias ficticias en vez de reales, lejos de desarrollar su conocimiento de la realidad, fomenta la credulidad, una característica de las mentes inmaduras que impide distinguir la verdad de la mentira. En ese sentido, es fácil llegar a la conclusión de que la introducción temprana de las pantallas en un aula Montessori no tiene demasiado sentido.

La postura de nuestra autora sobre la fantasía y la imaginación son los dos temas que han atraído más críticas (Pawe, s.f.; Rusk, 1918; Sanchidrián Blanco, 2015; Werner Andrews, s.f.). Quizás eso se debe a que muchos de sus seguidores beben de la tradición romántica; no se entienden como una autora que pertenece supuestamente a la pedagogía romántica pueda salirse del marco del Romanticismo de forma tan radical.

Ya en su primera obra, Montessori siente la necesidad de distinguir la definición de libertad a la que aspira en sus trabajos, con la definición de libertad propuesta por los pedagogos que siguen al precursor del Romanticismo. Para ella, la libertad no es ni libertinaje, ni indeterminación. La autora no ve los hábitos o la imposición de una estructura externa como un obstáculo a la libertad, como Rousseau. Es más, para ella, la repetición es la forma de interiorizar las ideas, de construir la personalidad, de adquirir la disciplina interna; es el secreto de la perfección (Montessori, 1948c). La espontaneidad de la que habla es distinta de la actividad propuesta por la pedagogía romántica: es el movimiento de una naturaleza racional que actúa libremente en orden a un fin. Para ella, la disciplina no es un obstáculo a la libertad, sino su condición *sine qua non*.

El método Montessori nació en plena expansión del movimiento de la Educación Nueva del inicio del s. XX. A pesar de considerarse a sí misma como precursora de esa corriente pedagógica (utiliza la dialéctica de la educación 'antigua' y 'nueva' en sus textos), se aleja explícitamente del giro de la Educación Nueva tomado por los pedagogos y las entidades que representaron ese movimiento, inspirados en Rousseau. Discrepa sobre la forma de entender las nociones de libertad y de disciplina, sobre la importancia de la fantasía y de la imaginación y el enfoque de la lectoescritura, entre otros temas. Deplora el giro que tomó el movimiento de la Educación Nueva, del que se considera precursora ignorada, y lo considera un movimiento que aspira a la ignorancia. La naturaleza de las discrepancias muestra las divergencias filosóficas que existen entre el enfoque montessoriano y el de los herederos de las ideas de Rousseau.

Montessori no entiende el progreso de la misma forma que los militantes sociales. En *Le Règne de l'Homme* (Brague, 2015) [*El reino del hombre*], el filósofo Rémi Brague explica que la modernidad se distingue por su propuesta de un proyecto social externo a la persona y de un progreso que supone un nuevo comienzo, una fractura con el pasado. Para Montessori, el progreso tiene su inspiración en la tradición clásica: consiste en la construcción de la personalidad de la persona, no se reduce a logros sociales externos a ella. Como dice Brague, "el hombre no es de entrada todo lo que él es: es lo que hace y lo que *se* hace haciendo lo que hace" (Brague, 2015, TN). De hecho, el concepto de 'normalización' indica una fractura entre el aula montessoriana y el mundo. El niño montessoriano no se normaliza estando en contacto con la sociedad, sino desarrollando su personalidad, su disciplina interna y su sentido de responsabilidad personal.

Para la autora, la disciplina colectiva no puede ser el resultado de una imposición colectiva, sino el fruto de la disciplina personal.

Para los pedagogos románticos o progresistas inspirados en *El contrato social*, se educa al niño para ser ciudadano, ante todo. *Emilio* es el manual del buen ciudadano ficticio del régimen político propuesto por Rousseau. Montessori habla de su método como del medio por excelencia para resolver los problemas del mundo (por ejemplo, la cuestión de la paz), pero como una consecuencia, no como un fin en sí, y siempre desde el punto de vista de la responsabilidad y de la disciplina personal, no de la militancia social. De hecho, nuestra autora no creía en la politización de la educación como vehículo para cambios sociales (Kramer, 2019). Nunca fue militante política y los que la conocieron personalmente la describen como 'apolítica'. La única causa que defendió fue la del niño. Como hemos visto anteriormente, las escuelas Montessori se convirtieron en una cadena de escuelas del Estado a partir del 1924, bajo el régimen de Mussolini. Pero Montessori aceptó que Mussolini reconociera oficialmente sus escuelas como un compromiso, para no verlas desaparecer. Por otro lado, cuando se negó a que el régimen de Mussolini instrumentalizara su método para adoctrinar a los niños, tuvo que marcharse de Italia y sus escuelas prácticamente desaparecieron durante años. Se resistió a posicionarse políticamente también en España, concretamente en Catalunya, lo que le costó por un lado la retirada de los subsidios para sus escuelas por parte de los Republicanos y por otro lado el cierre de sus colegios unos años después por parte del régimen de la dictadura.

Si Maria Montessori vuelve hoy a estar en primera línea de la actualidad educativa, no es por casualidad. Su propuesta no puede ser más actual en un contexto educativo de dialéctica infértil entre la instrucción directa y el aprendizaje por descubrimiento, entre el conductismo y el *laissez-faire*, entre la importancia de la razón y de la dimensión sensorial y, entre el aprendizaje pasivo y activo. Montessori nos puede ayudar a encontrar caminos nuevos que se salgan de las falsas retóricas que encierran esas dialécticas; abre una tercera vía que no solo trae matices, sino también y sobre todo claridad. Su rechazo al cientificismo por un lado y, por otro lado, su insistencia en la importancia de la mentalidad científica, aportan luces sobre la relación entre la ciencia, la pedagogía y la filosofía. Para Montessori, la ciencia debe tener un papel clave en la pedagogía, pero ese papel debe siempre ser subordinado —no servil— a una concepción filosófica teleológica de la persona. Nuestra autora vuelve a estar vigente en un momento pedagógico que va dando tumbos de 'lo viejo' a 'lo nuevo' sin tomar las riendas de sí misma con fundamento; que se ha olvidado de los fines de la educación, de su sentido, que se ha entregado a la novedad como valor en sí y al eclecticismo educativo como escaparate de una pedagogía a merced de las modas y de empujones que responden a los intereses económicos y políticos, no del niño.

Hoy tendemos, como lo proponían los pedagogos de la Educación Nueva del s. XX, a resolver la cuestión de la fatiga y la falta de atención de los alumnos mediante la rebaja de las exigencias académicas. El recurso a la medicación y a las pantallas como paliativos a la inatención a menudo son la versión moderna de la mágica inyección antifatiga con la que soñaba Claparède (1905). Montessori ya advertía a Claparède de que no se debía atender a problemas humanos con soluciones mecánicas. Es cierto que la autora repite a menudo que el niño aprende 'con menos esfuerzo', pero en realidad no es que no haya esfuerzo, pues dejarse medir por la realidad siempre supone una cierta dificultad. Cuando el niño está absorbido o completamente concentrado trabajando, no es consciente del esfuerzo que está poniendo en la tarea y ese esfuerzo se ve compensado por la satisfacción que da la alegría de aprender. El esfuerzo es, de alguna forma, placentero. Para Montessori, la actividad espontánea y la concentración son los secretos para la resistencia a la fatiga y la disciplina interna es una condición previa al ejercicio de la libertad que permite al niño experimentar esa irresistible inclinación para aprender.

Numerosos enfoques educativos —como, por ejemplo, la manera de atender a la cuestión de la fatiga y de la inatención— responden al planteamiento del papel que juegan la genética y el ambiente. Esto queda reflejado hoy en día en el conocido dilema 'innato *versus* adquirido' (*nature versus nurture*). ¿Somos hojas en blanco sobre las que el educador puede escribir lo que se le antoja? ¿Es nuestra libertad indeterminación? ¿Es el libre albedrío una ilusión? ¿Hasta qué punto y en qué sentido se 'construye' el niño a sí mismo? ¿Existe en el niño un deseo irresistible de aprender, o es su motivación esencialmente externa? ¿Cuál es el papel del educador y del ambiente en la educación? ¿Cuándo deja el ambiente de ser un medio educativo y pasa a ser ingeniería social que no tiene en cuenta la naturaleza del educado, de la que forma parte su identidad y sus características biológicas? ¿Es el ambiente el que construye la identidad de la persona o es la persona la que edifica su personalidad desplegando su naturaleza racional, en relación con un fin, a través del ambiente? ¿Cualquier ambiente sirve para educar? ¿o ha de adaptarse a lo que reclama la naturaleza del niño? ¿La naturaleza es hoja de ruta educativa, o el aula ha de limitarse a ser 'como el mundo'? ¿Hay niveles de estímulos en el ambiente cuya intensidad puede destruir la sensibilidad, tal como sugería Aristóteles? Si este es el caso, ¿qué consecuencia tiene ello sobre el aprendizaje?

Los periodos sensitivos, la actividad espontánea, el entorno preparado, la naturaleza racional del niño, la existencia de un fin, la necesidad del proceso de 'normalización' y la llamada a la mentalidad científica indican la propuesta única de Montessori frente al dilema 'innato *versus* adquirido' y proporcionan claves de lectura para cada una de esas cuestiones. Para nuestra autora, ambas dimensiones son importantes, pero no se puede atender adecuadamente la cuestión de la educación ('adquirido' o 'nurture') mientras no se entienda y atienda bien a la cuestión de lo que es innato a la naturaleza del niño ('innato' o 'nature'). Nos hallamos pues en un ámbito en el que se entrecruzan los caminos de la filosofía, de la ciencia y de la educación; sería deseable que investigaciones futuras exploraran los méritos de la propuesta montessoriana teniendo en cuenta ese enfoque multidisciplinar.

Existe una paradoja inherente a la pedagogía Montessori que siempre la acompañará creando una tensión continua y alimentando la controversia y los conflictos entre sus seguidores y sus detractores. Hay un infinito abanico de interpretaciones del Método; pero, entre todas ellas, solo existe una correcta: la de Maria Montessori. La cuestión fundamental es que el 'método' Montessori no es un método, o una mera construcción; su creadora lo describió como una revelación o un descubrimiento. Su propuesta es una forma de ver el niño, no un conjunto de materiales y de procedimientos. La fiebre por encontrar la receta mágica plasmada en unos materiales con el fin de conseguir los resultados educativos deseados caracteriza toda la historia de la educación, desde Comenio. Ese empeño choca con las limitaciones de la 'educabilidad' de la que hablaba Herbart. Educamos a un ser libre, por lo tanto, educar siempre será un riesgo. Quien no quiera asumir ese riesgo o tenga un prejuicio que le haga entender la libertad en términos de desenfreno o de desorden, o usará métodos mecanicistas y voluntaristas que la ignoran, o bien se entregará incondicionalmente al mercado comercial del eclecticismo educativo. Cuando no hay fines teleológicos que guían la acción educativa, uno da palos de ciego y la solución para mejorar las posibilidades de éxito se reduce a 'coger un poco de todo lo que tiene buena pinta'. La frívola tendencia a acumular las innovaciones educativas sin hacer el esfuerzo previo de entender el trasfondo de cada propuesta educativa y la incoherencia que puede haber entre ellas pone en evidencia la incapacidad de entender los motivos y las asunciones que caracterizan el espíritu que mueve a esos métodos.

Montessori ya advertía de esa tendencia, lo que le mereció la reputación de ortodoxa, rígida e inflexible. Su empeño por conservar la integridad de su método la llevó a tomar la decisión drástica de controlar la formación de sus maestros, reconociendo como maestros montessorianos solo a los que habían sido formados personalmente por ella. El rígido control de la formación sigue hoy en la AMI, que solo reconoce los maestros formados por su asociación. Pero el espíritu no se deja nunca encerrar en unos procesos, unos materiales, unos métodos. El espíritu montessoriano es algo vivo que debe asimilarse a través de la lectura de sus obras, de la observación de los niños y de la vivencia de su propuesta, de la meditación y comprensión de sus textos y de la observación de sus frutos. Algunos pueden llegar a preguntarse: ¿por qué no se da a los maestros el mismo margen de espontaneidad que a sus alumnos? De alguna manera, después de haber dedicado su vida a resolver la cuestión de la 'educabilidad' de sus alumnos de una forma original y reconocida universalmente, Montessori no supo resolver la cuestión de la educabilidad de sus maestros. Ciertamente, no es una cuestión sencilla. Supondría convertir al niño en un material que corrige el error del maestro. Sin embargo, los errores educativos tardan años o décadas en manifestarse en los alumnos, y la relación de causa-efecto no siempre es evidente al ojo del maestro que no entiende el alcance de sus acciones o de sus omisiones. De algún modo, se cumplió la profecía del periodista del *New York Times* que había entrevistado a Montessori en 1913: "Pasar media hora con la educadora mundialmente conocida demuestra el hecho de que el método es Montessori y Montessori es el método, y uno puede albergar serias dudas acerca de cómo serán las cosas con la 'autoeducación' cuando desaparezca la figura de Montessori" (Kramer, 2019). Pero no es tanto de la personalidad de la autora de lo que se trata, sino de lo que ella entendía por los fines de la educación.

Cuando el fin de la educación no está claro en la mente del educador, corremos el riesgo de entrar en una confusión de valores por la que se confunde el medio con el fin. Ese es el riesgo que corren todos los métodos educativos, desde el momento en que se comercializan. Cada vez que se pierde de vista el fin —o que se actúa como si no existiera— se corre el riesgo de exagerar la importancia del medio, de detenerse en ello, incluso de venerarlo, hasta convertirlo en un estorbo en reacción con el fin que lo generó. Entonces, en lugar de aproximarse al fin, se produce un alejamiento de este. Porque un método en sí no educa. Educa la persona, desde su visión implícita o explícita de los fines de la educación.

¿Qué es educar? ¿Cuáles son los fines de la educación? Esas cuestiones difícilmente podrán ser resueltas por la pedagogía sin la ayuda de la filosofía. Las divergencias de las concepciones filosóficas profesadas por los educadores que se proponen responder a esas preguntas, aunque sea implícitamente, hace que el consenso en la identificación de los problemas educativos sea misión imposible. En estas condiciones difícilmente podremos llegar a un consenso social sobre los medios adecuados para la resolución de esas cuestiones y, de este modo, el pluralismo en la oferta educativa sigue siendo a fecha de hoy la única vía posible para poder encauzar el abanico de respuestas posibles. El análisis que hemos realizado de las diferencias filosóficas entre la pedagogía rousseauniana y la montessoriana es muestra de ello.

Es la teleología del ser humano lo que inspira y nutre la visión montessoriana de la persona y de la educación, y que la distingue del movimiento de la Educación Nueva. ¿Cuáles son las implicaciones de ese enfoque teleológico?

Para Montessori, la actividad humana está naturalmente orientada hacia un fin y ordenada por la razón. El fin de la educación es el niño mismo, ya que esta consiste en perfeccionar al agente, llevando al acto en el niño lo que en él solo está en potencia. La autora no entiende el paso de la niñez a la edad adulta como un proceso sucesivo. No entiende el progreso como una carrera para alcanzar unos hitos futuros, sino como una trasformación del presente, con vistas a un fin actualizado. Para Montessori, 'ser fiel al momento presente' significa respetar la actividad que surge en cada periodo sensitivo guiado por unas sensibilidades conectadas con la adquisición de ciertas características. La espontaneidad en Montessori nunca ha sido criterio moral para dictaminar sobre la bondad o malicia de las acciones, sino un mecanismo genético durante los periodos sensitivos para desarrollarse adecuadamente durante los primeros años de vida.

La actividad espontánea en Montessori no es necesariamente visible. El ejercicio mental, el silencio, la templanza, la capacidad de inhibición y la concentración son muestras de disciplina interior.

Sin ella, el niño no supera la falsa fatiga y los aprendizajes no son posibles. En definitiva, para Montessori, no solo se entiende lo que se descubre, se puede también entender lo que se recibe (por medio de la instrucción directa o del ambiente preparado, por ejemplo). Lo que se aprende porque nos lo enseñan, si lo entendemos, también lo descubrimos.

La propuesta montessoriana es especialmente relevante en el s. XXI, ya que las metodologías activas suelen hacer hincapié en la actividad externa del alumno y no necesariamente en su dimensión interna, aquella que, según Aristóteles (1982), posee el fin. Y lo es aún más en un contexto en el que la atención es un bien cada vez más escaso, como consecuencia de un entorno progresivamente invadido por lo digital y por la sobreabundancia de estímulos artificiales y rápidos. Ese contexto fomenta, paradójicamente, la pasividad en vez de la actividad interna.

Los estímulos externos han de ser los justos y estrictamente necesarios. De lo contrario, serían trabas en el proceso perfectivo que lleva a la edificación de la personalidad y sustituirían al niño, agente del proceso. Son los periodos sensitivos los que guían en la elección de lo que es o no necesario. En ese sentido, las actividades o los estímulos frenéticos podrían ser contraproducentes para el aprendizaje, porque ahogarían el movimiento espontáneo guiado por esos periodos sensitivos; llevarían al alumno a la distracción en vez de a la concentración. En cambio, la actividad perfectiva, realizada con la cantidad justa y estrictamente necesaria de estímulos, hace que el niño encuentre descanso en los actos voluntarios realizados con sentido y sin trabas. El placer que resulta no se entiende como mera experiencia, sino en relación con una actividad natural encaminada hacia su fin.

El afán del niño por edificar su personalidad ocurre a través de la actividad espontánea de su mente absorbente y de la repetición con propósito, que genera hábitos positivos, es decir, verdadero aprendizaje. El carácter absorbente de la mente del niño le urge a conocer, empapándose de su entorno. De ahí que el ambiente preparado y el control del error resulten cruciales.

La actividad que Montessori propone es interna y autoperfectiva, no meramente externa. Esa visión es afín a la de los filósofos clásicos, para quienes conocer es una actividad interna, inmanente, que transforma y perfecciona al que la ejerce.

Por lo tanto, el progreso del que habla Montessori no consiste en cambiar continuamente la visión de la educación y del niño, sino en cambiar la mentalidad adulta, de forma que encaje dentro de las constantes antropológicas del niño. El Romanticismo pedagógico, en cambio, no tiene un fin estable al que aspirar. Por lo tanto, la mejora continua de la educación inspirada en el Romanticismo se entiende como 'progreso en sí', como apertura forzada al cambio continuo. Ese concepto de la modernidad encaja a la perfección con el paradigma actual de la vorágine de la 'innovación', un concepto esencialmente comercial. Cuando Montessori habla de progreso, no habla de revolución, de guerra, de modernidad, de actividad externa, de resolución de problemas políticos o sociales, de cambios continuos o de innovación, no usa el lenguaje que caracteriza la cultura militante del Romanticismo y tampoco utiliza el lenguaje de la Educación Nueva de los ss. XX o XXI. El 'progreso' en Montessori es interno y refiere principalmente a la edificación de la personalidad del niño en relación con los fines que caracterizan su naturaleza. Quizás esa fue la razón por la que los pedagogos de la Educación Nueva le reprocharon y siguen reprochándole la rigidez, la inflexibilidad y el dogmatismo de su método. Lo que ellos interpretan como inflexibilidad procede, en realidad, de un enfoque teleológico que da estabilidad al Método. Si el Método no cambia, es porque el ser humano y sus fines tampoco cambian cada vez que surge un cambio de circunstancias culturales, tecnológicas o una nueva era filosófica. El educador puede inclinarse por ver el mundo de una forma o de otra, pero esa visión del mundo no va a cambiar cómo es el niño. El niño siempre ha sido, es, y será el mismo: un niño.

Agradecimientos

Este libro es una adaptación del texto de la tesis titulada *Maria Montessori ante el legado pedagógico del Romanticismo de Jean-Jacques Rousseau*, realizada en la Facultad de Educación y Psicología de la Universidad de Navarra bajo la dirección del Dr. José Ignacio Murillo. La tesis ha sido defendida por su autora con mención *Cum Laude* el 21 de junio 2019, en Pamplona.

El capítulo 6 ha servido de base a un artículo publicado en francés en agosto 2020 por el Grupo Taylor & Francis en la *European Review of History: Revue européenne d'histoire*[39]. Queremos agradecer al Grupo Taylor & Francis por darnos permiso de reproducir la traducción de la versión aceptada del artículo, con algunas adaptaciones.

Los capítulos 5 y 7.2 han servido de base a dos artículos publicados en mayo 2023 y en septiembre 2020 en la *Revista Española de Pedagogía*[40]. Quiero agradecer a la *Revista Española de Pedagogía*, así como al Dr. Murillo (coautor del segundo), por darnos permiso de publicar los textos que han dado lugar a ambos artículos.

Quisiera agradecer de forma muy especial al Profesor Dr. José Ignacio Murillo por haber aceptado dirigir la tesis que dio lugar a ese libro y por su paciencia y su generosa disponibilidad para resolver mis dudas en cuestiones que pertenecen a su amplio ámbito de conocimiento.

39. L'Ecuyer, C. (2020). La perspective montessorienne face au mouvement de l'Éducation nouvelle dans la francophonie européenne du début du XXe siècle. *European Review of History: Revue européenne d'histoire, 27*(5), 651-682, disponible en línea: https://www.tandfonline.com/10.1080/13507486.2020.1765150

40. L'Ecuyer, C. (2023). Montessori: Origen y razones de las críticas a una de las pedagogas más controvertidas de la historia. *Revista Española de Pedagogía, 81*(285). 251-270; L'Ecuyer, C., Murillo, J.I. (2020). El enfoque teleológico de la educación Montessori y sus implicaciones. *Revista Española de Pedagogía, 78*(277). 499-517.

Gracias a la Fundación SM por el apoyo económico en la realización de esa tesis. Gracias a Rafa Rodríguez por sus valiosos comentarios, así como a Benito Estrella, Eugenia Mota, Gabriel Badia L'Ecuyer, Catalina Soto de Prado y Andrew Sheedy por su revisión de los aspectos más formales de la escritura.

Finalmente, quisiera agradecer a mi esposo Domingo y a nuestros hijos, Alicia, Gabriel, Nicolas y Juliette, por su paciencia y el sacrificio que ha supuesto para ellos este proyecto.

Referencias bibliográficas

Adams, M., Bouchard, E., Cooper, H., Duffy, G., Eidlitz, M., Foorman, B., Francis, D., Halberstam, E., Johnson, B., Kenny, A., Kim, H. S., Limbos, M., Nourani, K., Nunes, S., Pang, E. S., Pagnucco, J., Pressley, M., Reinking, D., Ross, S. J., … Yaghoubzadeh, Z. (2000). *Teaching children to read: An evidence-based assessment of the scientific research literature on reading and its implication for reading instruction.*

Arendt, H. (1977). The crisis in education. En *Between Past and Future: Eight Exercises in Political Thought* (Penguin Bo).

Aristóteles. (1875). *Metafísica (vol.10).* Biblioteca Filosofica, Medina y Navarro.

Aristóteles. (1978). *Acerca del alma (Trad. T. Calvo Martínez).* Biblioteca básica Gredos Liebera los Libros.

Aristóteles. (1982). *Metafísica* (V. G. Yebra (ed.)). Gredos.

Aristóteles. (1999). *Ética a Nicómaco* (M. Araujo & J. Marías (eds.)). Centro de Estudios Políticos y Constitucionales.

Aristóteles. (2001). *Ética a Nicómaco (Trad. Marínez).* Alianza Editorial.

Association Montessori Internationale. (2023). *Affiliated Societies | Association Montessori Internationale.* https://montessori-ami. org/about-ami/affiliated-societies

Augustine. (1990). St.Augustine. The teacher, the free choice of the will, grace and free will (trans. Russell, R.P.). En *The Fathers of the Church* (p. 323). The Catholic University of America Press.

Australian Government: Department of Education Science and Training. (2005). *Teaching reading. Report and recommendations: National inquiry into the teaching of literacy.*

Avanzini, G. (1995). L'éducation nouvelle et ses concepts. En *L'éducation nouvelle et les enjeux de son histoire: Actes du colloque internacional des Archives Jean-Jacques Rousseau* (pp. 65-74). Peter Lang.

Avanzini, G. (2003). Scientificité, axiologie et argumentation chez les théoriciens de l'Éducation Nouvelle. *Revue Française de Pédagogie, 143*(Avril-juin), 53-59.

Baffi, S. (2002). «Fare gli Italiani»: Il bel paese d'Antonio Stoppani. *Italies, 6*, 277-299. https://doi.org/10.4000/italies.1599

Bara, F., Colé, P., & Gentaz, E. (2004). The effects of phonological and multisensory interventions, on reading acquisition in young children. *Enfance; psychologie, pédagogie, neuropsychiatrie, sociologie (Enfance), 56*(4), 387-403.

Bara, F., Gentaz, E., & Colé, P. (2007). Haptics in learning to read with children from low socio-economic status families. *British Journal of Developmental Psychology, 25*(4), 643-663. https://doi.org/10.1348/026151007X186643

Beiser, F. C. (2003). Romanticism. En R. Curren (Ed.), *A Companion to the Philosophy of Education* (pp. 130-142). Blackwell Publishing.

Bergson, H. (2013). *L'évolution créatrice* (F. Arnaud (ed.)). Presses universitaires de France.

Berlin, I. (2000). *Las raíces del romanticismo. Conferencias A.W. Mellon en Bellas Artes (Trad. Silvina Marí)* (Henry Hard). Taurus.

Berlin, I. (2014). *Las raíces del Romanticismo: Conferencias A. W. Mellon en Bellas Artes, 1965 (Trad. Silvina Marí)* (H. Hardy (ed.)). Epublibre.

Berube, M. R. (1994). *American school reform: Progressive, equity, and excellence movements, 1883-1993*. Praeger Publishers.

Blakemore, S.-J., & Frith, U. (2000). The Implications of Recent Developments in Neuroscience for Research on Teaching and Learning. En *Consulation paper commissioned by the Teaching and Learning Research Programme*.

Böhm, W. (1994). Maria Montessori. En *Quinze pédagogue: Leur influence aujourd'hui* (pp. 149-166). Armand Colin.

Boschetti-Alberti, M. (1935). L'éducation selon l'idéologie fasciste. *Pour l'Ère nouvelle, 106*, 80-81.

Bovet, P. (1932). *Vingt ans de vie. L'Institut J.J.Rousseau de 1912 à 1932*. Delachaux & Niestlé.

Bowlby, J. (1952). *Maternal care and mental health*.

Boyd, W. (1914). *From Locke to Montessori: A critical account of the Montessori point of view*. Henry Holt and Co.

Boyd, W., & Rawson, W. (1965). *The story of the new education*. Heinemann.

Brague, R. (2015). *Le règne de L'Homme* (Editions G).

Brehony, K. J. (2004). A new education for a new era: The contribution of the conferences of the New Education Fellowship to the disciplinary field of education 1921—1938. *Paedagogica Historica, 40*(5-6), 733-755. https://doi.org/10.1080/0030923042000293742

Bruner, J. (1966). *Toward a theory of instruction*. Belknap Press of Harvard University Press.

Bryant, J., Dorn, E., Kihn, P., Krawitz, M., Mourshed, M., & Sarakatsannis, J. (2017). *Drivers of student performance: Insights from North America*. McKinsey & Company Report.

Cain, M. S., Leonard, J. A., Gabrieli, J. D. E., & Finn, A. S. (2016). Media multitasking in adolescence. *Psychonomic Bulletin & Review, 23*(6), 1932-1941. https://doi.org/10.3758/s13423-016-1036-3

Canfield Fisher, D. (1912). *A Montessori mother*. Henry Holt and Co.

Canfield Fisher, D. (1966). *The Montessori manual: for teacher and parents*. Robert Bentley.

Cárcel Ortí, V. (1999). *Historia de la Iglesia*. Palabra.

Castro, A. (1922). *Les grands romantiques espagnols*. La Renaissance du Livre.

Chambliss, J. J. (1996). *Philosophy of education: An encyclopedia* (J. J. Chambliss (ed.)). Garland Publishing Inc.

Chattin-McNichols, J. (1992). *The Montessori controversy*. Delmar Publishers.

Claparède, É. (1905). *Psychologie de l'Enfant et Pédagogie expérimentale*. Kündig.

Claparède, É. (1912). Un Institut des Sciences de l'Education et les besoins auxquels il répond. En *Archives de Psychologie*.

Claremont, C. A. (1920). Montessori and the new era. *New Era, 1*(1), 11-16.

Cohen, S. (1973). Maria Montessori: Priestess or pedagogue? En *The New World of Educational Thought* (MSS Inform, pp. 168-181). Frank, A. Stone.

Cologon, K., Cupples, L., & Wyver, S. (2011). Effects of targeted reading instruction on phonological awareness and phonic decoding in children with Down syndrome. En *American Journal on Intellectual and Developmental Disabilities*. https://doi.org/10.1352/1944-7558-116.2.111

Comellas Aguirrezábal, M., & Hermut, F. (1997). El poeta, la naturaleza y el anteísimo. Ecos de Schelling y la Naturphilosophie en las leyendas de Bécquer. En D. Romero de Solís & J. B. Díaz-Urmeneta Muñoz (Eds.), *La memoria romántica* (pp. 29-58). Universidad de Sevilla Secretario de Publicaciones.

Comenio, J. A. (1998). *Didáctica magna*. Editorial Porrúa.

Concannon, S. J. (1970). A review of research on haptic perception. *The Journal of Educational Research, 63*(6), 250-252.

Congregation para la Doctrina de la Fe. (2001). *Sobre el valor de los decretos doctrinales con respecto al pensamiento y a las obras del sacerdote Antonio Rosmini Serbati*. Nota.

Congregazione per la Dottrina della Fede. (1930). *Treviso, Rerum Variarum 1930, n.14, S.O. 3191/1930*.

Corcoran, T. (1924a). Is the Montessori Method to Be Introduced into Our School? Origins and General Processes of the Method. *Irish Monthly, 52*(611), 236-243.

Corcoran, T. (1924b). Origins and General Processes of the Method. *Irish Monthly, 611*, 236-243.

Corcoran, T. (1924c). Policy regarding Religious Instruction. *Irish Monthly, 52*(613), 342-349.

Corcoran, T. (1924d). Sensory Processes; The Language Age. *Irish Monthly, 612*, 290-297.

Corcoran, T. (1924e). The Liberty of the Child and of the Teachers. *Irish Monthly, 52*(610), 176-182.

Corcoran, T. (1924f). The Montessori Principles-124. *Irish Monthly, 609*, 118-124.

Darwin, C. R. (1859). *On the origin of species by means of natural selection, or the preservation of favoured races in the struggle for life.* (John Murra).

De Giorgi, F. (2016). *Prefacio de F. De Giorgi en Dios y el niño y otros escritos inéditos (trans. M. Pons Irazalazábal)* (F. De Giorgi (ed.)). Herder.

De Giorgi, F. (2018a). Maria Montessori tra modernisti, antimodernisti e gesuiti. *Annali di storia dell'educazione, 25*, 27-73.

De Giorgi, F. (2018b). Premessa. *Annali di storia dell'educazione e delle istituzioni scolastiche. Maria Montessori e le sue reti di relazioni, 25*, 400.

De Giorgi, F. (2019). *Il Peccato Originale.* Scholé.

de Vries, G. J., Fields, C. T., Peters, N. V., Whylings, J., & Paul, M. J. (2014). Sensitive periods for hormonal programming of the brain. En S. L. Andersen & D. S. Pine (Eds.), *The Neurobiology of Childhood* (Springer, pp. 79-108). https://doi.org/10.1007/7854_2014_286

De Vries, H. (1904). *Species and varieties: Their origin by mutation.*

Dease, G. (1924). Montessori — "Audi alteram partem". *The Irish Monthly, 52*(615), 465.

Decroly, O. (1924). Expériences d'éducation nouvelle à La Haye. *Pour l'Ère nouvelle, 12*, 62-65.

Descartes, R. (1637). *Discours de la méthode.* De l'imprimerie Ian Maire.

Dewey, J. (1916). *Democracy and education: An introduction to the philosophy of education.* Macmillan. https://doi.org/852

Dewey, J., & Dewey, E. (1915). *Schools of to-morrow.* E.P. Dutton & Co.

Dickens, C. (1982). *Tiempos difíciles.* Orbis.

Driesch, H. (1908). *The science and philosophy of the organism.* Adam and Charles Black.

Editeur. (1921). Chronique de l'enseignement primaire en France. *Revue pédagogique, 79*(2), 292-308.

Éditeur. (1926). Le Congrès de Locarno. *Pour l'Ère nouvelle, 23,* 147-149.

Edwards, J. (2001). *Women in american education, 1820-1955 The female force and educational reform.* Greenwood.

Ehri, L. C., Nunes, S. R., Stahl, S. A., & Willows, D. M. (2001). Systematic Phonics Instruction Helps Students Learn to Read: Evidence from the National Reading Panel's Meta-Analysis. *Review of Educational Research.* https://doi.org/10.3102/00346543071003393

Ensor, B. (1921). Le problème de l'éducation dans l'ère nouvelle. En *Premier congrès international de la Société Thésophique* (pp. 4-10). Publications Théosophiques.

Executive Secretariat for Integral Development: Departament of Education and Culture. (2007). *Understanding the state of the art in early childhood education and care: the first three years of life.*

Ferrière, A. (1911a). Les écoles nouvelles: l'Angleterre et l'Allemagne. *Revue illustrée, 25 septembre,* 611-631.

Ferrière, A. (1911b). Les écoles nouvelles: l'Angleterre et l'Allemagne. *Revue illustrée, 18*(10 octobre), 656-670.

Ferrière, A. (1911c). Les écoles nouvelles: La Suisse et la France. *Revue illustrée, 18-19*(25 octobre), 691-696.

Ferrière, A. (1926a). Editorial. *Pour l'Ère nouvelle, 23,* 147-149.

Ferrière, A. (1926b). Une visite aux pionniers de l'école active en Italie. *Pour l'Ère nouvelle, 23,* 150-156.

Ferrière, A. (1935a). La Doctora María Montessori. *Revista mensual ilustrada, 1*(12), 5-12.

Ferrière, A. (1935b). La formation de l'esprit de géométrie selon Madame Montessori. *Pour l'Ère nouvelle, 106,* 78-79.

Foschi, R. (2014). *Maria Montessori (trad. R. Hidalgo).* Ediciones Octaedro.

Fresco, G. H. (2007). *Maria Montessori: una storia attuale.* L'Ancora.

Frierson, P. R. (2014). Maria Montessori's epistemology. *British Journal for the History of Philosophy, 22*(4), 767-791. https://doi.org/10.1080/09608788.2014.960794

Frith, U. (1989). *Autism: Explaning the enigma.* Blackwell Scientific Publications.

Froebel, F. (2003). *La educació del hombre (Trad. J. Abelardo Núñez) (versión electrónica).* Editorial del Cardo.

Fuchs, T. (2017). *Ecology of the Brain: The phenomenology and biology of the embodied mind.* Oxford.

Fynne, R. (1924). *Montessori and her inspirers.* The Educational Co. of Ireland.

Galvan, A. (2010). Neural plasticity of development and learning. *Hum Brain Mapp, 31*(6), 879-890. https://doi.org/10.1002/hbm.21029

Galván, A. (2010). Neural plasticity of development and learning. *Human Brain Mapping, 31*(6), 879-890. https://doi.org/10.1002/hbm.21029

Gerber, R., & Czaka, V. (1989). *Archives Institut J.-J. Rousseau, Université de Genève.* Vie et œuvre d'Adolphe Ferrière (1879-1960). Chronologie de son existence. Première partie: 1879-1936.

Goswami, U. (2006). Neuroscience and education: From research to practice? *Nature Reviews Neuroscience, 7*(5), 406-413. https://doi.org/10.1038/nrn1907

Grazzini, C. (2004). The four planes of development. *The NAMTA Journal, 29*(1), 27-61.

Grumet, M. R. (2006). The theory of the subject in contemporary curriculum thought. En J. Willinsky (Ed.), *The educational legacy of Romanticism* (pp. 189-210). Wilfrid Laurier University Press.

Gutierrez, L. (2011a). État de la recherche sur l'histoire du mouvement de l'éducation nouvelle en France. *Carrefours de l'éducation, 1*(31), 105-136.

Gutierrez, L. (2011b). Les premières années du Groupe Français d'Éducation Nouvelle (1921-1940). *Recherches et Educations, 4 mars,* 27-39.

Haenggeli-Jenni, B. (2011). *Pour l'Ere nouvelle: une revue-carrefour entre science et militance (1920-1940)* [Université de Genève]. https://doi.org/10.13097/archive-ouverte/unige:18162

Haenggeli-Jenni, B., & Hofstetter, R. (2011). Pour l'Ère Nouvelle (1922-1940). La science convoquée pour fonder une «internationale de l'éducation». *Carrefours de l'éducation, 1*(31), 137-159.

Halpin, D. (2007). *Romanticism and Education: Love, Heroism and Imagination in Pedagogy.* Bloomsbury.

Hameline, D., Helmchen, J., & Oelkers, J. (1995). *L'éducation nouvelle et les enjeux de son histoire: Actes du colloque internacional des Archives Jean-Jacques Rousseau.* Peter Lang.

Helmchen, J. (1995). L'éducation nouvelle francophone et la Reformpädagogik allemande: Deux «histoires»? En *L'éducation nouvelle et les enjeux de son histoire: Actes du colloque international des Archives Jean-Jacques Rousseau* (pp. 1-29). Peter Lang.

Helvétius, C.-A. (1776). *De l'homme: De ses facultés intellectuelles et de son éducation.* Taylor Institution.

Herbart, J. F. (1904). *Outlines of educational doctrine (Trans. Lange, A.).* The Macmillan Co.

Herbart, J. F. (1982). *Pädagogische schriften. Dritter band: Pädagogisch-didaktische Schriften.* Walter Asmus.

Hilgenheger, N. (1993). Johann Friedrich Herbart (1776-1841). *Quarterly Review of Comparative Education (UNESCO: International Bureau of Education), 23*(3/4), 649-664.

Hofstetter, R. (2004). The construction of a New Science by means of an institute and its communication media: the institute of educational sciences in Geneva (1912—1948). *Paedagogica Historica, 40*(5-6), 657-683. https://doi.org/10.1080/0030923042000293706

Hofstetter, R. (2010). *Genève: creuset des sciences de l'éducation (fin du XIXe siècle - première moitié du XXe siècle).* Librairie Droz.

Hofstetter, R. (2012). Rousseau, le Copernic de la pédagogie? Un héritage revendiqué et controversé au sein même de l'Institut Rousseau (1912-2012). *Educación i Història: Revista d'Història de l'Educació, 19,* 71-96.

Holmes, E. G. A. (1911). *What is and what might be. A study of education in general and elementary education in particular*. Constable & Co.

Holmes, E. G. A. (1912). *The Montessori system* (English Board of Education (ed.)). His Majesty's Stationery Office.

Howard-Jones, P. A. (2007). Neuroscience and education: Issues and opportunities, a commentary by the teaching and learning research programme. En *TLRP/ESRC*.

Howard-Jones, P. A. (2014). Neuroscience and education: myths and messages. *Nature Reviews Neuroscience, 15*(12), 817-824. https://doi.org/10.1038/nrn3817

Hyatt, K. J. (2007). Brain Gym®. *Remedial and Special Education, 28*(2), 117-124. https://doi.org/10.1177/07419325070280020201

Itard, J. (1801). *De l'éducation d'un homme sauvage*. Goujon fils, Imprimeur-Libraire.

Joosten, M. (1929). Le premier Congrès international Montessorien à Elseneur. *Pour l'Ère nouvelle, 53*, 299-300.

Jouenne, A. (1929). Nécessité d'une reconstruction de l'école. *Pour l'Ère nouvelle, 53*, 279-280.

Juan Pablo II. (1999). *Rides et ratio*. Carta encíclica.

Karier, C. J. (2006). Nineteenth-century romantic and neo-romantic thought and some disturbing twentieth-century applications. En J. Willinsky (Ed.), *The educational legacy of Romanticism* (pp. 93-114). Wilfrid Laurier University Press.

Keats, J. (2010a). *A una urna griega*. Editorial del Cardo.

Keats, J. (2010b). *Letters of John Keats to his family and friends*.

Keller, H. (2003). *The story of my life*. Random House.

Ker, I. (2010). *John Henry Newman: una biografía*. Palabra.

Kilpatrick, W. H. (1914). *The Montessori system examined*. The Riberside Press Cambridge.

Kirschner, P. A., Sweller, J., & Clark, R. E. (2006). Why minimal guidance during instruction does not work: An analysis of the failure of constructivist, discovery, problem-based, experiential, and inquiry-based teaching. *Educational Psychologist, 41*(2), 75-86. https://doi.org/10.1207/s15326985ep4102_1

Kolly, B. (2020). L'internationalisation montessorienne selon la stratégie du double gain : diffraction et problématiques de diffusion. En R. Hofstetter, J. Droux, & M. Christian (Eds.), *Construire la paix par l'éducation : réseaux et mouvements internationaux au Xxe siècle. Genève au coeur d'une utopie* (pp. 123-148). Alphil — Presses Universitaires Suisse.

Kramer, R. (1976). *Maria Montessori: A biography.* Da Capo Press.

Kramer, R. (2019). *Maria Montessori: Biografía de una innovadora de la pedagogía.* SM.

L'Ecuyer, C. (2014). The Wonder Approach to learning. *Frontiers in Human Neuroscience, 8*(October), 1-8. https://doi.org/10.3389/fnhum.2014.00764

L'Ecuyer, C. (2015a). *Educar en la realidad.* Plataforma.

L'Ecuyer, C. (2015b). La estimulación temprana fundamentada en el método Doman en la educación infantil en España: bases teórica, legado y futuro. *ENSAYOS. Revista de la Facultad de Educación de Albacete, 30*(2), 137-153. https://doi.org/10.18239/ENSAYOS.V30I2.890

L'Ecuyer, C. (2019). La educación de la dimensión sensorial: un enfoque montessoriano. *Eufonía: Didáctica de la música, 81,* 28-36.

L'Ecuyer, C. (2020). La perspective montessorienne face au mouvement de l'Éducation nouvelle dans la francophonie européenne du début du XXe siècle. *European Review of History /Revue européenne d'histoire,* 651-682. https://doi.org/10.1080/13507486.2020.1765150

L'Ecuyer, C., Bernacer, J., & Güell, F. (2020). Four Pillars of the Montessori Method and Their Support by Current Neuroscience. *Mind, Brain, and Education,* mbe.12262. https://doi.org/10.1111/mbe.12262

L'Ecuyer, C., & Murillo, J. I. (2020). El enfoque teleológico de la educación Montessori y sus implicaciones. *Revista Española de Pedagogía, 78*(277), 499-517. https://doi.org/10.22550/REP78-3-2020-06

La Civiltà Cattolica. (1908). Il primo Congresso delle donne italiane. *La Civiltà Cattolica, 59*(2), 513-532.

La Civiltà Cattolica. (1919). La «Casa dei Bambini» della Montessori e l'autoeducazione'. *La Civiltà Cattolica, 70*(2), 219-229, 430-436.

La Rédaction. (1922). Notre ligue. *Pour l'Ère nouvelle, 1*(1), 1.

La Rédaction. (1923). Notre ligue. *Pour l'Ère nouvelle, 7*, 43-45.

La Rédaction. (1930). Editorial. *Pour l'Ère nouvelle, 54*, 1-3.

La Rédaction. (1932). Nouvelles du Congrès de Nice. *Pour l'Ère nouvelle, 79*, 163-164.

Lang, I. (1965). *A Comparative Study of the Philosophies of John Amos Comenius and Maria Montessori on the Education of Children.* Loyola University.

Lawn, M. (2008). Blowing up the Citadel of Examinations: the English Committee and the Carnegie Corporation. En M. Lawn (Ed.), *An Atlantic Crossing? The Work of the International Examination Inquiry, its Researchers, Methods and Influence* (pp. 39-59). Symposium Books. https://doi.org/10.15730/books.68

Lawson, M. D. (1981). The New Education Fellowship: The formative years. *Journal of Educational Administration and History, 13*(2), 24-28. https://doi.org/10.1080/0022062810130204

Leenders, H. (2019). A special meaning of «health»: towards a theory-immanent explanation for the use of the Montessori pedagogy in fascist Italy (1926-1934). *Annali di storia dell'educazione. Maria Montessori e Le Sue Reti Di Relazioni, 25*, 197-207.

León XIII. (1879). *Aeterni Patris: Sobre la restauración de la filosofía cristiana conforme a la doctrina de Santo Tomás de Aquino.* Epístola encíclica.

Liberman, I. Y., & Liberman, A. M. (1991). *Whole Language vs. Code Emphasis: Underlying Assumptions and Their Implications for Reading Instruction**.

Locke, J. (1801). *The conduct of the understanding.* William Baynes.

Locke, J. (2015). *An essay concerning human understanding* (The University of Adelaide Library (ed.)). eBooks@Adelaide.

Lubienska de Lenval, H. (1968). *El método Montessori (trad. Santiago Minguez)*. El Magisterio Español.

M.B. (1926). L'éducation de demain, selon H.G. Wells. *Pour l'Ère nouvelle, 22*, 107-109.

Maccheroni, A. M. (1947). *A true romance: Doctor Maria Montessori as I knew her*. Darien Press.

Maccheroni, A. M. (1952). Il bambino cerca di vivere. *Vita dell'infanzia, 5-7*, 21-22.

Mar del Pozo Andrés, M. del, & Braster, J. F. A. (2006). The Reinvention of the New Education Movement in the Franco Dictatorship (Spain, 1936—1976). *Paedagogica Historica, 42*(1-2), 109-126. https://doi.org/10.1080/00309230600552047

Maritain, J. (1969). *Pour une philosophie de l'éducation*. Fayard.

Marshall, C. (2017). Montessori education: a review of the evidence base. *npj Science of Learning, 2*(1), 11. https://doi.org/10.1038/s41539-017-0012-7

Martin, J. R. (2006). Romanticism domesticated: Maria Montessori and the Casa dei Bambini. En J. Willinsky (Ed.), *The educational legacy of Romanticism* (pp. 159-174). Wilfrid Laurier University Press.

Mayer, R. E. (2004). Should there be a three-strikes rule against pure discovery learning? *American Psychologist, 59*(1), 14-19. https://doi.org/10.1037/0003-066X.59.1.14

McKenna, F. R. (1995). *Philosophical theories of education* (University).

Meirieu, P. (2013). *Pédagogie: Des lieux communs aux concepts clés*. Esf Editeur.

Montessori, M. (1909). *Il metodo della pedagogia scientifica applicato all'educazione infantile nelle Case dei Bambini*. Citta di Castello.

Montessori, M. (1910). *Antropologia pedagogica*. Vallardi.

Montessori, M. (1912a). *Les Case dei bambini. La méthode de la pédagogie scientifique appliquée à l'éducation des tout petits (traduction abrégée avec l'autorisation de l'auteur par Mme H. Gailloud, preface de P. Bovet)* (Collection). Delachaux et Niestlé.

Montessori, M. (1912b). *The Montessori Method (trans. A. Everett George)*. Frederick A. Stokes Co.

Montessori, M. (1913). *Pedagogical anthropology (trans. F. Taber Cooper)*. Frederick A. Stokes Co.

Montessori, M. (1914). *Dr Montessori's own handbook*. Frederick A. Stokes Co.

Montessori, M. (1915a). *My system of education*. The House of Childhood, Inc.

Montessori, M. (1915b). *The mother and the child*. The House of Childhood, Inc.

Montessori, M. (1915c). Education in relation to the imagination of the little child. *Conference of San Diego, July 19, 1915*.

Montessori, M. (1916). *L'autoeducazione nelle scuole elementari*. P Maglione & C. Strini.

Montessori, M. (1917a). *Spontaneous activity in education (trans. F. Simmonds)*. Frederick A. Stokes Company.

Montessori, M. (1917b). *The Montessori elementary material*. Frederick A. Stokes Co.

Montessori, M. (1921). *Manuale di pedagogia scientifica*. Morano.

Montessori, M. (1922). *I bambini viventi nella Chiesa*. Garzanti.

Montessori, M. (1927). La discipline et la liberté. *Pour l'Ère nouvelle, 29*, 111-113.

Montessori, M. (1929). Les príncipes de la psychologie appliqués à l'éducation. *Pour l'Ère nouvelle, 51,* 221-223.

Montessori, M. (1931). *La vita in Cristo*. V. Ferri.

Montessori, M. (1932a). Mobilisation nouvelle. *Pour l'Ère nouvelle, 80,* 206-208.

Montessori, M. (1932b). *The mass explained to children*. Sheed and Ward.

Montessori, M. (1934a). *Psico-aritmetica*. Araluce.

Montessori, M. (1934b). *Psico-geometria*. Araluce.

Montessori, M. (1935). Consejos a las maestras. *Montessori Revista Mensual Ilustrada, 2*, 13-15.

Montessori, M. (1936a). El niño y la sociedad. *Revista de Pedagogía, 174*, 241-245.

Montessori, M. (1936b). *Il bambino in famiglia*. Garzanti.

Montessori, M. (1936c). *L'enfant* (10.ª ed.). Desclée de Brouwer.

Montessori, M. (1936d). Les étapes de l'éducation (extraits). *Pour l'Ère nouvelle, 122*, 269-271.

Montessori, M. (1936e). Quelques chapitres du livre L'Enfant. *Pour l'Ère nouvelle, 115*, 51-56.

Montessori, M. (1937). *El niño: El secreto de la infancia*. Araluce.

Montessori, M. (1939a). Extrait du Bulletin n°2 de l'Association Montessori. *Pour l'Ère nouvelle, 147*, 139-140.

Montessori, M. (1939b). *The Erdkinder, and the functions of the University*. Montessori Society of England.

Montessori, M. (1942). *Reconstruction in education*. Theosophical Publishing House.

Montessori, M. (1946). *Education for a New World*. Kalakshetra.

Montessori, M. (1948a). *De l'enfant a l'adolescent*. Descles.

Montessori, M. (1948b). *The discovery of the child (Trad. Mary Johnstone)*. Mandras.

Montessori, M. (1948c). *To educate the human potential*. Kalakshetra Publications.

Montessori, M. (1948d). *Child training - 12 broadcast of Maria Montessori on All India Radio*. All India Radio.

Montessori, M. (1949). *The Absorbent Mind*. The Theosophical Publishing House.

Montessori, M. (1952). Che cosa è l'AMI. *Vita dell'infanzia, 10*(11).

Montessori, M. (1953). *Formazione dell'uomo*. Garzanti.

Montessori, M. (1958). *Ideas generales sobre mi Método*. Editorial Losada.

Montessori, M. (1963). L'uomo dai duo linguaggi. *Vita dell'infanzia, 12*(5).

Montessori, M. (1970). *I bambini viventi nella Chiesa. La vita in Cristo. La Santa Messa spiegata ai bambini*. Garzanti.

Montessori, M. (1971). *Peace and education*. The Theosophical Publishing House.

Montessori, M. (1986). *La formación del Hombre*. Editorial Diana.

Montessori, M. (1989). *What you should know about your child (The Clio Montessori Series)*. ABC-Clio.

Montessori, M. (1995). The organization of intellectual work in school. *NAMTA Journal, 20*, 21-28.

Montessori, M. (1999). *Educazione alla libertà*. Laterza.

Montessori, M. (2000). *Pedagogia scientifica applicato all'educazione infantile nelle Case dei Bambini* (Edizione critica (ed.)). Edizioni Opera Nazionale Montessori.

Montessori, M. (2005). *La educación de las potencialidades humanas*. Pierson - Publishing Co.

Montessori, M. (2007a). *Les étapes de l'éducation*. Desclée de Brouwer.

Montessori, M. (2007b). *The formation of man (trans. A.M. Joosten)*. Montessori-Pierson Publishing Co.

Montessori, M. (2013a). *Maria Montessori sails to America: A private diary, 1913 (trans. Carolina Montessori)*. Montessori-Pierson Publishing Co.

Montessori, M. (2013b). Moral and social education. En M. Montessori (Ed.), *Montessori Congress in 1938 in Edinburgh* (p. 11). Association Montessori Internationale.

Montessori, M. (2013c). Peace and education. En M. Montessori (Ed.), *Lecture held for the International Bureau of Education in Geneva, in 1932* (p. 34). Association Montessori Internationale.

Montessori, M. (2013d). The forgotten citizen. En M. Montessori (Ed.), *Third anniversary of the Declaration of Human Rights, 1951*. Association Montessori Internationale.

Montessori, M. (2013e). The four planes of education. En Mario Montessori (Ed.), *Montessori Congress in 1938 in Edinburgh and lecture in London in 1939* (p. 16). Association Montessori Internationale.

Montessori, M. (2013f). *The San Remo lectures, 1949* (trans. Renilde Montessori). En M. Montessori (Ed.), *The 8th International Montessori Congress, San Remo (La Formazione dell'Uomo nella Ricostruzione Mondiale* (p. 48). Association Montessori Internationale.

Montessori, M. (2015a). *El Método de la Pedagogía científica* (C. Sanchidrián Blanco (ed.)). Biblioteca Nueva.

Montessori, M. (2015b). *El niño: El secreto de la infancia.* Pierson - Publishing Co.

Montessori, M. (2015c). *Maria Montessori writes to her father: Letters from California, 1915 (trans. Carolina Montessori).* Montessori-Pierson Publishing Co.

Montessori, M. (2015d). *The 1946 London lectures.* Montessori-Pierson Publishing Co.

Montessori, M. (2016). *Dios y el niño y otros escritos inéditos (trad. M. Pons Irazalazábal)* (F. De Giorgi (ed.)). Herder.

Murray Butler, N. (1892). *The place of Comenius in the historv of education.* Syracuse.

Nunn, P. (1920). *Education, it's data and first principles.* Longmans, Green and Co.

O'Donnell, M. (2014). *Maria Montessori.* Bloomsbury.

Ophir, E., Nass, C., & Wagner, A. D. (2009). Cognitive control in media multitaskers. *Proceedings of the National Academy of Sciences, 106*(37), 15583-15587. https://doi.org/10.1073/pnas.0903620106

Parkhurst, H. (1922). *Education on the Dalton Plan.* E.P. Dutton & Co.

Pawe, M. de. (s. f.). *El Método Montessori tal como se aplica en las «Casas de los Niños», explusto y comentado para el magisterio y para las madres.* E. de la Lectura.

Perregaux, C., Rieben, L., & Magnin, C. (1997). « Une école où les enfants veulent ce qu'ils font » : la Maison des Petits, hier et aujourd'hui. En *Histoire de l'éducation.* Éditions des sentiers.

Pestalozzi, J. H. (1801). *Cómo Gertrudis enseña a sus hijos (fines y métodos de la educación del pueblo): Cartas dirigidas a Géssner.*

Pestalozzi, J. H. (1988). *Cartas sobre educación infantil* (J. M. Quintana (ed.)). Tecnos.

Piaget, J. (2007). *La psicología del niño*. Morata.

Pío IX. (1864). *Encíclica quanta cura y syllabus errorum*. Carta apostólica.

Pío X. (1907a). *Lamentabili sane exitu*. Decreto papal.

Pío X. (1907b). *Pascendi dominici gregis: Sobre las doctrinas de los modernistas*. Carta encíclica.

Pío X. (1910). *Sacrorum antistitum*. Motu propio.

Pío XI. (1929). *Divini Illius Magistri: Sobre la educación cristiana en la juventud*. Carta encíclica.

Powell, A. (2007). *How Sputnik changed U.S. education*. Harvard Gazette.

Rayner, K., Foorman, B. R., Perfetti, C. A., Pesetsky, D., & Seidenberg, M. S. (2001). How Psychological Science Informs the Teaching of Reading. *Psychological Science in the Public Interest*. https://doi.org/10.1111/1529-1006.00004

Röhrs, H. (1994). Maria Montessori (1870-1952). *Perspectives: revue trimestrielle d'éducation comparée, 24*(1-2), 173-188. https://doi.org/0819215392, 9780819215390

Rose, J. (2006). *Independent review of the teaching of early reading*.

Rosenberg, A. (2006). Rousseau's Émile: The nature and purpose of education. En J. Willinsky (Ed.), *The educational legacy of Romanticism* (pp. 11-27). Wilfrid Laurier University Press.

Rousseau, J.-J. (1762a). *Émile, ou de l'éducation (I)*. Jean Néaulme, Libraire.

Rousseau, J.-J. (1762b). *Émile, ou de l'éducation (II)*. Jean Néaulme, Libraire.

Rousseau, J.-J. (1764). Lettre à Philibert Cramer. En *Correspondance complète* (p. 22).

Rousseau, J.-J. (1959). Carta del 26 de enero de 1762 dirigida a Chrétien-Guillaume de Lamoignon de Malesherbes. En B. Gagnebin & M. Raymond (Eds.), *Oeuvre complètes, Vol. 1* (p. 1141).

Rousseau, J.-J. (2002). *Discours sur l'économie politique*. Vrin Éditeur.

Rousseau, J.-J. (2004). *Discours sur les sciences et les arts*. Le Livre de Poche.

Rousseau, J.-J. (2010). *Emile or on education: Includes Emile and Sophie, or The solitaries (A. D. Bloom, Trans.)* (R. D. Masters, C. Kelly, & A. D. Bloom (eds.)). University Press Of New England.

Rousseau, J.-J. (2012). *Du contrat social ou principes du droit politique*. GF Flammarion.

Rousseau, J.-J. (2018). *Discours sur l'origine et les fondements de l'inégalité parmi les hommes* (Librio).

Rusk, R. R. (1918). *The doctrines of the great educators*. Mcmillan and Co. LImited.

Sahlfeld, W., & Vanini, A. (2018). *«Annali di storia dell'educazione»* (Vol. 25).

Sanchidrián Blanco, C. (2015). *Introducción a El Método de la Pedagogía científica aplicado a la educación de la infancia*. Biblioteca Nueva.

Schwegman, M. (1999). *Maria Montessori*. Il Mulino.

Séguin, É. (1847). *Jacob Rodrigues Pereire, premier instituteur des sourds et muets en France (1744-1780)*. J.-B. Baillière.

Séguin, É. (1866). *Idiocy: And its treatment by the physiological method*. William Wood & Co.

Séguin, É. (1876). Report on education. En *Report of the Commissioner of the United States on the International Exhibition held at Vienna, 1873* (Vol. 2, p. 73). Robert H. Thurston.

Soëtard, M. (1994). Johan Heinrich Pestalozzi (1746-1827). *Perspectives: Revue trimestrielle d'éducation comparée, 24*(1-2), 299-313.

Soëtard, M. (2001). *Qu'est-ce que la pédagogie. Le pédagogue au risque de la philosophie.* (ESF éditeur (ed.)).

Spaemann, R. (1994). *Ensayos filosóficos*. Ediciones Cristiandad.

Standing, E. M. (1957). *Maria Montessori: Her life and work*. Academy Library Guild.

Standing, E. M. (1965). *The child in the Church* (Catechetic (ed.); 2.ª ed.).

Standing, E. M. (1988). *La revolución Montessori en la educación* (trad. Ana Shapiro de Zagury). Siglo Veintiuno Editores.

Stewart, W. A. C. (1972). *Progressives and radicals in English education 1750-1970*. The Macmillan Press.

Stoops, J. A. (1987). Maria Montessori: an intellectual portrait. En AMS (Ed.), *Convention of the American Montessori Society (Boston, MA, October 30-November 1, 1987)*.

Stoppani, A. (1915). *Il bel baese* (94.ª ed.). Casa Editrice L.F. Cogliati.

Taylor, C. (1992). *Grandeur et misère de la Modernité*. Éditions Bellarmin.

Taylor, C. (2001). *Sources of the self: The making of modern identity*. Harvard University Press.

Thomas Aquinas. (1953). *Questiones disputatae de veritate*. (J. V. McGlynn, Trans.). Henry Regnery Co.

Thomas Aquinas. (2005). *Commentaries on Aristotle's «On sense and on what is sensed» and «On memory and recollection» (trans. White, K., Macierowsky, E.M.)*. The Catholic University of America Press.

Tomás de Aquino. (2001). *Suma de Teología*. Biblioteca de autores cristianos.

Tozier, J. (1911a). An educational wonder-worker: The methods of Maria Montessori. *McClure's Magazine, 37*(1), 3-19.

Tozier, J. (1911b). The Montessori apparatus: A description of the material and apparatus used in teaching by the Montessori method. *McClure's Magazine, 38*, 289-302.

Tozier, J. (1911c). The Montessori schools in Rome: the revolutionary educational work of Maria Montessori as carried out in her own schools. *McClure's Magazine, 38*(2), 123-137.

Tozier, J. (1912). The Montessori apparatus. *The World's Work*.

Uncapher, M. R., K. Thieu, M., & Wagner, A. D. (2016). Media multitasking and memory: Differences in working memory and long-term memory. *Psychonomic Bulletin & Review, 23*(2), 483-490. https://doi.org/10.3758/s13423-015-0907-3

Uncapher, M. R., & Wagner, A. D. (2018). Minds and brains of media multitaskers: Current findings and future directions. *Proceedings of the National Academy of Sciences, 115*(40), 9889-9896. https://doi.org/10.1073/pnas.1611612115

Valli, M. (1922). L'esprit de la méthode Montessori. *Pour l'Ère nouvelle, 2.*

Van Gorp, A., Simon, F., & Depaepe, M. (2017). Frictions and fractions in the new education fellowship, 1920s-1930s: Montessori(ans) vs. Decroly(ans). *History of Education & Childrens Literature, 12*(1), 251-270.

Van Reesema, A. (1926a). Les précurseurs de Mme Montessori I. *Pour l'Ère nouvelle, 21,* 82-85.

Van Reesema, A. P. (1926b). Les précurseurs de Mme Montessori II. *Pour l'Ère nouvelle, 22,* 119-126.

Van Reesema, A. (1926c). Les précurseurs de Mme Montessori III. *Pour l'Ère nouvelle, 23,* 171-175.

Volpone, A. (2011). Giuseppe Sergi, "champion" of Darwinism? *Journal of Anthropological Science, 89,* 59-69. https://doi.org/10.4436/jass.89001

Voltaire. (2018). Lettre de Voltaire à M. J.-J. Rousseau. En *Discours sur l'origine et les fondements de l'inégalité parmi les Hommes* (pp. 87-89). Éditions J'ai Lu.

Wagnon, S. (2017). Les théosophes et l'organisation internationale de l'éducation nouvelle (1911-1921). *REHMLAC+, 9*(mayo-noviembre), 146-180. https://doi.org/http://dx.doi.org/10.15517/rehmlac.v9i1.28629 Fecha

Wagnon, S. (2019). *De Montessori à l'éducation positive. Tour d'horizon des pédagogies alternatives.* Mardaga.

Werner Andrews, S. (s. f.). Montessori and imagination in the first plane of development. En *Development of the Imagination.* Montessori Institute Northwest.

Willinsky, J. (2006). *The educational legacy of Romanticis.* Wilfrid Laurier University Press.

Wundt, W. (1904). *Principles of phsysiological psychology* (The Macmil). Swan Sonnenschein & Co.

Anexo:

Principales obras de Maria Montessori

Título de la obra[41]	Año de primera publicación	Idioma de la primera publicación
1. Antropologia pedagogica	1903	Italiano
2. Pedagogia Scientifica applicato all'educazione infantile nelle Case dei Bambini	1909	Italiano
3. Dr. Montessori's own handbook	1914	Inglés
4. Autoeducazione nelle scuole elementari	1916	Italiano
5. I bambini viventi nelle chiesa	1922	Italiano
6. Das Kind in der Familie	1923	Alemán
7. La vita in Cristo	1931	Italiano
8. The mass explained to children	1932	Inglés
9. Psico-aritmética	1934	Castellano
10. Psico-geometría	1934	Castellano
11. Les étapes de l'éducation	1936	Francés
12. El niño: El secreto de la infancia	1937	Castellano
13. Education for a new world	1943	Inglés

---

41. Los datos del idioma y de la fecha de la primera publicación de todas las obras de Montessori nos fueron proporcionados por la *Association Montessori Internationale* (AMI). No incluyen los folletos de publicación de sus conferencias.

Título de la obra[41]	Año de primera publicación	Idioma de la primera publicación
14. To educate the human potential	1948	Inglés
15. What you should know about your child	1948	Inglés
16. De l'enfant à l'adolescent	1948	Francés
17. Discovery of the child	1948	Inglés
18. Child education	1948	Inglés
19. Peace and education	1949	Inglés
20. The absorbent mind	1949	Inglés
21. Formazione dell'uomo	1949	Italiano
22. Educazione alla libertà	1950	Italiano

Biografía de la autora

Catherine L'Ecuyer es canadiense, afincada en Barcelona y madre de cuatro hijos. Es máster por IESE Business School, máster Europeo Oficial de Investigación y Doctora en Educación y Psicología. La revista suiza *Frontiers in Human Neuroscience* publicó su artículo *The Wonder Approach to Learning*, que convierte su tesis en una nueva hipótesis/teoría de aprendizaje. En 2015, recibió el Premio Pajarita de la Asociación Española de Fabricantes de Juguetes por promocionar la cultura del juego en los medios de comunicación y en 2020 fue nombrada miembro honorífico de la *Association Montessori Española*. Fue invitada como ponente ante la Comisión de Educación del Congreso de los Diputados de España y para la Segunda Cima Europea de Educación organizada por la Comisión Europea, asesoró al Gobierno del Estado de Puebla en México para una reforma de la educación infantil, formó parte de un grupo de trabajo para el Gobierno de España sobre el uso de las tecnologías entre menores y participó en un informe sobre la lectura digital para el CERLALC, de la UNESCO.

Es investigadora y autora de varias publicaciones académicas sobre la educación Montessori, así como de varios libros y artículos sobre el tema de la educación, entre ellos *Educar en la realidad*, sobre el uso de las nuevas tecnologías en la infancia y en la adolescencia, y *Educar en el asombro*, publicado en ocho idiomas y en 60 países. En 2021, Espasa publica su libro *Conversaciones con mi maestra,* un ensayo novelado sobre el origen de los métodos que se encuentran actualmente en las aulas de nuestros colegios.

Colabora actualmente con el grupo de investigación Mente-Cerebro del ICS de la Universidad de Navarra y es articulista para varios medios como *El País, La Vanguardia, El Mundo* o el *Huffington Post*. Es fundadora y directora de la Fundación CLE, una entidad sin ánimo de lucro que tiene como finalidad difundir la corriente de educación clásica.